Arnold C. Talleyrand

Les Egarements D'une Obsession

Arnold C. Talleyrand

Les égarements d'une obsession

Essai

Éditions Pleine Plage

ISBN

À ma mère, Amélia Pierre-Noël

À mon père, Lys Talleyrand

Ils m'ont indiqué le chemin de la vérité

À Michèle

À Maya Michèle, ma toute dernière

À la mémoire de Claude C. Pierre (Ti Klod) …un ami…

L'auteur regrette le départ prématuré du poète Claude C. Pierre (Ti klod). Claude était persuadé, comme enseignant, qu'il devait engager les jeunes dans la pratique de l'écriture et de la lecture. Il avait travaillé avec constance pour les initier à l'analyse et à la critique objectives afin de saisir les faits passés pour mieux comprendre le présent toujours douloureux. L'exercice quotidien, solide et responsable leur permettrait d'appréhender leur propre identité culturelle dans la recherche de la vérité historique. Ce genre dépouillé qu'il pratiquait était l'expression d'une sincère volonté. En étudiant les événements passés avec le plus possible d'impartialité et sans émotion, il voulait analyser les situations telles qu'elles avaient eues lieu, de ne dire que la vérité sans avoir peur de dénoncer les hommes et les femmes du pouvoir et du contre-pouvoir ainsi que les intellectuels qui profitaient de l'ignorance et de l'isolement des plus humbles. Pour lui, il fallait s'enfoncer dans la vérité et surtout se soumettre à la vérité. Trop souvent cette multitude vulnérable, d'après le poète (Ti Klod) né à Corail, dans la Grande Anse, était la victime de l'absence d'information, de la sous-information, d'une culture de la destruction ou de mensonges intéressés et intentionnels ou mieux encore d'une stratégie envahissante du mépris de l'homme social. Ce citoyen devait questionner tout ce qu'il entendait, tout ce qu'il touchait, tout ce qu'il voyait au lieu de collecter des mots nuisibles et de répéter par cœur des concepts qui n'étaient pas utiles à sa nature. Ti klod rêvait de voir un livre aux mains de chacun de ses étudiants pour confronter les faussetés, pour s'exprimer librement, pour qu'ils cessent d'être violés par certains hommes du pouvoir et du contre-pouvoir. Ces malfrats s'accommodent aux désordres pour aller à l'assaut du trésor public sans rien apporter au pays. Dans leurs valises, ils ne transportent que des discours ridicules. Le devenir de la nation ne les concerne pas. L'étude de ces faits, pour Claude C. Pierre, n'était pas simplement un domaine du savoir personnel mais devait, en fait, être présente dans des débats politiques (publics). L'histoire devrait parler à tous les citoyens.

Ces pages furent inspirées et crayonnées par Ti Klod après de profonds échanges sur certaines causes des dérives lesquelles avaient marqué la naissance de cette petite nation.

Depuis les bancs du lycée Alexandre Pétion, nous avons fait une *longue marche* ensemble. Son départ laisse un vide difficile à combler.

TABLE DES MATIERES

Il est impossible de diriger une société dans les voies du progrès, de lui faire éviter les écueils contre lesquels de jeunes peuples se sont brisés, si on n'a pas médité sur les événements passés et dans le monde entier et dans le pays qu'on veut regénérer.

Thomas Madiou

Avant-Propos

La souffrance sans assistance, l'insécurité incessante, la misère odieuse et insupportable, les différents conflits entre les couches sociales du pays constituent des éléments lamentables. Ces faits regrettables bousculent à des degrés divers les secteurs sociaux de cette nation de la Caraïbe qui avait chanté son indépendance officiellement en 1804. Pas un coin de ce territoire n'échappe à ces attitudes bizarres, contradictoires, humiliantes, déchirantes mais, de toute façon, humaines.

En fait, ces hostilités apparaissent insurmontables, presque sans solution. Plusieurs clans du *monde dit formel*, académiquement plus *éclairés*, se déchirent entre eux pour une prise du pouvoir politique sans aucune intention de partager ce pouvoir avec la majorité du *monde informel* ou *souterrain* académiquement sans lecture et sans écriture. Ils se disputent sans aucun scrupule l'accès frauduleux aux impôts payés par les rares contribuables, aux prêts avancés par les institutions étrangères et aux dons (intéressés) offerts par la communauté dite *internationale.*

Ils s'entretuent pour un poste *officiel* dans le but d'administrer les fonds du trésor public, de les distribuer à leurs petits amis et de les empocher. Ils utilisent leur pouvoir absolu pour signer des contrats gigantesques et idiots pour leurs protecteurs et pour leurs proches. Ils n'ont aucune intention de contrôler les ressources du pays pour un développement durable. Ils n'acceptent pas de les gérer au profit des citoyens. En fait, ils préfèrent les miettes empoisonnées que leur jettent les métropoles esclavagistes. Ils aiment s'ajuster au système de dépendance.

Le concept de la gestion politique et sociale du territoire, transmis par l'administration coloniale, par les prédateurs et par les esclavagistes de la société internationale européenne chrétienne, fut imité et fut, en fait, appliqué sans aucune modification, pas même de nécessaires corrections afin de l'adapter aux besoins de base de la nouvelle société. Pourtant tous les groupements sociaux vivant dans la colonie avaient, tous, été exposés aux violences exercées par les esclavagistes de l'occident chrétien. Ils étaient tous imbus du silence sauvage imposé aux victimes de l'esclavage sur leur passé vécu et des souffrances causées par les prédateurs chrétiens de l'Europe.

L'occident chrétien avait repensé le quotidien de la population taino sur ses propres terres. En vociférant qu'il avait *découvert* une île magnifique déjà habitée et qui avait pour nom Kiskeya, il avait commis une grande escroquerie, un acte terroriste. Il avait institué un régime de terreur qu'il avait planifié depuis le continent européen pour imposer ce crime.

1492 était le commencement des plus gros tourments que les habitants de l'île Kiskeya avaient subis. L'occident chrétien avait mis en pratique une abominable violence dans le but d'inventer un autre territoire. La dignité humaine des Tainos fut violée par les chrétiens de l'Europe. Ils avaient changé avec l'usage de la force le nom de l'île. Désormais, *Hispaniola* restait collée à cette terre avec la complicité de la société dominante soumise à l'occident chrétien. L'île appartenait à la société européenne internationale chrétienne. Hispaniola fut une prisonnière du marché des esclavagistes européens. Les Tainos vaincus, dépossédés et massacrés n'avaient plus de terres. Ils n'avaient plus de territoire.

L'occident chrétien allait développer une propagande très astucieuse mais basée sur la force dans le but de laver le cerveau des victimes jusqu'à l'admission, jusqu'à la répétition du nom d'Hispaniola. Kiskeya ne fut jamais reconnue par la société dominante. L'occident ne se limitait pas à ce changement de nom. Il allait foncer sur les Tainos en dévorant leur identité historique et culturelle. Un terrorisme *général* fut instauré pour détruire la vie économique, politique, sociale et spirituelle des habitants de l'île.

Même le cacique Henri en se soumettant aux soldats du Christ avait accepté de baiser la croix qui lui avait été présentée au moment des négociations pour un *cessez le feu*. Le dernier des caciques avait admis sa défaite après plusieurs années de lutte. La guerre fut terminée avec la reconnaissance de la religion des vainqueurs comme la seule et vraie religion. L'ennemi principal du dernier des caciques fut la confusion spirituelle. Il fut pris au piège. Le missionnaire catholique Bartolomeo de Las Casas lui avait fait comprendre qu'il devait se soumettre à la religion chrétienne catholique pour le bonheur des Tainos.

L'île Kiskeya n'avait pas un système légal écrit et publié pour imposer la souveraineté de l'ethnie Taino sur le territoire. Le droit d'y vivre n'était pas suffisant. Le droit de permettre à chacun de n'avoir pas faim était certes un acte de souveraineté mais n'empêchait pas aux prédateurs européens de le déstabiliser. Ils avaient la force des armes. Le cacique devait prendre en charge le territoire avec des armes sophistiquées dans le but de défendre les ressources physiques et humaines. Cependant, les mensonges de l'occident chrétien avaient saboté leur quotidien. Conquis, les Tainos allaient disparaître même si les Espagnols devaient mettre au point des lois pour marquer la *supériorité* de la couleur de leur peau par rapport à la main d'œuvre enchaînée d'origine africaine et aussi leur infériorité par rapport aux occidentaux.

En donnant un autre nom à la terre des Tainos, les conquérants avaient inventé une autre île : l'île qu'ils avaient découverte. Ils allaient répartir les terres selon leur bon vouloir à leurs agriculteurs dans le but de produire des denrées pour satisfaire les besoins de l'Europe occidentalc. Ils allaient profiter pour appauvrir et pour affamer les survivants de la société taino. Ils allaient aussi sauter sur les femmes tainos : une façon de planifier leurs futurs remplaçants et leurs futurs valets.

Les flibustiers de la finance, les hommes politiques, les représentants de l'église catholique, les hommes de main et les négociants de l'Europe occidentale étaient de vrais terroristes.

Les conquérants de l'occident chrétien étaient de véritables bandits. Ils avaient fait du mensonge une stratégie musclée et collective pour faire oublier les crimes qu'ils avaient commis et qu'ils commettaient tous les jours. Ils avaient volontairement dénaturé les faits pour asseoir leur pouvoir absolu et leur culture. Pour eux, le système de discrimination, de domination, de terreur et de massacres de millions d'êtres humains pendant toutes ces années n'avait pas existé. (Le colon était bon car il agissait dans le but de *civiliser* des *sauvages* africains). Comme ces actes étaient commandités par leur dirigeant spirituel, ils étaient nécessaires.

Aucun colon, acteur ou témoin, d'origine européenne et, plus tard, d'origine non européenne n'avait manifesté le désir de parler des faits tels que vécus. Les tribunaux étaient restés silencieux. Les intellectuels, avec leurs interprétations complaisantes et intéressées, n'en parlaient presque pas. En fait, ils avaient défendu une sorte d'identité occidentale chrétienne qui devait être au-dessus de tout. Ils se croyaient même des occidentaux. Les crimes commis n'étaient pas seulement physiques, ils étaient économiques, spirituels, politiques et même sociaux.

Ils avaient détruit le système de l'économie de subsistance des conquis. Ces conquérants avaient dénigré puis piétiné leur *économie harmonieuse* parce que la production des biens et les prix n'étaient pas déterminés par un secteur privé organisé encore moins par un marché basé sur le profit. Ils avaient la force militaire nécessaire pour dicter à l'ethnie Taino quel système économique, politique, culturel et social leur convenait mieux. Les prédateurs de l'occident chrétien n'avaient jamais envisagé l'aspect humain d'une activité économique. Pour eux, la production des biens laquelle devait nourrir l'homme social exigeait le mouvement de la monnaie et surtout des transactions profitables dans le but d'accumuler cette monnaie. Ces conquis, étant inoffensifs militairement, allaient être sauvagement ruinés puisque les prédateurs de l'occident chrétien étaient, en fait, déterminés à abolir leur façon de vivre qui nuisait à leur système basé sur d'horribles inégalités économiques. Ces crimes écartaient ainsi toute compétition: une sorte de défi protégé par la force des armes et par le christianisme catholique.

Pour les conquérants européens, il n'y avait pas dans la communauté Taino un type de gouvernement comme les Européens le concevaient et la structure sociale de cette ethnie faisait défaut. Tout était pensé d'après les *valeurs troublantes* établies en Europe de l'ouest. En évoluant vers la recherche du profit lors des échanges commerciaux, ils avaient tout *marchandisé.* Ils avaient planifié depuis leur continent d'utiliser les travailleurs réduits en esclavage comme une marchandise indispensable à leur enrichissement. Les Tainos devaient s'asseoir avec soumission leur bouche fermée et leurs oreilles grandes ouvertes pour écouter les odieux mensonges des conquérants chrétiens. Ils allaient travailler avec fierté et avec beaucoup d'enthousiasme afin d'opprimer et d'humilier la force de travail enchaînée en manipulant leur cerveau. La main d'œuvre terrorisée sauvagement allait apprendre et répéter sans arrêt qu'elle n'était rien, qu'elle était née quelque part dans l'espace, qu'elle n'avait pas de lois, qu'elle n'avait pas d'ancêtres, donc qu'elle n'avait pas d'identité. Elle était esclave.

Cette délinquance était politique, sociale, spirituelle et même culturelle. Les Européens avaient déclaré que, dans ces communautés *inférieures*, il n'y avait pas de gestion *rationnelle* pour distribuer les ressources suivant le modèle européen. Ils avaient ainsi éliminé physiquement les leaders politiques et religieux des conquis pour faire circuler sans contestation leurs contre-vérités. (Cette pratique devait être reprise vers 1803 par les anciens membres de l'armée coloniale quand Dessalines fut choisi comme chef incontesté de ladite armée *indigène*). Ils avaient supprimé avec l'usage de la force les rapports humains en séparant les familles Tainos sauvagement. Ces actes barbares et effrayants avaient un vilain et diffamatoire caractère lié à une négative influence religieuse. Ils avaient effacé et anéanti avec fureur leur droit à leur croyance et ils avaient même ruiné leur milieu de recueillement. Ensuite, ils inventaient des théories monstrueuses pour dire que ces êtres humains n'avaient aucun concept de famille et aussi qu'ils n'avaient pas de vie religieuse parce qu'ils n'avaient pas la *foi* (la vraie) dite chrétienne. Après la guerre, après 1804, les intellectuels du pays nouveau répétaient ces monstrueux concepts et défendaient la *religion catholique chrétienne* avec une sorte de *foi personnelle* sans pouvoir l'expliquer donc sans la comprendre.

La société internationale européenne chrétienne avait décidé avec une cruelle désinvolture que ces êtres humains n'avaient pas d'âmes parce qu'ils n'avaient pas généré un état productif basé sur la circulation de la monnaie, sur l'accumulation des biens et sur la propriété privée. Il existait pourtant une différence fondamentale entre cette économie harmonieuse au service de l'homme social et cette économie de marché facilitant l'enrichissement rapide de certains individus qui se mettaient à l'assaut du pouvoir politique absolu.

Cette économie de subsistance était qualifiée de primitive. Elle n'était pas acceptée comme une activité faisant partie d'un marché d'échange où devraient exister des transferts, des produits et de la monnaie pour son accumulation.

N'était-ce pas une façon faussement calculée d'interpréter l'économie de subsistance, cette *économie harmonieuse* ?

N'était-ce pas une démonstration d'arrogance et de mépris défendue par la force ?

Cette *économie harmonieuse* n'avait-elle pas équilibré le quotidien de ces populations ?

Ces sociétés dites *primitives* n'appartenaient-elles pas à l'humanité elle-même ?

Ces Européens avaient inventé leur christianisme avec la présence des soi-disant soldats du Christ pour massacrer les autres sociétés humaines. Les plus grandes confrontations militaires avaient été conçues par les chrétiens pour contrôler les ressources du monde. Ensuite ils avaient fabulé la *supériorité de la couleur de leur peau et de leurs valeurs* dites chrétiennes les armes à la main. Ils étaient les seuls responsables de ces violences, de ces massacres contre des êtres humains. Ils étaient, en fait, des criminels.

En 1804, les nouveaux gérants du pouvoir économique et politique, les heureux et fiers remplaçants de ces conquérants d'origine européenne, n'avaient aucun désir d'améliorer ou de transformer la vie sur cette petite étendue de terre. C'était un fait voulu. Ils commettaient les mêmes crimes pour satisfaire leur appétit financier. Ils continuaient à tyranniser, une sorte de pratique légitime, selon leur humeur et selon leur besoin, comme au temps de l'administration coloniale, les secteurs les plus vulnérables, les plus sensibles et les plus misérables de la société. Ils n'avaient aucune vision d'organiser l'avenir de cette *rupture* avec ce genre de prédation, avec l'administration coloniale.

Ces soumis d'hier devaient oublier qu'ils avaient une mère et un père, qu'ils avaient évolué dans une famille à l'intérieur de leur communauté d'origine. Et qu'ils avaient vécu dans une société identifiée avec ses coutumes, ses traditions et avec son savoir. Le système esclavagiste avait planifié d'ignorer leur culture puis d'effacer de leur mémoire leur histoire personnelle et la vie de leur communauté dans le but de faire disparaître à jamais leur propre identité historique et culturelle. Leur infériorité fut consacrée pour l'éternité d'après l'occident chrétien et leurs domestiques. Les cultivateurs esclaves comme les *esclaves libres* devaient rester esclaves sans aucun lien avec leur passé culturel, mais par rapport à la couleur de leur épiderme. D'ailleurs, ils étaient d'origine africaine. Ils devaient rester soumis. Ils n'avaient pas d'autres places dans le milieu colonial (peut-être mondial). Leur origine et la couleur de leur peau leur interdisaient le droit de vivre leur humanité. En fait, ils étaient esclaves.

Ces séduisants dirigeants possédaient le verbe facile, la ruse et la force brute comme les Européens privilégiés de la période esclavagiste. Ils révélaient leur irresponsabilité, leur incompétence, leur indécence et en même temps leur barbarie en toute impunité puisqu'ils étaient protégés par les lois, par les règlements et par des principes barbares que les monarchies esclavagistes avaient imposés à la force de travail opprimée. Ils considéraient les prédateurs européens comme des demi-dieux. En face d'eux, ils se présentaient comme des gens soupçonneux et faibles sans repère, sans vision et sans espoir. Ils étaient leur propre ennemi et ce lâche comportement donnait à l'occident chrétien le droit de continuer l'exploitation de leurs ressources et l'appropriation à vil prix des denrées agricoles. Ils n'hésitaient pas à sacrifier des générations entières en livrant le territoire à des mercenaires. Ils pratiquaient la même moquerie que les esclavagistes de l'occident chrétien utilisaient pour humilier et ruiner les non Européens. Les nouveaux leaders n'avaient donné aucun signe positif pour essayer de comprendre les défis économiques, sociaux et politiques du pays et du monde esclavagiste. Ils adoraient l'état d'infériorité que les colons leur avaient imposé. Ils n'avaient jamais proposé un concept de travail nouveau pour améliorer le sort de la force de travail. En fait, ils se perdaient dans des mesures administratives selon leurs intérêts individuels sans aucun plan d'ensemble vers une croissance économique durable.

Cette société internationale européenne chrétienne avait non seulement accaparé les ressources naturelles de plusieurs territoires sur plusieurs continents pour s'enrichir, elle en profitait pour justifier sa civilisation, pour nourrir sa population et pour stabiliser son empire. D'ailleurs, toute culture, en dehors de la culture occidentale était qualifiée de rustre, de barbare et de sauvage. *Tout territoire, en dehors des frontières européennes, lequel n'était pas dominé par des chrétiens, était automatiquement et légalement libre, sans propriétaires. Il pouvait être acquis soit par donation papale, soit par conquête.* (1) L'occident chrétien, depuis la présence du christianisme comme religion d'Etat en l'an 395 sous Théodose Ier, avait le privilège de terroriser et/ou de massacrer ceux qui n'avaient pas la connaissance de l'évangile ou ceux qui le contestaient. Les chrétiens avaient profité, puisqu'ils avaient la force, d'élaborer des concepts pour soumettre des populations, pour adapter les matières premières à leur marché et donc à leurs besoins. Ils avaient donc conquis sur ces territoires des hommes et des femmes sans aucune hésitation et avec cynisme. L'esclavage était justifié par droit divin ou par conquête. Ils avaient décrété avec arrogance la légitimité de leurs actions. *Une Europe avide d'épices/ frappée de frénésie/ croisade virée au sac…*(2)

Pendant près de trois siècles, l'occident chrétien avait organisé de grandes bamboches. Il avait enchaîné la force de travail en utilisant ses bras robustes comme une marchandise, en la terrorisant tous les jours pour une production profitable et en l'exterminant quand elle n'était plus rentable. L'occident chrétien s'était promené sur tous les continents pour voler des ressources. Il était heureux. Il s'était enrichi. Il avait construit sa démocratie en maltraitant des hommes, des femmes, des enfants et en les massacrant. Il avait écrit et publié des lois pour immortaliser son bonheur et pour perpétuer le malheur des autres. Il s'était armé pour se défendre de ceux qu'il opprimait avec un plaisir délirant tout en faisant croire qu'il était menacé, qu'il était la victime d'une agression en fait imaginaire. Il avait mis au monde un système pourri qui ne devait que diviser l'homme social. Ce genre de mensonge stratégique invitait à de malheureux dérapages pour une déconstruction de l'humanité.

Les colons n'avaient aucun désir de partager leur butin avec des êtres humains enchaînés et opprimés qu'ils obligeaient au travail avec l'usage du fouet tout en les humiliant ouvertement. Ce genre *d'obéissance* qu'ils exigeaient était considéré comme une espèce de loyauté naturelle et spirituelle à la personne des prédateurs de l'Europe chrétienne. Une malheureuse continuité de la politique de cette idéologie esclavagiste désastreuse était encore infligée à l'humanité de l'homme social qui avait conquis, les armes à la main, (les mêmes armes utilisées par la société européenne chrétienne pour le réduire en esclavage) sa liberté sur ce territoire nouvellement souverain.

Le droit de propriété était inventé dans la supercherie pour justifier les inégalités socioéconomiques envisagées. Il fallait satisfaire la cupidité de la civilisation occidentale chrétienne. Le régime foncier, installé dans leur dite possession, n'avait aucun rapport avec la stabilité économique et culturelle de la force de travail taino ou africaine réduite en esclavage. L'occident chrétien avait menti. Il cachait avec le pouvoir de la force la vérité. Ces assujettis n'avaient aucun pouvoir de décision pour leur existence et pour leur avenir. Ils ne recevaient que les déchets que les colons jetaient à leurs pieds. Ils étaient esclaves.

Les prédateurs chrétiens avaient accaparé les terres arables dans un vrai désordre. Ils avaient la force. *Dans le premier âge de la colonie, rien n'était plus incertain de plus négligée que la propriété des terres ; elles appartenaient à quiconque s'en emparait.* (3) Les chefs militaires, en acceptant leur nomination en 1795, après leur volteface, étaient heureux de recevoir de l'administration coloniale (*du blanc, leur maître*) une reconnaissance privilégiée. Ils n'avaient rien réclamé pour la colonie, pour Saint Domingue (le territoire) encore moins pour les cultivateurs qui avaient lutté jusqu'à obtenir l'abolition de l'esclavage en 1793 et qui, encore, croupissaient dans la misère comme *émancipés. Cette terre était leur propriété laquelle leur appartenait de droit. Ils n'avaient pas besoin de titres de propriété légaux pour faire valoir ce droit que leur donnaient leur trahison et leur nomination par les esclavagistes.* (4) Ils avaient profité de cette position militaire, sociale et politique pour prendre possession des *superbes propriétés coloniales* abandonnées par certains colons depuis l'année 1791. Ils étaient applaudis par d'autres propriétaires qui croyaient au renouvellement de leur pouvoir.

La France esclavagiste n'avait jamais enterré *ce droit de hache.* (5) Elle avait transmis, surtout à partir du retour de Toussaint Louverture, ce droit inconvenant aux haut-gradés militaires non européens parce qu'ils défendaient (avec amour ou pour survivre) le fait français (l'esclavage de la force de travail) et non le droit à la liberté totale et à un espace de travail sans contrainte. La nouvelle nation avait gardé ce *droit de hache* avec la même passion, avec la même audace, avec la même conviction et avec la même arrogance.

L'homme armé non européen qui portait l'uniforme militaire pour la défense de la France avait déjà des privilèges énormes durant l'infernale époque coloniale. Les administrateurs occidentaux à Saint Domingue fermaient les yeux sur ces transferts illicites mais tout à fait nécessaires au maintien de la colonie comme fait français. Le chef pouvait choisir une habitation *abandonnée*, s'y établir et attendre une *loi* en sa faveur pour justifier sa possession sans aucune obligation de remettre le quart de la production aux travailleurs agricoles selon la Proclamation de la Liberté Générale par Sonthonax. Ils versaient leurs impôts difficilement à l'administration coloniale pour le maintien de la métropole. Ils étaient de vrais chefs. Ils avaient le pouvoir militaire et politique. Le système esclavagiste était tout à fait corrompu. Et il fut maintenu durant cette période de conflit et de subterfuge et même après l'indépendance.

L'inégalité économique et sociale était établie par les esclavagistes de l'Europe. L'idéologie coloniale fut imposée par l'occident chrétien pour contrôler par la force le régime de propriété lequel soutenait les besoins économiques de l'Europe. Il n'existait aucun principe de reconnaissance des premiers habitants et de leurs droits sur ce territoire. Ils n'avaient pas la *foi chrétienne*. Ils avaient été conquis et furent soumis au fouet du conquérant européen. La politique coloniale était structurée par des occidentaux influents qui avaient pris possession de la terre par la force et qui contrôlaient tous les moyens de production. Le mouvement de la monnaie dépendait de leurs activités quotidiennes et de leurs rentables transactions. La vie spirituelle était leur fief. Ils avaient imposé leur Dieu pour mieux manipuler les cultivateurs esclaves. Les soldats de l'armée coloniale, à leur solde, bénéficiaient aussi de ces avantages.

Aucun concept de citoyenneté n'était discuté ou mis en pratique. Cette question essentielle pour un état de droit n'était pas abordée par ceux qui contrôlaient le nouveau pouvoir. L'élaboration de lois acceptées par tous et respectées par tous n'apparaissait pas. Le dialogue était proscrit à tous les niveaux. L'information était ouvertement interdite pour éviter le droit à la connaissance. Il n'y avait aucune volonté pour exposer avec clarté les faits de tous les jours. La situation était critique. Elle était *bousculée* par des motivations personnelles et politiques volontairement cachées.

L'absence intentionnelle de règlements n'honorait pas l'homme social soi-disant *émancipé* (qui méritait une *liberté progressive* parce qu'il avait lutté pour abolir l'esclavage, parce qu'il avait participé à une révolte victorieuse). Cette tare ne facilitait pas l'épanouissement de la population. Elle était indispensable à ces cliques de prédateurs non européens qui avaient accaparé le pouvoir de décision et le trésor public. Ils n'avaient jamais dit que leur désir était d'avoir un pouvoir absolu pour mieux piller la participation financière de tous ceux qui n'avaient jamais cessé de travailler à l'avantage des hommes au pouvoir et des hommes de la finance. Ils avaient opté de défendre, avec acharnement, la politique néfaste et incohérente de la colonie gérée et moulée par des colons esclavagistes. Ils utilisaient ce territoire comme une abondante *vache à lait* pour leur enrichissement personnel. Il n'y avait aucune volonté d'un changement de concept de travail. Ils n'avaient aucune intention d'assumer leur responsabilité comme dirigeants d'une nation en rupture. Ils ne voulaient pas la prendre en charge avec une vision souveraine. Ils avaient maintenu cette population dans la misère en provoquant une insécurité politique permanente sans pouvoir assurer une assise sérieuse au bénéfice des travailleurs agricoles et de la population en général.

Ces frustrations délirantes causées par des insatisfactions et par un rêve très mal canalisé avaient créé de vives tensions en abandonnant sur les routes poussiéreuses et nauséabondes des centaines de cadavres et de blessés.

Comme, dans la plupart des territoires économiquement dépendants, ces embarras soi-disant d'allure *démocratique*, ne découlaient pas forcément d'une lutte de classe ouverte entre les chefs qui contrôlaient l'assiette économique et les éléments qui étaient exclus délibérément du cours de la monnaie. Ces bouleversements désordonnés étaient le plus souvent la conséquence d'un conflit douloureux, défavorable, planifié et orchestré par de puissants groupes opportunistes apparemment hostiles, toujours violents, à la recherche de dérapages stériles sur les chemins mais en quête du contrôle de la caisse publique. Ils pouvaient détruire le travail des contribuables qu'ils définissaient comme des actes héroïques pour se faire voir, pour faire croire que leur comportement était politiquement correct. Ils se donnaient une bonne conscience afin de mieux manipuler les plus vulnérables, les plus misérables. Ils avaient la formule intéressée pour justifier leur servilité, leur imbécilité et leur médiocrité lesquelles ne leur apportaient qu'un mérite précaire et surtout détestable.

Il est indispensable de démasquer les mensonges, les déguisements et les dérives lesquels avaient façonné l'interprétation de l'histoire réelle de cette nation née en 1804 après de violents combats. Les privilégiés du savoir, l'autorité spirituelle, le pouvoir et le contre-pouvoir (*l'opposition permanente*) dans un mouvement individuel contribuent chaque jour à cette manipulation ouverte et honteuse des plus misérables, des plus vulnérables et des non privilégiés. Ils sont incapables de jugement pour le bien collectif.

Les responsables du système esclavagiste n'aimaient pas dire la vérité. Ils avaient inventé, pour exaucer leur désir d'être au pouvoir, de garder le pouvoir et de faire accepter leur pouvoir ainsi qu'un dieu unique, invisible pour n'être pas du tout responsable, un dieu transcendant, tout-puissant à l'image de ceux qui l'avaient inventé et qui ne se révélait que par la *foi*. Ils s'appuyaient sur des mythes et sur des fictions spirituelles et intellectuelles pour perturber la conscience des victimes. Les leaders post coloniaux avaient embrassé avec joie cette attitude d'imposer de gros mensonges pour satisfaire des intérêts personnels. Une culture de destruction et de contre-vérité était imposée aux citoyens de la nouvelle nation. La tromperie était acceptée comme une manœuvre politique naturelle et super intelligente. Les intellectuels post coloniaux insistaient dans leur basse singerie en répétant ces imbécilités et ces bêtises.

La population avait la capacité et le bon sens de plaider et de lutter pour ce droit à la vérité.

Le vrai pouvoir des dirigeants était le maintien d'une culture de la peur et une présence continue de la terreur pour attaquer, vexer et opprimer les plus misérables et même certains exaltés du pouvoir en place et du contrepouvoir. La menace, la trahison, l'arrogance aidaient dans le but de renforcer l'esprit criminel des forces lesquelles convoitaient le trésor public. Ils s'auto proclamaient les champions de la liberté et les leaders d'un changement imaginaire. Ces dirigeants se donnaient avec fierté la réputation de mettre en pratique les mêmes vraies *valeurs familiales et les* mêmes *lois administratives des colons prédateurs esclavagistes* qui avaient maltraité la force de travail. Ils prétendaient ainsi les défendre et améliorer leur soumission après avoir déclaré indépendant le territoire lequel avait appartenu aux Tainos. Des Africains trahis, appréhendés, désorientés et opprimés y avaient vécu comme des *débris* humains. Leur origine, leur histoire, leur quotidien d'hommes libres sur leur continent furent effacés volontairement de leur subconscient à coup de fouets. Leur conscience historique ne devait pas exister.

L'exploration minutieuse du passé à travers les documents n'était-elle pas indispensable pour apprendre, pour comprendre et pour savoir?

La société dominante avait-elle oublié?

La révolte, le décret d'abolition de l'esclavage, une union fictive, la victoire, la déclaration d'Indépendance, les proclamations, la célébration et le massacre avaient précédé la constitution de 1805 afin de construire un état de droit pour le bonheur et le succès de chaque individu. Les droits naturels inaliénables de l'homme social officiellement souverain comme son individuelle liberté, son destin spirituel, la recherche de son bien-être économique, le droit au travail pour son propre bonheur, sa formation académique devaient être adressés pour sa seule humanité. Cependant une instabilité sauvage fut maintenue au profit des acteurs externes qui contrôlaient encore les ressources économiques du pays nouveau et aussi le système politique et juridique international pour justifier leurs sauvages machinations. Ils avaient, en fait, manipulé, sans état d'âme, des Haïtiens pour tuer non seulement des *blancs* mais aussi d'autres Haïtiens. Ils devaient défendre leur *nouvel ordre politique.* Toute parole qui allait sortir de la bouche des chefs du pouvoir et du contrepouvoir était des vérités absolues imposées à une population libre jusque dans son subconscient.

L'ordre politique et économique, à partir d'une identité nationale même en gestation et d'une agriculture pour l'alimentation de la population, n'existait pas afin de mettre en œuvre une paix durable. La recherche de cette tranquillité de l'esprit devait avoir d'abord une allure économique se fondant sur le consentement et sur le choix. L'homme social tout à fait libre devait donc trouver son utilité pour les autres et aussi pour lui sur ce territoire. Chaque citoyen devait être responsable de l'autre pour l'union nationale.

Malheureusement, il n'avait pas pu prendre conscience de la gravité du danger. Il était vulnérable. Il vivait dans un système infernal de violence, d'humiliation, de dénigrement, de misère qui n'était pas totalement différent du système esclavagiste dicté puis imposé par les colons de l'occident chrétien et imité par les nouveaux barons de cette partie de l'île.

Les chefs étaient-ils encore influencés par ces prédateurs chrétiens de l'Europe ?

Pourquoi ces chefs omnipotents avaient-ils refusé à l'homme social le droit de construire le système économique qui convenait mieux à son bien-être ?

Ces dirigeants n'avaient-ils pas la responsabilité de dire au monde la vérité concernant le système esclavagiste et ses horreurs ?

La Proclamation d'avril 1804 *dictée* par Dessalines suffisait-elle ?

Ces leaders militaires n'avaient-ils pas le devoir de rompre totalement avec la dépendance économique du territoire, de combattre l'exclusion, d'attaquer le christianisme esclavagiste, de renverser le concept néfaste du travail, de considérer l'homme social libre dans son humanité ?

Les généraux, responsables de la gestion de la future nation, devaient remonter aux sources du malheur de ces hommes et de ces femmes, de ces faussetés et de ces hypocrisies imposées par l'occident chrétien. Ils devaient observer la réalité, la questionner pour une recherche de la vérité. Ils devaient s'exprimer en dehors de toute coloration économique, politique ou sociale. Les événements d'hier devaient être replacés dans leur contexte historique. L'homme social avait droit à la connaissance de son passé et des faits présents pour faire tomber les masques hideux de l'idéologie esclavagiste et colonialiste, pour dénoncer avec force les fourberies inspirées par l'occident chrétien et pour prendre sincèrement ses propres responsabilités.

Les leaders militaires voulaient-ils opposer une résistance dynamique à l'idéologie esclavagiste ?

Leur mainmise sur le trésor public était-elle la réponse aux turpitudes incontrôlables ?

Était-ce la solution pour combattre l'instabilité et l'insécurité ?

Cette population opprimée n'avait-elle pas le deuil dans son cœur depuis des centaines d'années ?

Si les Haïtiens, quelle que soit la nuance de leur peau, quelle que soit leur couleur politique, pouvaient s'entendre, avant deux ans, la face de leur pays serait changée.

Frédéric Marcelin

Chapitre 1

La tyrannie d'une obsession

Chaque peuple devait avoir la possibilité de connaître et d'écrire sa propre histoire pour mieux la transmettre à d'autres générations. Chaque peuple devait être capable de chercher les documents dans le but de l'aider à découvrir son passé réel. Il devait avoir l'obligation d'analyser ces documents pour trouver la vérité. Il devait croire en lui-même afin de s'affirmer pour une vraie justice et aussi pour maintenir une harmonie entre les membres de sa propre communauté. Il devait donc pouvoir s'assumer. Il ne devait pas avoir peur de se prendre en charge.

Les nouveaux chefs avaient l'opportunité d'expliquer à la population, en général, les vrais problèmes économiques et politiques de la surprenante nation pour confronter la rupture. La vie haïtienne devait être analysée pour permettre aux citoyens de prendre connaissance des possibilités de s'exprimer sur la route à suivre afin de retrouver leur humanité perdue durant ces années d'esclavage. L'être humain sur ce territoire libéré devait être l'acteur de son changement en se manifestant dans toutes ses activités quotidiennes. Il ne pouvait pas vivre sans produire.

Le peuple Taino était dépendant d'un processus naturel. Il n'était pas un peuple passif. Il agissait sur la nature pour la rendre utile à sa société. L'histoire du peuple Taino se reposait d'abord sur une lutte ouverte mais difficile contre la nature. Il avait organisé, en connaissance de cause, sa communauté économiquement, socialement et culturellement pour, dans une attitude collective, confronter et transformer la nature pour satisfaire ses besoins. Le peuple Taino faisait donc un travail social, une dépense d'énergie mentale et physique pour s'épanouir. Il fut vilipendé.

Plus tard, ce même peuple devait affronter des prédateurs d'origine européenne pour leur bien-être, pour leur humanité et pour leur survie. Pour ces conquérants, le quotidien des populations du monde devait être défini par leurs paroles et par leurs gestes. Leur système économique et leur mode de vie devaient être ignorés.

La conquête de la main d'œuvre d'origine non européenne était précédée de vilains mensonges. L'occident chrétien avait préparé la population occidentale à s'armer furieusement dans le but de dominer d'autres ethnies. L'occident chrétien, dans sa détermination de ne pas dire la vérité, avait introduit le système esclavagiste comme une affaire tout à fait émotionnelle. Les Tainos et les Africains étaient des sauvages. Il fallait les mutiler pour les civiliser. L'occident chrétien était *sensible* à leur transformation. Les Tainos et les Africains n'étaient pas chrétiens. Il fallait les opprimer pour les trainer dans la voie de la *vraie religion.* Il fallait les empêcher de suivre leur instinct de barbares, de pratiquer leur sacrilège. Les Tainos et les Africains ne savaient pas travailler. Il fallait les fouetter pour tout leur montrer. L'occident chrétien avait donc réduit ces êtres humains dans l'esclavage afin d'améliorer leur quotidien. L'occident chrétien prétendait *avoir pitié* de leur dite infériorité et de leur dite incapacité.

Un nouvel ordre mondial allait naître. Cet événement important allait dépendre de la force militaire des agresseurs. L'occident chrétien, pour satisfaire son désir de contrôle du marché des denrées, du mouvement de la monnaie et de son accumulation, utilisait sa civilisation et sa religion pour justifier la conquête de territoires convoités. Des ethnies devaient être ruinées. Leur dépendance devait être imposée. Leur domination devait être totale. Leur soumission brutale devait suivre ainsi que leur appauvrissement.

En fait, l'occident chrétien ne parlait que dans l'optique de ses propres intérêts. Il avait inventé l'évangile pour ses seuls besoins. Les territoires envahis, conquis puis colonisés devaient se taire. Tout ce qui était à l'avantage des occidentaux était une vérité absolue qu'ils imposaient. Il fallait donc replacer l'occident chrétien dans son contexte historique pour comprendre sa défaite en novembre 1803 lors de la bataille de Vertières. Il ne pouvait pas en parler parce qu'il n'allait jamais accepter la capitulation et l'humiliation de sa civilisation supérieure. Les êtres humains inférieurs que l'occident chrétien avait enchaînés et terrorisés avaient pris des risques pour affronter le régime foncier et essayer de le changer. Ces victimes avaient fait un choix face aux maîtres *blancs* du monde. L'occident ne pouvait pas en parler non plus parce qu'il ne pouvait pas dire qu'il avait été battu et chassé de leur *perle* par des Noirs, par des bandits, par des hors la loi, par des parias.

L'occident avait-il honte de son incapacité sur le terrain ?

L'occident allait-il passer par des corridors obscurs pour détourner ces *êtres humains* de leur victoire ?

Ce déséquilibre avait-il indiqué et envenimé les contradictions de ladite *civilisation* occidentale ?

L'absence de vérité : une arme politique

L'occident chrétien n'avait pas le droit d'écrire l'histoire des peuples qu'il avait réduits en esclavage. Il n'allait jamais dire la vérité sur les crimes qu'il avait commis et qu'il ne cessait de commettre. La nécessité de dire la vérité n'était pas une politique mise en pratique par l'occident chrétien. Les prédateurs occidentaux avaient donc construit une énorme forteresse pour bloquer toute propagation de la vérité. Les pièces concernant l'histoire de ces peuples conquis, humiliés, opprimés et tués n'avaient cessé d'être si bien contrôlées par l'occident chrétien dans leurs bibliothèques, dans leurs musées ou dans leur sous-sol de par le monde. Ces documents restaient encore confisqués dans le but de cacher leur malveillance. Cette interprétation intentionnelle des événements historiques, depuis l'avènement du christianisme, fut conceptualisée par les intellectuels de l'occident chrétien et fut, en fait, imposée d'abord aux populations colonisées de l'Europe et ensuite au reste du monde. Pour eux, ils étaient, les seuls, à avoir inventé les concepts que leurs lois et leurs décrets caressaient dans le but de former une *intouchable* société internationale chrétienne.

Toutes les conceptions qui avaient apparu avec l'évolution des sociétés humaines sur tous les continents étaient accaparées par ces agresseurs européens. Ces populations s'étaient développées à partir de ce même noyau familial. La cellule familiale fut absorbée par l'occident chrétien comme si la famille était une invention exclusive de l'Europe chrétienne. Les victimes devaient rester les prisonniers du passé que les prédateurs chrétiens avaient planifié pour les tromper. Depuis l'antiquité, l'occident chrétien avait entrepris de fausser l'histoire de l'Egypte et de la Grèce pour imposer sa *civilisation judéo-chrétienne.* Il inventait donc une mémoire alternative, définitivement un autre passé historique dans le but de manipuler l'homme social à travers le temps.

Ces occidentaux, suivis de leurs domestiques post coloniaux (*de grands penseurs*), avaient même déclaré (*très subtilement*) que les êtres humains d'origine taino ou d'origine africaine qu'ils avaient réduits en esclavage avaient eux-mêmes choisi leur route (*cette route de l'esclavage*) pour être fouettés et pour subir toute sorte de terreur sur les plantations de la Caraïbe. Ces êtres humains savaient donc avant même leur traversée vers un autre continent qu'ils allaient être réduits en esclavage, qu'ils allaient être maltraités, humiliés et massacrés. La société dominante chrétienne cherchait par tous les moyens de se donner bonne conscience jusqu'à faire admettre que ces êtres humains voulaient devenir esclaves. Donc, pour cela ils avaient choisi la *route* de leur enchaînement et de leur exclusion du quotidien des occidentaux chrétiens. Comme ils étaient idiots d'après les domestiques de l'occident, ils agissaient pour faire plaisir à la société internationale européenne. Ils avaient *choisi* de devenir esclaves pour enrichir leurs capteurs, leurs fouetteurs, leurs tueurs, les armateurs, leurs vendeurs, les négociants européens, les hommes de la haute finance et les propriétaires de plantation. Ces entrepreneurs chrétiens avaient le droit de violer toutes les lois humaines, de massacrer tous les êtres humains qui s'opposaient à leur sale besogne. Jamais la société internationale européenne chrétienne n'avait été jugée pour les actions criminelles commises. Ces crimes profitaient, dans la réalité, à ces souverainetés chrétiennes de l'Europe.

Ces activités négatives allaient ouvrir des plaies profondes lesquelles n'allaient pas pouvoir se refermer parce que cette société allait garder volontairement ces déchirures ouvertes pour imposer le pouvoir des prédateurs chrétiens, de leurs alliés et de leurs valets.

Or l'esclave était un prisonnier incapable de prendre l'initiative de son quotidien, de son avenir. Il n'y avait aucun espace pour le dialogue depuis la traversée jusqu'à la plantation. Le fouet contrôlait tous ses mouvements même de manière inattendue, selon l'humeur du chef, du maître, du chrétien, du *blanc*. L'homme social réduit en esclavage était un *bras robuste* pour produire. L'esclave était un simple instrument qui avait une valeur monétaire seulement pour le maître. Son humanité n'existait pas. Il était esclave.

Lors de la conquête de l'île Kiskeya dans la Caraïbe, ces mercenaires européens qui avaient mis pied sur l'île avec la croix du Christ avaient débarqué pour assujettir les habitants. Ils avaient planifié cette vicieuse attaque. Toute conquête exigeait des victimes de payer un tribut aux vainqueurs. Les Tainos, appelés *Indiens* avec duplicité et ironiquement par l'occident chrétien, étaient des *conquis*. Il fallait justifier, divulguer et asseoir leurs mensonges qu'ils avaient atteint les Indes, qu'ils avaient *découvert des territoires déjà nommés et déjà habités par des êtres humains*. Ils donnaient aux habitants de l'ile le nom d'Indiens afin de fausser l'histoire de ces êtres humains. Ces autochtones étaient, en fait, réduits en esclavage pour accepter silencieusement la mainmise sur leurs ressources par les vautours de l'occident chrétien.

Ces conquérants avaient volontairement détruit les familles en séparant brutalement les enfants de leurs parents, en exploitant le prétexte que les Tainos n'étaient pas capables de se soucier de l'éducation de ceux qu'ils mettaient au monde. Ces Européens avaient même fait circuler sur leur continent que les hommes n'avaient aucune connaissance pour prendre soin de leurs conjointes malgré la présence de leurs progénitures. Il était mieux de les embrigader de force dans les mines et dans l'agriculture. Ils étaient donc plus utiles aux besoins de la société européenne chrétienne. Il fallait détruire la communauté des Tainos et effacer leur culture. Seuls les Européens chrétiens avaient la connaissance suffisante pour éduquer les Tainos et plus tard pour instruire et pour é*manciper* les Africains.

Les envahisseurs européens profitaient ainsi du vide créé par l'absence des hommes pour violer *avec rage* les femmes Tainos. Ces sauvageries (cette barbarie, ces crimes) attribuées et reprochées aux populations esclaves avaient été commises par les prédateurs chrétiens de l'Europe occidentale sur les territoires colonisés pour camper le christianisme et leur système économique basé sur le profit et sur des inégalités.

Quand la population de l'île se dépeuplait à cause de la violence exercée contre elle, l'esclavagiste chrétien, le moine Bartolomeo de Las Casas, d'une façon très astucieuse, réclamait la présence des Africains aux *bras robustes* pour remplacer les Tainos assassinés par l'occident chrétien. L'Africain était un capturé, un vendu pour être l'esclave d'un autre être humain. En débarquant sur l'île, il avait de lourdes chaînes aux pieds et aux mains. Il circulait presque nu. Il était appelé *Negro, Nègre, Niger, Animal de la jungle* (il n'était pas un être humain). Il était ainsi classé par rapport à la société dominante dite *blanche* et par rapport aux autochtones de l'île : une distinction fondamentale mais discriminatoire pour marquer leur appartenance à la *société* des *travailleurs* disponibles, vulnérables, inférieurs et surtout esclaves. Il n'avait pas à payer de tribut comme les Tainos. Il n'était pas un conquis sur la terre des Tainos. Sa servitude fut sauvagement activée par la terreur, par l'usage du fouet pour satisfaire le capital européen et le mouvement de la monnaie. Le concept *race* (basé sur la couleur de la peau) inventé par les prédateurs chrétiens marquait l'infériorité, l'exclusion, l'isolement, le dénigrement pour faciliter l'enrichissement de la société dominante et pour mieux accumuler le capital. Il n'y avait aucun rapport avec l'humanité des Tainos et des Africains. Il n'y avait aucun rapport avec la race humaine. Ils avaient de fiers serviteurs pour répéter et imposer leurs sottises.

Les prédateurs chrétiens devaient opprimer et humilier l'être humain qui produisait le *surplus* afin d'enrichir l'Europe occidentale. La question dite *raciale,* basée sur la couleur de la peau, inventée par l'occident chrétien était le résultat ou la conséquence de la subjugation d'êtres humains sauvagement soumis. L'occident chrétien devait marquer par de grossières inégalités *imaginaires* le processus d'expansion agricole et commerciale à partir de la plantation dite esclavagiste. Les prédateurs européens se donnaient, grâce à leur force, le droit, puisqu'ils étaient des chrétiens et des conquérants, de falsifier les valeurs et la nature des rencontres, de justifier et d'imposer ainsi le pouvoir de la société internationale européenne chrétienne, le pouvoir de la force des armes dans le but d'accumuler la monnaie. L'opposition entre les différentes sociétés : celle qui profite de la production et du surplus et celle qui travaille pour produire cette richesse allait se traduire par des divisions fictives. Il fallait nier à la force de travail son humanité afin de l'exclure du processus de commercialisation et de profitabilité des marchandises exportables. L'homme social non européen n'avait donc pas d'espoir, pas de légitimité, pas d'humanité, pas de salaire. Il était esclave.

L'invention de concepts fictifs

La civilisation de ces sociétés humaines opprimées fut volontairement négligée et même effacée comme si elle n'avait jamais existé. Elle était liée à la barbarie ou à la sauvagerie parce qu'elle évoluait en dehors du contrôle de l'occident chrétien. Les prédateurs de l'Europe chrétienne s'étaient réellement manifestés dans l'élimination tacite du mode de production mis en pratique par les habitants de l'île Kiskeya et dans le dénigrement de leur façon de vivre.

L'introduction, grâce à leur pouvoir militaire, du système économique basé sur la violence, sur des inégalités, sur le profit allait tuer l'économie *harmonieuse* des populations opprimées. Toute cette situation terrible d'influence négative fut caractérisée par l'usage de la terreur pour détourner ces populations réduites en esclavage et pour les manipuler au profit de l'économie et de l'enrichissement de l'Europe. L'occident chrétien n'avait jamais pu se sentir aussi satisfait d'avoir ainsi ignoré l'histoire économique et culturelle de ces territoires conquis, dominés puis colonisés. Malgré toute cette horreur employée, ces hommes et femmes conquis avaient maintenu les concepts qui avaient honoré leur mode de vie et leur communauté dite *inférieure*.

Ce pouvoir militaire pour humilier les opprimés n'avait pas pu imposer le mensonge de façon permanente. La vérité de temps à autre avait la possibilité de naître ou de refaire surface pour bousculer l'hypocrisie de l'occident chrétien sans la chasser de la conscience des victimes. La force des armes de l'occident chrétien avait facilité l'acceptation de ces théories par des groupes de fanatiques dans le but d'imiter cette vision de croire que tout devait être animé par la société européenne chrétienne internationale. Ces domestiques loyaux aux idéaux des prédateurs de l'occident, sitôt au pouvoir de la nouvelle nation, allaient s'arranger pour imposer ces dites valeurs aussi par leur pouvoir, par leur ruse et par la force des armes. Ils allaient s'agenouiller, se laisser corrompre et se soumettre pour rechercher l'appréciation et l'appui des esclavagistes chrétiens de l'Europe occidentale.

Ces imposteurs chrétiens avaient fabriqué leur propre histoire comme ils avaient inventé leur propre religion chrétienne, leur propre domination du monde. *Les nouveaux dirigeants du monde, quelle que soit leur appartenance, avaient hérité de ces principes inventés et mis en pratique par l'Europe et par l'Europe seule.* (6)

En manœuvrant dans la violence pour faire accepter leurs valeurs, les occidentaux se démêlaient pour mettre ces sociétés humaines sous leur tutelle. Ils avaient utilisé l'esclavage pour satisfaire leurs valeurs et leurs intérêts stratégiques. Ces victimes ne devaient plus penser par elles-mêmes encore moins pour elles-mêmes. Pour cela leur aliénation était tout à fait indispensable. L'occident chrétien avait supprimé les ancêtres des esclaves pour mieux les abrutir. Il fallait prendre le contrôle total de leur conscience pour faire d'eux des esclaves. Cette terrible et macabre planification devait influencer plusieurs générations.

Dès leur capture, les êtres humains d'origine africaine étaient réduits en esclavage. Ils n'avaient plus le choix de leurs besoins. Leur histoire ne s'accomplissait pas par hasard. Elle se déroulait suivant des concepts bien élaborés par les prédateurs chrétiens. Cette situation d'exploitation intense, planifiée par l'occident chrétien, n'était pas volontairement acceptée par ces sociétés humaines de l'Afrique. Ces êtres humains enchaînés étaient donc sauvagement fouettés pour se courber aux décisions des conquérants et à leur humeur d'exploiteurs et de criminels. Leur conscience était liée à un vrai conflit. Ils étaient humiliés. Ils étaient forcés de croire au système imposé par l'occident chrétien. Leur moi était donc remplacé par le choix des imposteurs chrétiens. Ils n'avaient pas heureusement tout à fait cédé leur conscience à ces malfrats encore moins leur dignité. Pourtant il fallait trouver un moyen de s'en sortir même quand ils étaient esclaves.

Se rendaient-ils compte du processus de fabrication de leur aliénation ?

Allaient-ils pouvoir s'en sortir ?

Quelle devait être le chemin pour cette rupture ?

Quel chemin devait emprunter la victime de ces machinations pour se débarrasser de cette enveloppe captivante qui exigeait une mauvaise continuité ?

L'occident chrétien voulait faire croire que les esclaves, surtout ceux d'origine africaine, avaient vendu volontairement leur âme et leur force de travail. Il n'acceptait pas de dire que leurs *bras robustes* avaient été extorqués à coup de fouet pour satisfaire les besoins économiques de l'Europe. La *lâcheté* du moine espagnol, des chrétiens européens ainsi que leurs domestiques était plus qu'évidente. Ils n'avaient pas le courage d'ouvrir un dialogue franc pour persuader les sociétés humaines non européennes d'être et d'offrir leur courage consciemment. Ils avaient leurs armes, leur force, leur religion, leur détermination. Ils avaient décidé de brimer et d'assujettir des êtres humains pour s'enrichir. Ils les avaient réduits en esclavage. Ce n'était pas une fatalité.

Le système esclavagiste imposé par les Européens chrétiens pendant des siècles avait enrichi l'Europe occidentale. Ce système leur était rentable, il avait apporté de l'argent dans les coffres du trésor public des pays esclavagistes. Le pouvoir des groupes financiers, des banques et des assurances se stabilisait grâce au travail gratuit d'individus enchaînés. L'occident chrétien faisait usage de toute sorte de violence pour dominer les travailleurs afin de détruire leur identité historique et culturelle. Cette domination occidentale, sous son apparence religieuse, émotionnelle et aussi sociale, était particulièrement économique pour faciliter le besoin de richesse de ces groupes d'intérêts financiers.

Coupable de ce processus de falsification et de destruction des valeurs, l'occident chrétien avait choisi d'appauvrir la main d'œuvre en utilisant des procédés criminels pour obtenir le maximum de son travail. Les prédateurs au service de ce système pervers n'avaient aucun scrupule pour exécuter les ordres des groupes financiers. Ils avaient gardé le silence hypocritement sur toutes les atrocités qu'ils devaient commettre quotidiennement. Ils étaient donc fiers de transmettre à leurs subalternes ce même désir de satisfaire les intérêts des investisseurs. Ces acteurs serviles du système économique basé sur la discrimination, sur le profit, sur la violence et sur des inégalités physiques et sociales se taisaient volontairement sur leurs méchancetés et sur leurs cruautés. L'occident chrétien avait développé une culture de destruction des valeurs des êtres humains réduits en esclavage. Et pour justifier cette théorie, il fallait l'accompagner d'une culture du mensonge tant il était avide de contrôler les richesses des autres continents. Il était obsédé par sa propre vision du monde, sa propre gloire. Il allait transmettre à la société dominante post coloniale ces concepts malfaisants lesquels allaient être appliqués sans questionnement car les nouveaux dirigeants, braves défenseurs de cette *souveraineté*, n'étaient pas prêts pour changer le concept du travail, les rapports de production, pour consolider cette liberté arrachée dans le combat, pour confronter le mensonge et pour bouleverser le régime foncier imposé par l'occident chrétien.

Les occidentaux avaient une *conviction délirante et arrogante* pour prendre possession de l'île : une obsession économique et politique.

Evangéliser les noirs jusqu'à la moelle des os afin qu'ils ne se révoltent jamais contre les injustices que vous leur ferez subir.

Le roi belge Leopold 2

Il avait été applaudi par les missionnaires chrétiens belges qui partaient pour l'Afrique et par la société européenne internationale chrétienne.

Chapitre 2

La révolte

Depuis l'arrivée des conquérants européens en 1492, l'île de la Caraïbe n'avait connu que des déboires. La *méchanceté* qu'ils avaient exercée accusait une faiblesse incontrôlable car ils devaient justifier leurs actions néfastes et protéger les ressources naturelles qu'ils avaient accaparées illégitimement. Dans ce genre vicieux qu'ils pratiquaient, ils étaient de rétifs calculateurs. Ils utilisaient des rapports de force qui leur étaient favorables pour soutenir des pratiques économiques à leur avantage. Pour ces malfaiteurs de l'Europe, les cultivateurs enchaînés et brimés devaient se sentir heureux dans l'état de sujétion où ils étaient enfermés. L'ordre établi par l'occident chrétien était intouchable. Ces *civilisés occidentaux* n'admettaient pas que des hommes opprimés, soumis de force à leur pouvoir militaire, politique et spirituel, étaient des êtres humains. Ils allaient les juger à partir de la couleur de leur peau et aussi par leur méconnaissance des *valeurs* de la civilisation chrétienne. En fait, ils avaient transmis ces sottises à leurs domestiques qui ne faisaient que les copier.

L'occident chrétien s'érigeait en pouvoir mondial avec la conquête de la Caraïbe en 1492. Avec les incursions en Afrique pour arracher la main d'œuvre de ce continent, les civilisés de l'Europe s'appuyaient sur la fiction de l'épiderme et sur les mensonges développés autour de leur civilisation et de leur religion. Ils utilisaient leur énorme avance en armes belliqueuses depuis les croisades pour gérer, pour manipuler, pour attaquer, pour assassiner des êtres humains en détruisant leurs énergies naturelles. En fait, ils convoitaient leurs ressources.

La migration, à partir de l'Europe, d'une puissance militaire, politique et religieuse assurait avec confiance la présence de l'occident chrétien sur plusieurs territoires pacifiques militairement faibles. Les populations agressées et piégées tombaient l'une après l'autre sous la présence sauvage des mercenaires chrétiens : les soldats du Christ. La guerre était juste d'après l'occident chrétien parce qu'il se sentait *menacé* par des ethnies qui ne connaissaient pas l'existence de l'Europe occidentale. Ces populations n'avaient jamais fabriqué des armes offensives. La totale domination de ces populations était indispensable à leurs enivrantes cupidités. Les ressources de ces territoires conquis étaient rapidement pillées, volées et accaparées pour l'énorme enrichissement de l'occident chrétien et pour le maintien des conquérants sur les terres occupées.

La société internationale européenne avait inventé avec ses armes sa propre souveraineté *mondiale*. Les esclavagistes avaient introduit des institutions économiques, politiques et spirituelles aux ethnies conquises *pour les plier facilement* et pour leur imposer la façon de vivre des chrétiens occidentaux. Le régime de propriété, indispensable à leur totale mainmise sur le territoire, avait été implanté dans le but de construire le continent européen. Les Européens avaient violé sans aucun scrupule les droits des autochtones en dirigeant leurs énergies vers la satisfaction des besoins de l'occident chrétien.

Toute insurrection contre cette violation, contre l'esclavage, contre la violence, contre l'injustice, contre la persécution, contre l'humiliation, contre l'ordre établi était interdite aux cultivateurs enchaînés. Aucune protestation au système esclavagiste n'était donc permise. Les lois écrites par l'administration coloniale considéraient toute résistance aux institutions et aux mœurs occidentales comme de pures activités de *vagabondage et de banditisme*.

Jean Baptiste Colbert était l'un des idéologues du pouvoir esclavagiste français. Il avait écrit et publié en 1685 un document détestable et malveillant pour imposer des rapports entre *maîtres et esclaves*. Il avait justifié le système esclavagiste. Il légitimait les massacres, les viols et la déchéance de l'homme social non européen. Il était un criminel. Il était devenu célèbre. Avec ce code infâme, l'esclavagiste Jean Baptiste Colbert était passé à l'histoire en faisant croire qu'il était un homme supérieur et en accusant l'esclave d'origine africaine d'animal de la jungle, de sous-humain. L'esclave fut opprimé sans son consentement.

La société européenne avait fait de cet être humain, membre d'une vraie et vivante société, un individu dépendant du système basé sur le profit et sur des inégalités. L'occident chrétien avait décidé de le convertir en lui imposant la soi-disant religion chrétienne laquelle avait accompagné le système esclavagiste et soutenu la terreur qu'exerçaient les prédateurs de l'occident chrétien. Il lui avait donné un nom chrétien pour le *civiliser*.

Les *civilisés de l'Europe occidentale*, les Espagnols et les Français, au début de la conquête des îles de la Caraïbe, n'étaient autres que des bandits, des assassins au service de leur religion, du mouvement de la monnaie et des groupes financiers. Ils avaient organisé des pratiques macabres pour regarder la main d'œuvre servile comme des pauvres d'esprit, comme des petits sauvages, comme des individus barbares, monstrueux et écœurants. Naturellement, comme ils avaient la force des armes, ils pouvaient inventer, mentir et se donner bonne conscience. Ils étaient applaudis par leur communauté. Et, à force de répéter ces inepties, ils les imposaient aux individus vulnérables à travers le temps.

Ces êtres humains, fouettés quotidiennement pour les courber, ne pouvaient pas éviter d'être *naïfs* face aux contrevérités et aux inventions frauduleuses des colons. Ces prédateurs chrétiens avaient même écrit une *fameuse* bible pour les esclaves. Ils devaient les confondre pour mieux les manipuler et pour mieux les exploiter. Certains Africains d'origine allaient gober ces bêtises. Ils étaient esclaves.

Le sens de la vie pour les prédateurs chrétiens de l'Europe occidentale se définissait par rapport à leur fabulation : la bestialité des cultivateurs enchaînés qu'ils exploitaient brutalement. Cette *sauvagerie* s'expliquait par leur ignorance du christianisme et par la nature de leur épiderme. Cette force de travail qu'ils terrorisaient devait être gouvernée avec une réelle passion. Elle devait tout accepter car elle était esclave. La pratique quotidienne de ces décisions intéressées et l'évangélisation chrétienne avaient supporté l'usage de la terreur et les crimes commis.

La main d'œuvre était particulièrement soumise au mouvement de la monnaie sans jouir d'aucun bénéfice personnel. Ce bras productif avait déjà perdu sa source, son identité et son droit de participer à la vie de ses êtres chers. Il fut forcé de se séparer de sa famille, de sa communauté. Une contrainte barbare l'obligeait à s'adapter aux mœurs spirituelles et sociales de ceux qui l'oppressaient. Pour ces conquérants, la terreur, le fouet, le mépris et l'instruction religieuse chrétienne avaient le pouvoir de persuasion et de manipulation afin de donner un *sens* à la vie des êtres humains capturés et enchaînés. Or il n'existait pas seulement une société d'esclaves d'origine africaine pour identifier la population non européenne qui besognait sur l'île, il y avait aussi des hommes libres qui circulaient les armes à la main pour lutter contre le système d'oppression d'êtres humains.

Comment l'occident chrétien s'était-il hissé pour commettre ces crimes horribles ?

Si tu veux contrôler un peuple, donne-lui un dieu pour l'adorer, d'après Noam Chomsky.

L'occident chrétien croyait-il impossible la résistance ou la révolte des cultivateurs ?

Les civilisés occidentaux ne savaient-ils pas que des êtres humains subjugués sans leur approbation auraient eu, un jour, le besoin de se venger ou le droit d'être libres ?

Entre 1541 et 1556, lors de son voyage aux Indes de l'Ouest et vers la Terre Ferme, le voyageur italien Benzoni avait écrit que la plupart des Espagnols pensent que bientôt l'île sera contrôlée par les noirs. (7)

Même, dans cette France esclavagiste, plusieurs écrivains, malgré les contraintes politiques, réclamaient avec conviction, dans leur abondante littérature, l'abolition de l'esclavage. L'administration coloniale était bien imbue de ces initiatives même intellectuelles qui devaient annoncer de grands bouleversements politiques. Saint Domingue, leur *perle des Antilles,* se remuait beaucoup, bien avant le décret de mars 1790 jusqu'à l'assassinat de Ogé et de Chavannes le 26 février 1791.

La résistance des Indigènes et des Africains réduits à l'esclavage avait commencé tout de suite après l'arrivée des Espagnols. Les rebelles n'avaient pas inventé un mythe de lutte à l'oppression. Ils avaient pu établir à l'intérieur du territoire des communautés libres de toute peur et de toute contrainte. Ils avaient pu organiser des groupes insurrectionnels pour leur défense. Ils voulaient donc définir leur humanité. Ils avaient fait un choix avec courage et avec détermination. L'occident n'avait jamais pu convaincre les êtres humains dits esclaves de leur *naturelle animalité*. Un animal n'avait jamais pris les armes pour se rendre libre. Il n'avait pas cette compétence. La vile fourberie de l'occident chrétien s'étalait ouvertement.

Le 15 mai 1791, un nouveau décret avait contrarié le pouvoir des colons européens dans la colonie. Entre les souverains (l'autorité suprême établie en France) et les planteurs (établis sur l'île) qui alimentaient la richesse de la France esclavagiste, il se développait une malheureuse confusion.

Les grands propriétaires de plantation et d'esclaves avaient organisé leur système économique et social qu'ils avaient imposé dans la colonie. L'administration française avait gardé encore l'orientation du pouvoir de la monnaie et de la politique coloniale à l'avantage des monarchies européennes et de la France esclavagiste. Cependant, ce jeu politique n'était en faveur ni des uns ni des autres. Il était sur le point d'éclater avec la publication du décret donnant aux *sangs-mêlés*, propriétaires de plantation et d'esclaves, les mêmes droits politiques que les occidentaux chrétiens propriétaires de plantation.

En fait, la colonie de Saint-Domingue paraissait à la dérive au moment des mouvements de révolte depuis le mois de janvier de 1791. Certains individus opprimés sur les plantations autour de la ville des Cayes, (la Plaine-du-Fond, Port-Salut, les Platons particulièrement) convaincus par des manipulateurs que le roi de la France esclavagiste leur avait donné trois jours libres s'excitaient pour exiger de leurs maîtres le respect de cette soi-disant décision qu'aucun décret officiel n'avait sanctionnée. Cette rumeur arrangeait ceux qui s'affrontaient pour ou contre le décret de mars 1790. Les deux factions de la société dominante qui luttaient pour leurs *droits politiques* essayaient d'utiliser la force de travail opprimée pour satisfaire leurs propres objectifs. Ils n'avaient aucune intention d'abolir l'esclavage. Leur source d'enrichissement ne leur permettait pas d'admettre la perte même d'un jour de travail de ces êtres humains réduits en esclavage.

Le lavage de cerveau

L'être humain révolté, depuis lors, fut considéré par les colons et par la société dominante coloniale ou post-coloniale comme un vicieux, un voleur, un brigand, un Africain, un Congo, un nègre. (8) Cet être humain était incapable de mener une lutte contre l'esclavage. La révolte était donc inconcevable d'après les propriétaires d'habitations et d'esclaves. Les groupes économiquement et politiquement dominants restaient tout à fait convaincus de leur incapacité et de leur incompétence.

Pourtant le pouvoir colonial n'avait jamais hésité à prendre toutes les mesures nécessaires pour protéger le système esclavagiste et pour éviter une véritable catastrophe. Ce que plus tard les colons français avaient appelé *le massacre.* La publication de nouvelles lois, l'invention de nouveaux moyens criminels, l'application sauvage de supplices et de tortures encore plus cruels, une instruction chrétienne malicieuse et délirante et la *reconnaissance de certains droits* visaient tout bonnement à retarder la réaction certaine et inévitable des victimes de l'injustice, de l'exploitation et de la terreur. Les esclavagistes de l'occident chrétien étaient bien imbus de la situation politique bouleversante de la colonie.

Condamnés à vivre suivant la volonté des occidentaux chrétiens, les êtres humains, réduits en esclavage, étaient forcés d'accepter ce système de malheur accompagné d'une économie de dépendance. Les individus enchaînés avaient subi avec beaucoup de méchanceté l'humeur sauvage des prédateurs de l'Europe. Ces victimes avaient le droit en tant qu'êtres humains de donner un sens à leur quotidien. Malgré leur esclavage, ils voulaient agir dans le sens de s'affirmer en tant qu'êtres humains. Et, pour s'accomplir, ils avaient le droit de se révolter contre l'injustice, contre la barbarie. Ils avaient opté pour lutter contre la terreur, la haine. Ils avaient affronté l'institution esclavagiste et les justifications fausses. Ils avaient librement choisi leur forme de lutte dans le but de conquérir leur propre liberté. Ils avaient le droit d'aimer et aussi d'être aimés. Ils étaient nés dans une communauté humaine même si cette communauté se trouvait en Afrique. Ils n'avaient pas à se réfugier dans une religion imposée par des malfrats européens pour trouver une solution *certaine* à leur souffrance. Ils n'étaient pas obligés d'attendre avec obéissance qu'une sorte de permission leur fut accordée par des imposteurs déguisés en *maîtres* afin de manifester leur mécontentement et de s'opposer aux viles institutions chrétiennes et esclavagistes.

La décision de se révolter fut donc collective lors de la grande réunion précédant la mise à feu des habitations esclavagistes. Leur colère était collective même si les violents coups de fouet avaient déchiré leur chair individuellement. Leur dignité était réellement rabaissée. La peur parmi la société des esclaves fut développée dans cette ambiance avec l'usage de la terreur et de la violence. Avec cette pratique sauvage, les colons avaient enchaîné la conscience des esclaves en les paralysant avec la pratique abusive du christianisme catholique et du fouet. L'esclavage imposé par l'occident chrétien était épouvantable. Ce crime collectif était exécuté au bénéfice de l'occident chrétien car l'oppression sauvage de cette force de travail d'origine africaine avait un caractère plutôt économique particulièrement négatif. Cette profonde et vive injustice contre les cultivateurs enchaînés n'avait qu'une solution : la révolte. Cette décision n'était pas émotionnelle. Elle était politique. Elle visait leur droit à la liberté.

Face au système esclavagiste, la résistance des cultivateurs opprimés avait un difficile et long parcours. Cependant elle avait existé malgré les désinformations et les contrevérités archivées par les chroniqueurs de ce système esclavagiste. Les révoltés, malgré les difficultés, restaient en perpétuel conflit avec l'administration esclavagiste. En défendant leur droit légitime, leur besoin de liberté totale, ils avaient rejeté l'esclavage et l'économie de dépendance. Ils n'avaient pas déserté le travail sur la plantation esclavagiste. Ils avaient pris les armes contre le despotisme, contre l'oppression et contre la terreur. Ils avaient l'obligation de conquérir un espace agricole pour développer leur système économique et leur subsistance. Par ailleurs, il y eut des réactions positives à cette situation d'extrême gravité. *Certes ces rebellions... avaient déposé des germes féconds dans le subconscient des esclaves.* (9)

Toutes ces rebellions, depuis la période dite *espagnole* (la résistance des Tainos, le mouvement insurrectionnel dans le Sud durant les premiers mois de 1791) jusqu'à la décisive révolte d'août 1791, avaient deux demandes principales : la liberté totale et un espace agricole libre de contraintes. Ces réclamations n'étaient pas l'effet d'un hasard ni elles n'étaient pas l'œuvre de sauvages mais d'êtres humains opprimés. Ces deux revendications étaient naturelles.

Les êtres humains réduits en esclavage avaient vécu libres dans leur communauté d'origine avant l'arrivée des conquérants chrétiens et ils pratiquaient une agriculture à la portée de l'homme social. Ils avaient bien compris que, pour rétablir ces droits humains naturels, ils devaient se révolter et se battre jusqu'à la rupture totale. Ce n'était pas l'œuvre d'un animal, d'un marron, d'un bandit, D'ailleurs le mot marron n'avait jamais défini le caractère anti-esclavagiste de la lutte menée par les insurgés. Leur détermination fut combattue et plus tard contaminée par les soldats non européens de l'armée coloniale.

Le mot liberté n'était pas un concept abstrait pour les Tainos et pour les Africains. Le sens qu'ils avaient donné à leur vie leur était essentiel. Ils avaient vécu à leur façon et ils avaient subsisté. Ils avaient travaillé la terre pour satisfaire leur famille et leur communauté. Ils avaient mis en pratique une économie *harmonieuse* pour maintenir l'équilibre spirituel et social de leur ethnie. La liberté telle que conçue était accrochée à leur nature pour lutter et pour protéger leur environnement physique et social. Leur vie économique, politique et sociale l'exigeait. La liberté était, pour eux, un concept *sacré*, humain. L'homme social n'était pas tenu de se courber sous le poids des chaînes indéfiniment pour le plaisir des gloutons de l'occident chrétien.

Pour les esclavagistes européens, l'île conquise avant l'arrivée de ces méprisables conquérants, n'avait pas de vie économique. La liberté, pour eux, était liée à un régime foncier contrôlé par des individus rapaces, sans scrupule. La terre devait être un bien privé. Les Tainos et les Africains avaient une conception tout à fait différente. La terre, le soleil, l'eau étaient des richesses naturelles lesquelles étaient nécessaires et utiles à toutes les communautés humaines. La propriété privée n'existait pas. Les chrétiens de l'Europe le savaient. Mais ils voulaient tout avoir. Ils imprimaient une rage folle pour dominer, une agressivité sans borne pour s'accaparer des ressources. L'idée de possession individuelle était l'un des piliers de leur système économique basé sur un profit énorme imposé par la force et non par le dialogue.

La capture de ces différentes ethnies, comme force de travail servile, n'était pas du tout facile. De grands combats avaient eu lieu. Il y eut même une vile collaboration avec certains Tainos et certains Africains qui détenaient un pouvoir militaire et spirituel dans leurs sociétés. En fait, leur cruel enchaînement n'avait pas été simple. Malheureusement un bouleversement profond du rapport des forces était surtout à leur désavantage. L'occident chrétien, habitué aux guerres dites de religion en Europe et au Moyen Orient, avait développé un arsenal militaire offensif pour conquérir avec la croix des territoires faiblement armés. En fait, il avait, donc, un besoin énorme de main d'œuvre gratuite pour satisfaire sa cupidité, son avarice, son désir de s'enrichir aux dépens de gens vulnérables et méprisables.

Les colons européens avaient, pour référence, leur croyance religieuse, leur histoire, leur culture, leur langue et leur force militaire quand ils devaient capturer, enchaîner, torturer, mépriser et exploiter des individus qu'ils avaient réduits en esclavage. La société internationale européenne et ses serviteurs considéraient naturel le comportement des esclavagistes et des fonctionnaires du système. Pourtant, quand les insurgés faisaient appel à leur culture, à leur détermination et à leur propre croyance religieuse pour lutter contre la terreur et l'injustice et se venger de toute méchanceté exercée contre eux, les prédateurs et leurs domestiques les qualifiaient d'animaux, d'ignorants, de serviteurs de démons, de mal adaptés et d'inférieurs. La nature vicieuse de l'institution esclavagiste puisqu'elle avait la force essayait de pervertir et de bloquer par tous les moyens tout mouvement de rupture avec le fonctionnement violent du système esclavagiste.

L'insurrection, appelée ironiquement et stupidement *marronage* pour dénigrer les cultivateurs rebelles, avait toujours gardé son prestige et faisait la fierté de ces êtres humains (de vrais combattants) car elle n'était ni ethnique ni soi-disant *raciale*. L'occident chrétien et la société économiquement dominante faisaient de cet antagonisme de classe une question d'affrontement entre différentes teintes épidermiques. En fait, la résistance des victimes de l'injustice et de la terreur ne fut pas archivée objectivement par les narrateurs du système colonial parce qu'elle n'était nullement approuvée par les lois corrompues et illégales de la France esclavagiste. Ils ne fuyaient pas cette macabre institution esclavagiste imposée par l'occident chrétien parce qu'ils étaient Noirs. Ils luttaient avec courage contre le système pour donner un sens à leur quotidien, pour leur totale liberté et pour un espace agricole dans le but de soutenir leur humanité et de parvenir à leur épanouissement en tant qu'êtres humains.

Malgré tout ce choc, toutes ces brimades et toutes ces contrevérités, les cultivateurs rebelles avaient construit à l'intérieur de cet environnement agressif et oppressif leur propre forme de combat qui fut naturellement vilipendée par les colons et par le pouvoir colonial. Le système de terreur, instauré par l'occident chrétien pour administrer les territoires colonisés, fut délibérément obscurci par des alibis physiologiques et, allait, de façon désastreuse, faire son chemin au détriment des opprimés mais à la satisfaction des groupes dominants. L'avenir incertain de l'île devait souffrir beaucoup de cette méprise. Et, à partir de 1804, ce fut un désastre presque quotidien.

D'ailleurs, depuis 1492, et, malheureusement pour leurs justifications frauduleuses, les Européens avaient connu la résistance active des victimes de l'injustice. Kiskeya était bien peuplée avant l'arrivée des prédateurs européens. Kiskeya était un territoire libre avant la conquête de l'île. Cette opposition ouverte et directe à la terreur, au mouvement de la monnaie et au capital européen, quoique inconcevable d'après certains conquérants, se transformait en *épidémie contagieuse* malgré les massacres collectifs que commettaient les chrétiens de l'Europe.

Les habitations en feu

En août 1791, les cultivateurs rebelles qui vivaient cachés mais libres en dehors des plantations esclavagistes n'avaient pas hésité de provoquer le système colonial dans ses propres fondements. Ils n'étaient plus des esclaves. L'occident chrétien avait déclaré qu'ils étaient encore des esclaves *libres* à cause de leur teinte épidermique. Pourtant ils avaient courageusement *réinventé* leur statut d'hommes libres en luttant contre l'institution coloniale et esclavagiste. En mettant le feu aux habitations avec le concours quoique timide des esclaves opprimés encore gisants sur les plantations, ils avaient embarrassé le pouvoir colonial et les colons européens.

Ces arrogants propriétaires s'attendaient à des réactions individuelles mais pas du tout à une attaque résolue d'êtres humains (*à peau noire*) qu'ils croyaient aveuglement soumis. Pour l'administration et pour les agents du colonialisme, ces hommes et ces femmes qui avaient connu l'esclavage étaient surtout incapables de penser à une révolte aussi bien organisée. Ces assujettis ne pouvaient pas avoir l'intelligence de mener une lutte anti-esclavagiste. Leur résistance avait toujours été codifiée comme des actes de vagabondage, des actes de brigandage, des réactions émotionnelles parce que l'institution esclavagiste devait être légitime. L'œuvre de l'occident chrétien (du *blanc*) était glorifiée à l'intérieur de cette institution. Les Européens et leurs domestiques faisaient de cette résistance, une activité contre les *blancs* pensée par *les blancs depuis la France.* La Déclaration des droits de l'homme était la *source* de cette insurrection pour dénigrer l'homme social opprimé. Pour cela, il fallait leur faire croire en leur infériorité pour accepter de leurs maîtres le droit d'être sauvagement enchaînés et maltraités et d'attendre la décision du maître pour une soi-disant transformation de leur condition sociale : leur *émancipation.* (Le rêve de l'occident chrétien).

En fait, en août 1791, les cultivateurs rebelles déterminés inauguraient un moment de lutte crucial contre l'esclavage. Ils exigeaient une *rupture* (totale) avec le système en réclamant leur liberté. Une vraie liberté sans réserve était un commencement pour renverser le système esclavagiste. Ils s'attaquaient en même temps au droit exclusif de propriété qui devait bloquer leur droit à un espace agricole individuel. D'après les insurgés, ces deux revendications devaient être conquises obligatoirement par une lutte acharnée et sanglante. Ils devaient confronter, une fois pour toutes, les valeurs infernales du christianisme, des institutions esclavagistes et du système colonial. Pour garantir cette liberté, il fallait l'associer à un espace agricole libre de contrainte dans le but d'alimenter leurs familles, d'empêcher le travail forcé et les horreurs du système esclavagiste. En fait, il fallait mettre un frein à l'esclavage jusqu'à détruire cette vile institution.

Quand le feu avait éclaté et qu'il évoluait de façon effrayante dans la plaine du Nord, les narrateurs européens de l'événement, les planteurs et les amis du pouvoir colonial accusaient les révoltés de vouloir établir dans leur colonie la *barbarie africaine* sans présenter d'évidence de barbarie sur tout le continent africain durant cette époque. Seulement cette invention mensongère était bien calculée pour calomnier l'homme social esclave d'origine africaine, pour ne jamais accepter son humanité afin de le maintenir dans une situation d'infériorité et de soumission permanente. Plusieurs générations successives d'êtres humains victimes de ces atrocités devaient ressasser ces affabulations. Ils étaient interdits de rechercher la vérité.

En 1791, les deux principales revendications des cultivateurs rebelles s'associaient dans une perspective voulue de guerre totale. Cette lutte s'inscrivait dans le but de donner un sens à leur humanité. Nés libres sur leur continent et réduits en esclavage par d'autres êtres humains qui s'étaient auto proclamés supérieurs, ils avaient choisi de reconquérir la liberté qu'ils avaient perdue. Cette confrontation impliquait un nouveau bouleversement de rapport de force. Les producteurs opprimés de denrées exigeaient le respect de leur travail et le droit d'être respectés comme êtres humains. Les possesseurs d'esclaves et de plantation ne l'acceptaient pas. Le choc était inévitable.

En 1791, les cultivateurs ne s'étaient pas engagés dans un vulgaire et négatif dérangement de la vie des prédateurs contre certaines horreurs pratiquées par les agents du colonialisme. Les insurgés avaient organisé un mouvement armé pour saper les fondements du système esclavagiste. Ils voulaient changer le régime de propriété tout en réclamant une liberté totale sans contrainte. Ils voulaient une réponse positive ouverte de l'administration coloniale par rapport aux sauvageries exercées contre la main d'œuvre.

1791 était d'abord un mouvement anti esclavagiste. Les chaînes devaient tomber. L'esclavage devait être aboli. Les rebelles étaient déterminés. Malgré l'affrontement, la plupart des propriétaires de plantation avaient ignoré les demandes essentielles des groupes rebelles. L'ampleur et la richesse du mouvement insurrectionnel leur avaient échappé. L'étendue des dommages fut donc documentée seulement par certains narrateurs de l'événement.

Près de 100.000 sauvages habitués à la barbarie qu'ils avaient connue avaient profité du silence et de l'obscurité de la nuit pour se jeter sur des planteurs paisibles et sans soupçon comme des tigres affamés.(10)

Thomas Madiou s'exprimait ainsi par rapport à l'événement : *Toute la plaine du Nord fut à feu et à sang ; et dans les campagnes, les Blancs de tous les partis tombèrent sous les coups des esclaves qu'ils avaient torturés pendant de nombreuses années. Ceux qui échappèrent au massacre vinrent augmenter au Cap l'effroi qui y régnait déjà.* (11)

Ces vues étaient différentes. La réalité de l'esclavage sautait aux yeux.

Le mouvement rebelle fut discrédité et fut honteusement caricaturé. Ce droit à la révolte fut expliqué en dehors de l'institution esclavagiste, en dehors des injustices et des horreurs de l'esclavage. *La révolution de Saint Domingue avait commencé en France. L'Assemblée Nationale était responsable des causes immédiates ainsi que la Société des*

Amis des Noirs qui avait fait circuler les idées de l'Assemblée parmi les mulâtres libres vivant en France et dans la colonie. (12) Dans la vision des combattants qui avaient résisté durant plus de trois cents ans à l'oppression du capital européen, l'insurrection de 1791 n'avait aucun rapport avec la Déclaration des Droits de l'Homme en 1789. Il n'y avait aucune garantie à la liberté et le droit à un espace agricole n'était pas mentionné pour les travailleurs agricoles réduits en esclavage. Le régime foncier, établi de force sur le territoire de la Caraïbe, n'avait pas retenu l'attention ni l'intelligence des cerveaux qui avaient attaqué la noblesse et le clergé en France. *Le Nègre chosifié et donc réduit à l'état de bien meuble n'appartient pas au corps social auquel s'adresse la Déclaration. Il est bel et bien la marchandise, ou, si l'on préfère la propriété devenue « sacrée et inviolable » de l'article 17.* (13)

Ces *révolutionnaires,* en 1789, avaient ouvertement déclaré que la traite des Africains représentait pour eux et pour la France encore esclavagiste un commerce national. Il fallait attendre en juillet 1793 (soit quatre ans après la Déclaration de 1789) que la Convention Nationale Française faisait publier un décret dans le but d'abandonner officiellement la subvention de la traite des Africains. *Les armateurs avaient contracté des engagements envers sa Majesté relativement à la prime qu'elle avait bien voulue leur accorder pour l'encouragement de ladite expédition.* (14) Cependant la traite (le trafic honteux d'êtres humains) restait légale et fut soutenue par l'église chrétienne, par les gros investisseurs, par les banquiers, par les propriétaires de plantation et par les Jacobins.

Un vaste complot était organisé pour mieux exploiter la main d'œuvre servile. Pourtant, les rebelles avaient déjà versé leur sang et leur sueur pour le droit de toute population conquise de résister, de se soulever et de se rebeller contre les massacres, contre le mépris, contre l'esclavage. L'illégitimité du système esclavagiste était ouvertement dénoncée et fort heureusement combattue malgré les théories obscures des conquérants chrétiens. En fait, ces contrevérités s'appuyaient sur leur *foi* et sur un quelconque message divin pour manipuler aussi cruellement les êtres humains réduits en esclavage dans la Caraïbe.

Les insurgés de 1791 avaient heureusement compris que seul l'usage d'une terreur égale à celle exercée par les colons occidentaux permettrait de reconnaître leur dignité. Le soulèvement des cultivateurs avait prouvé qu'ils avaient la capacité d'organiser la lutte contre des concepts qui justifiaient les horreurs de l'institution esclavagiste. Bien avant la rébellion du Cacique Henri, les esclaves se mesuraient aux conquérants européens. Sur l'échiquier colonial, en 1791, les forces rebelles avaient tout simplement imposé leurs *revendications avec le droit de retrouver leur humanité.* Le rapport de force changeait.

1791 se définissait comme une sortie honorable de l'homme social de l'état d'oppression et de terreur dont les colons prédateurs de l'occident chrétien étaient, en fait, responsables. Les hommes esclaves, en se libérant, s'étaient servis de leur intelligence pour sortir de ce bourbier tant estimé par la classe économiquement dominante. 1791 allait leur permettre de renaître.

Les insurgés d'août de 1791 avaient-ils compris qu'ils allaient inventer la citoyenneté de l'homme social ?

En se rebellant les armes à la main contre l'occident chrétien, ils avaient pris conscience de leur moi, qu'ils devaient être propriétaires de leur individualité. Ils avaient pris la décision de lutter pour reconstruire des vies brisées par l'occident. Les hommes et les femmes qui s'étaient rebellés voulaient vivre un autre quotidien. Ils ne voulaient pas de cette vie imposée à coups de fouet par le *civilisé de l'occident chrétien avec des valeurs chrétiennes* inventées pour satisfaire son goût de criminel. Ces êtres humains opprimés et maltraités s'étaient soulevés contre le système esclavagiste pour montrer qu'ils avaient une autre personnalité et non celle que l'occident faisait circuler. L'esprit de liberté devait s'imposer avec humanité pour asseoir cette permanence de lutte. Pour le prédateur européen, l'Africain d'origine ne méritait que le fouet pour travailler et pour produire. Il voulait vivre sans être possédé par d'autres êtres humains. Il voulait vivre autrement car le souvenir de leur vie dans leur communauté en Afrique n'indiquait pas qu'il était fouetté pour alimenter sa famille. L'occident chrétien, dans son souci de laver le cerveau de la force de travail à son profit, avait écrit (et continue encore à écrire) une littérature de diffamation des êtres humains d'origine non européenne. En se rebellant, ces hommes et ces femmes montraient leur puissance d'exister, leur droit de croire en leur humanité.

Il fallait une différente approche pour confronter le régime foncier et le concept de travail imposé par le système esclavagiste. Les cultivateurs rebelles devenaient des sujets politiques par rapport à leur combat et par rapport à leurs revendications. Ils ne voulaient plus être une chose, un bras robuste ou une marchandise de bonne ou de mauvaise qualité suivant l'humeur du colon. La force de travail devait rester invisible sur l'habitation esclavagiste. Pourtant, elle était le vrai pilier de ce système économique et politique. Elle travaillait, elle produisait. Elle était à la base de la richesse des colons de l'occident chrétien.

Pour humilier les combattants cultivateurs et pour leur refuser le droit de se soulever, le droit d'être libres, le pouvoir colonial avait fait appel à des commissaires dépêchés dans la colonie pour préserver par tous les moyens cette possession française. (15) En fait, ils allaient essayer de manipuler les chefs en leur offrant de nouvelles perspectives tout en les exigeant de retourner la masse des révoltés sur les plantations encore comme esclaves. Leur enchaînement et leur exploitation devaient être légitimés par les chefs de la révolte.

L'un des plus imposants leaders de l'insurrection, Jean François, vêtu d'un *habit couvert de galons, chargé de cordons et de croix, promit à St Léger de faire cesser les hostilités si on voulait seulement lui accorder quatre cents libertés pour les principaux chefs de son armée.* (16) Cette déclaration d'un des chefs de l'insurrection avait permis aux colons de saisir cette éclatante opportunité. Ce chef était prêt au vu et au su de tous de vendre l'insurrection aux commissaires civils dans le but de sacrifier les cultivateurs rebelles. Il avait choisi de les trahir. Son comportement était clair. Il ne s'identifiait pas aux revendications principales de la majorité des insurgés. Il était tout simplement un parjure. Il ne cherchait que le pouvoir absolu pour imiter le *blanc.* Il était vêtu comme un chef occidental. Il s'était moqué de la masse vulnérable des combattants révoltés. Ces déclarations horribles du chef avaient donné à l'institution esclavagiste sa plus parfaite *légitimité.* Le refus catégorique et vivace des membres de l'Assemblée Coloniale et des propriétaires de plantation allait suivre. Les agents du colonialisme allaient durcir leur position déjà négative. Ils devaient donc aggraver la situation économique et politique de la colonie.

Leur vision d'avoir voulu réintégrer la majorité des combattants sur les plantations esclavagistes rendait leur présence très impopulaire parmi les cultivateurs rebelles dans la colonie. Ce renégat, malgré sa féroce allure, devait fuir, peu de temps après, vers la partie Est de l'île Kiskeya avec ses principaux lieutenants et aussi avec des centaines de cultivateurs. Il allait se mettre au service des esclavagistes espagnols. Accompagné de plusieurs fidèles, il allait négocier la vente de cultivateurs révoltés (les plus vulnérables) à l'administration esclavagiste espagnole et aux colons propriétaires de plantation de la partie Est de l'île.

Ce trafic d'esclaves par des esclaves insurgés prouve que ces derniers n'étaient mus jusqu'alors que par l'instinct de la liberté personnelle et qu'ils n'avaient nullement en vue l'émancipation de leur frère : leur horizon politique se renfermait encore dans un cercle très étroit...Et les chefs des esclaves soulevés ne combattant que pour leur liberté offraient à St Leger, moyennant 600 libertés, de faire rentrer dans la servitude leurs hordes innombrables. (17)

Le mot *émancipation* faisait une apparition timide mais très claire dans le vocabulaire de l'institution esclavagiste et de la société dominante d'après Thomas Madiou.

Le cri vibrant de Boukman *libète pou nou tous* (la liberté pour tous les cultivateurs rebelles) s'était évanoui. L'unité politique (le serment du *Bwa Kayiman*) d'août 1791 fut sauvagement assassinée par ces parjures. Les cultivateurs en révolte étaient désormais divisés. D'un côté, ceux qui allaient continuer la lutte avec d'autres chefs pour atteindre les objectifs de la révolte. D'un autre côté ceux (peut-être plus *intelligents et très débrouillards*) dont leurs lâches demandes n'étant pas du tout satisfaites allaient se réfugier dans la partie Est de l'île et se mettre tout bonnement au service d'autres esclavagistes, les ennemis de la France esclavagiste.

Y avait-il un accord au préalable avec les esclavagistes de la partie Est?

Les esclavagistes espagnols avaient-ils accepté de répondre positivement au désir de ces *faux* leaders de l'insurrection à Saint-Domingue ?

Cet abandon de la lutte n'était-il pas douteux ?

D'après Thomas Madiou, dans le tome I de son Histoire d'Haïti, *les Espagnols, satisfaits de la ruine de la colonie française, entretenaient l'insurrection, en fournissant des armes et des munitions à Biassou et à Jean François.* (18) Certains chefs de l'insurrection travaillaient pour ces esclavagistes espagnols en utilisant les cultivateurs opprimés dans le but de satisfaire leurs intérêts personnels. Ils n'étaient pas des *militants* donnant leur vie pour la liberté des opprimés. La plupart des révoltés qui étaient conscients de leur prise de position étaient donc trompés par des menteurs, des traîtres, des gens peu scrupuleux, au service d'autres esclavagistes. Pour recevoir des armes et des munitions des esclavagistes espagnols, il y avait sans nul doute *un accord* qui leur garantissait leur intégration dans la partie Est de l'île. Leur conviction politique n'était pas liée aux principales revendications des cultivateurs esclaves sur les plantations dans cette colonie dite française.

S'étant soulevés contre l'administration coloniale française et contre les colons avec l'emblème du roi de France, ils se tournaient contre les esclavagistes français avec l'emblème du roi espagnol. Ils n'avaient pas le sens de la gestion de cette liberté et de cet espace agricole revendiqués par les insurgés d'août 1791. Pour certains narrateurs bien payés, ils étaient *intelligemment* débrouillards. Ils ne sauvaient que leur peau. Ils ne défendaient que leur besoin de pouvoir. Il n'y avait aucune vision politique. Ils ne faisaient que singer pour devenir des chefs ou des maîtres avec un véritable pouvoir. Leur situation politique allait changer et devenait plus évidente après la volte-face de Toussaint Louverture et de son état-major lors de la formation d'une élite de *nouveaux-libres* pour maintenir et sauver le fait français. *Il était encadré d'un état-major compétent, des hommes aux bras de fer, des semeurs d'épouvante, des fanatiques aux bras armés d'héroïsme et de fougue, des chefs capables d'influencer, d'émouvoir, d'entraîner les esclaves encore timides. Les commandeurs des principaux ateliers étaient tout désignés au choix de Toussaint. D'autant plus que par leurs fonctions de prêtres, ils exerçaient, pour la plupart, un grand ascendant sur l'esprit naïf des esclaves... Il fallait ensuite une mise en scène appropriée pour frapper l'imagination des nègres, impressionner leur esprit superstitieux...* (19)

Cette mise en scène mentionnée par l'historien Gerard Laurent était-elle cette future union du *Noir et du Mulâtre* pour créer le drapeau Bleu et Rouge et pour mettre sur pied l'Armée dite Indigène ?

Le régime foncier et l'absence de liberté étaient à la base de la lutte de classe menée par les cultivateurs rebelles. Heureusement, pour la partie Ouest de l'île, ils n'allaient pas, dans leur majorité, déposer leurs armes tant que leurs revendications n'étaient pas adressées. *La liberté pour les anciens esclaves signifiait la liberté de posséder et de travailler, pour eux et pour leur famille, leur propre terre sans aucune contrainte. Ils voulaient vendre et disposer du produit de leur travail dans leur propre intérêt.* (20) La farouche volonté des révoltés encourageait les esclaves des plantations à poursuivre la lutte anti esclavagiste jusqu'à la rupture totale. L'odieuse défection de certains chefs et de certains cultivateurs ne les avait pas découragés.

Des décrets basés sur la teinte épidermique

Bien avant, l'Assemblée législative avait présenté des réclamations en faveur des *Affranchis* (des individus non-européens dont leur liberté était acceptée par l'administration coloniale). Elle avait décrété le 15 mai 1791 que les *hommes de couleur nés de pères et de mères libres* jouiraient de tous les droits politiques. Les riches propriétaires de plantation et d'esclaves d'origine européenne n'acceptaient pas de partager leurs privilèges politiques avec des propriétaires de plantation de teintes épidermiques dites inférieures. D'après l'occident chrétien, les *hommes de couleur n'étaient pas tout à fait humains.* Une distance sociale et politique devait être gardée.

Le décret exaspérait les riches planteurs non européens. L'occident chrétien le savait puisqu'il était à l'origine de cette division épidermique intéressée. Avant l'arrivée des commissaires civils envoyés par la France esclavagiste pour faire appliquer ce décret, la révolte des cultivateurs rebelles avaient déjà changé les rapports de force dans la colonie. Sur l'échiquier colonial, cette lutte menée par les cultivateurs rebelles exigeait une différente approche malgré les affrontements entre les riches propriétaires divisés par la couleur de leur peau et du statut de leur naissance.

Les cultivateurs rebelles réclamaient, eux, leur liberté totale et leur lopin de terre. Ils ne cherchaient pas un ajustement politique et social comme les Affranchis, propriétaires de plantation et d'esclaves à partir de leur teinte épidermique.

Le 28 novembre 1791, Roume et Saint-Léger, les commissaires chargés d'appliquer le décret, débarquaient au Cap où régnait une atmosphère de guerre, de massacre, de division. À eux, il incombait la difficile tâche de résoudre les conflits basés sur la fiction de l'épiderme. Ils avaient la responsabilité d'appliquer le décret du 15 mai 1791. Cependant, à cause des hostilités sur le territoire colonial, leur mission était extrêmement compliquée. Malgré le dialogue qu'ils proposaient, la situation restait explosive. Mirbeck et Saint-Léger retournaient en France sans avoir accompli leur mission de faire entendre raison aux élites économiques pour trouver un accord afin d'écraser le mouvement des cultivateurs insurgés. En fait, l'Assemblée Législative n'avait aucune intention ni aucun intérêt à améliorer le quotidien des esclaves d'origine africaine sur les plantations. Elle cherchait tout simplement une unité parmi les secteurs économiquement dominants en minimisant la question de la couleur de la peau entre les Européens et les *hommes dits de couleur* nés dans la colonie. Il fallait mettre un terme à cette lutte basée sur cette fiction épidermique en unifiant les deux groupes de propriétaires de la société dominante pour étouffer pour de bon les cultivateurs réduits en esclavage.

La première commission civile avait échoué. Ces loyaux serviteurs de l'administration française n'avaient aucune idée de la réalité coloniale. Ils n'avaient pas compris que l'occident chrétien avait créé une rivalité fictive basée sur la teinte épidermique pour imposer par la force des institutions inhumaines. Grâce à ce stratagème, ils manipulaient et ils exploitaient des êtres humains enchaînés qu'ils avaient réduits dans une dépendance totale et une pauvreté extrême. Les colons européens et non européens étaient donc désespérés car l'offensive des révoltés dérangeait davantage le statu quo colonial. Il fallait faire pression sur la France esclavagiste. Il était du devoir des chefs français de résoudre le conflit. Ils avaient l'obligation d'affronter les soldats esclavagistes anglais qui désiraient s'emparer (au nom de leur Majesté) de la plus productive des colonies de la Caraïbe. Ensuite, il y avait l'Espagne qui cherchait à ruiner la colonie française en détruisant les habitations coloniales. Les difficultés politiques étaient énormes.

La France esclavagiste envoyait rapidement une deuxième commission civile pour ne pas perdre sa riche colonie (*sa perle des Antilles)*. En avril 1792, soit le 4, l'Assemblée Nationale Législative qui avait remplacé la Constituante, décrétait que les *hommes de couleur et les nègres libres seraient admis à voter dans toutes les assemblées paroissiales et éligibles à toutes les fonctions administratives.* Cette loi fut sanctionnée par le roi. Les royalistes étaient bien obligés de se courber à cette signature royale. Il y avait donc une différence non expliquée entre *les hommes de couleur et les nègres libres*. Pourtant les affrontements (basés sur leur teinte épidermique ou sur leur grande richesse) devaient continuer. Les riches propriétaires d'esclaves, protégés par les mêmes lois coloniales, ne s'admettaient pas sur une même table pour maintenir l'esclavage et pour opprimer les esclaves. La couleur de leur peau les séparait. Le dialogue était proscrit. La loi du 4 avril 1792 ne fut jamais appliquée dans la colonie. Même Sonthonax l'avait mise dans un tiroir au moment de proclamer publiquement la liberté générale des esclaves, en d'autres termes, l'abolition de l'esclavage.

Ces commissaires allaient succomber à la stupidité du concept de la teinte épidermique créé par l'occident chrétien dans le but d'imposer une économie de dépendance à l'avantage de la France et des investisseurs européens. Ils avaient pour mission de garder la colonie de Saint-Domingue comme fait français et de manœuvrer la société des colons, des colonisés et des esclaves. Il fallait empêcher la société dominante économiquement puissante, arrogante de prendre ses distances avec la France esclavagiste. Ils avaient intérêt à s'unir pour sauver le système économique basé sur l'esclavage et sur le profit. Saint-Domingue était une possession française que les colons devaient défendre.

Les nouveaux commissaires civils, dès leur arrivée, devaient affronter le pouvoir de l'Assemblée Coloniale contrôlée par les colons esclavagistes d'origine européenne. Ils juraient devant les membres du parti royaliste de *ne jamais abolir l'esclavage et d'exécuter seulement le décret du 4 avril.* Il fallait éviter la propagation de la vision nordaméricaine qui avait rompu les liens de colonisation avec l'Angleterre. Cette loi fut pensée et publiée pour bloquer toute idée d'indépendance des grands planteurs. En appelant les *gens de couleur libres* à jouir des droits civils et politiques comme les riches planteurs *blancs* (européens), la société internationale européenne ouvrait son flanc à un conflit d'une issue improbable que l'occident chrétien avait inventé pour exploiter la main d'œuvre, pour la réduire en esclavage, pour la terroriser, pour la massacrer : le conflit de la teinte épidermique.

Brissot avait-il bien analysé sa décision ?

Avait-il compris la portée politique de cette loi à court et à long terme?

De toute façon, le roi l'avait ratifiée. Cependant le parti royaliste dans la colonie n'allait pas baisser les bras et admettre dans leur milieu cette *vilaine* présence (un groupe humain *impur*) qui déshonorait leur *couleur blanche.* Peu de temps après leur installation, Polvérel s'était établi dans l'Ouest et le Sud pour faire respecter ce décret. Il allait prononcer cette phrase terrible face à la résistance des riches propriétaires : *Les deux classes d'hommes libres s'égorgeant l'une par l'autre laisseront aux esclaves la propriété de l'île.* Le régime foncier mis en place par les colons esclavagistes allait être selon le commissaire contrôlé par des *esclaves* (des individus d'origine africaine) dont leur teinte épidermique était tout à fait repoussante. Polvérel leur donnait un avertissement réel et terrible, même s'il était convaincu que le concept de *propriété privée* serait incompris des esclaves d'origine africaine. Les deux classes libres de propriétaires étaient représentées dans la colonie selon le commissaire Polvérel par les *blancs* et par *les gens de couleur.* (21) Suivant le jargon de la société européenne internationale chrétienne, les éléments gérant la colonie devaient être constitués naturellement par des êtres humains de *couleur blanche.* Moreau de Saint Mery avait écrit qu'à partir du *sang blanc d'autres races d'hommes pouvaient être catégorisées.* Le concept du *sang blanc* n'avait jamais été défini scientifiquement.

Cette fraude culturelle s'était imposée par l'usage quotidien du fouet, par l'exercice de la terreur accompagnée d'humiliations les plus aberrantes et les plus épouvantables.

Dans cet ennuyeux rapport de force mais réel, basé sur la couleur de l'épiderme des composantes sociales de la colonie, le général Etienne Laveaux essayait d'équilibrer le jeu pour mieux le dominer. Il allait inventer sa propre destruction comme général de l'armée coloniale et comme gouverneur de la colonie. Cette tare particulièrement culturelle utilisée comme doctrine d'exploitation économique et sociale de la force de travail allait créer un dérangement dans les manœuvres troublantes de la société européenne chrétienne. D'abord, il fallait pousser ce conflit épidermique jusqu'à le rendre improductif même négatif et d'autre part il fallait dominer les adversaires par la force pour les réduire à une coupable mendicité sans jamais se relever.

Les malins penseurs du système esclavagiste et leurs alliés imitateurs allaient, à travers les missionnaires chrétiens, provoquer un affrontement permanent à partir de la couleur de leur peau pour mieux convoiter le pouvoir politique et le trésor public jusqu'à saturation. L'homme social dépendant, vulnérable et *inférieur* fut pris au piège en refusant tout bonnement d'analyser le système basé sur l'esclavage à partir d'un antagonisme de classe établi directement sur les rapports de production.

Malheureusement, l'occident chrétien avait déjà défini depuis les rives européennes la classe sociale à partir de la couleur de la peau des êtres humains pour enrichir l'Europe. La teinte épidermique symbolisait pour les occidentaux chrétiens et pour leurs domestiques le moyen le plus efficace pour provoquer la plupart des conflits de façon permanente dans les colonies.

L'un des membres de la deuxième commission civile bien après la déclaration de l'abolition de l'esclavage en février 1794, Polvérel, dans une lettre à Rigaud, le 11 juin 1794, avant son embarquement pour la France, se réjouissait de la *divine* nouvelle reçue du général Laveaux : *Toussaint Louverture, l'un des trois chefs des Africains royalistes, coalisés avec le gouvernement espagnol, a reconnu enfin ses vrais intérêts et ceux de ses frères....* (22) Pour arriver à ce dénouement heureux, Polvérel à l'Ouest et Ailhaud au Sud avaient connu pas mal de déboires avant de comprendre que le jeu économique de la colonie était réglé à partir d'une division politique basée sur la couleur de la peau des êtres humains vivant dans la colonie. Ce commissaire avait ainsi reconnu que le *chef noir* (l'Africain royaliste), Toussaint Louverture, était un allié des esclavagistes espagnols et devait être la solution du moment pour sauver la colonie comme la propriété de la France esclavagiste.

Quels étaient donc les vrais intérêts de Toussaint Louverture, l'un des alliés des esclavagistes espagnols ?

Le commissaire Sonthonax allait s'imposer

Sonthonax, installé au Nord, le plus bruyant des trois commissaires, avait de très bonnes relations avec des hommes qui dominaient la politique française. Il s'imposait comme le véritable penseur de ladite commission. Il agissait comme le principal acteur qui voulait soumettre ceux qui refusaient d'exécuter la loi du 4 avril 1792. Le groupe social dominant n'avait pas compris que l'administration française avait un grand besoin de son support. Le contraire n'avait pas trop d'importance aux yeux des dirigeants. Il pouvait diriger le gouvernement colonial tout en acceptant de faire des concessions honorables sans diminuer sa richesse et son pouvoir tout en excluant la force de travail et les plus vulnérables. Il pouvait utiliser un langage puissant mais trompeur basé sur un frauduleux concept de liberté sans abolir *l'esclavage et le système d'inégalité.*

Les royalistes ne voulaient pas d'un équilibre politique parmi les cliques économiquement dominantes (les riches propriétaires de plantation et d'esclaves). Elles préféraient rester divisées en plusieurs clans par rapport à leur naissance et par rapport à leur teinte épidermique. Cette faille stérile allait dominer de façon permanente la politique du pays nouveau. Ils ne voulaient pas équilibrer les institutions coloniales et esclavagistes afin d'assurer la stabilité politique de la colonie et sa continuité dans le sens du système colonial (la dépendance économique, politique et sociale). Ils étaient, au départ, irresponsables.

Le langage de la liberté (1789) était nouveau même en France parmi les différentes couches sociales. L'administration française voulait imposer cette nouvelle issue pour la France, pour les libres riches de la colonie tout en minimisant la question de couleur parmi les propriétaires de plantation. Leurs intérêts étaient déjà protégés par les lois françaises. Cette élite avait la possibilité d'adresser certains besoins de la main d'œuvre opprimée et des petits cultivateurs apparemment libres. Elle avait le grand avantage politiquement et économiquement de s'entendre pour dominer, humilier, exploiter et manipuler la force de travail. Le régime foncier était son fief. En plus, elle possédait tous les moyens de production. Ces grands propriétaires devaient ensemble chanter leur *patriotisme* pour garder et défendre une sorte d'unité de la classe dominante et non pour *illuminer* leur teinte épidermique comme l'étendard du pouvoir absolu. Cette élite, à travers le temps, n'allait pas changer sa vocation intriquée. Elle ne voulait rien faire pour améliorer l'environnement, les conditions de travail, le territoire et la vie de la population. La société dominante ne voulait aucun changement dans la colonie. Malheureusement pour la France, Saint Domingue devait rester bouleversée et même diminuée car l'élite dite *blanche* (des Français de l'occident chrétien) ne tolérait pas l'élite *impure* des sangs mêlés, des natifs de la colonie de Saint-Domingue. Ces deux élites libres, divisées par la couleur de la peau, étaient dans l'impossibilité de construire une colonie forte avec une main d'œuvre même rabaissée mais sans les chaînes et sans la liberté. (Ladite abolition de l'esclavage était déjà obtenue de haute lutte depuis août 1793).

Sous la pression de l'Assemblée coloniale, à leur première rencontre, les nouveaux commissaires civils avaient fait le *serment de ne pas abolir l'esclavage.* Les sangs mêlés *d'origine africaine,* comme les opulents propriétaires de l'occident chrétien les appelaient pour les dénigrer, voulaient, avec l'appui de la société des Amis des Noirs établie en France, avoir les mêmes droits politiques que les prédateurs européens. Ils avaient fait appel à des *blancs* (depuis lors) pour résoudre leurs problèmes comme certains dirigeants de l'insurrection d'août 1791 le faisaient. Cette réclamation politique, basée sur la couleur de la peau, avait une répercussion terrible et négative sur les activités économiques et sur les rapports politiques à Saint-Domingue. Le lavage de cerveau s'était en fait imposé. La soi-disant supériorité d'une teinte épidermique primait et influençait tout ce qui bougeait dans la colonie.

Sonthonax avait compris la situation en mettant les pieds sur le territoire colonial. Cependant il lui fallait trouver une solution *honorable* mais ferme. Convaincre les protagonistes de cette réalité n'était pas une tâche facile. L'occident chrétien avait déjà forcé la note. L'homme social était divisé par la couleur de sa peau depuis l'arrivée des conquérants en 1492. L'homme Taino ou Africain humilié, réduit en esclavage, était victime de cette affreuse mais fictive discrimination. Le sentiment de supériorité à partir d'une teinte épidermique devenait plus puissant chaque jour avec cette valeur ajoutée, leur fortune. Ce groupe social dominant ne voulait pas dire la vérité mais chaque membre de ces clans s'efforçait de forger sa condescendance et d'imposer ses individuelles illusions en dehors de toute réalité et en dehors de toutes données économiques.

Sonthonax était persuadé qu'il pouvait mettre fin à cette affreuse *guerre* épidermique que l'occident chrétien avait créée. Il croyait que la solution à cet affrontement était sa responsabilité personnelle, une obligation. D'ailleurs, la Constituante avait fait appel à lui pour l'application du décret du 4 avril 1792, pour calmer les esprits et surtout pour reprendre l'agriculture au profit de la France et de l'Europe. Il fallait apaiser le capital investi. Il fallait satisfaire le mouvement de la monnaie. Les commerçants, les banquiers, les manufacturiers, le roi, les hommes de la haute finance, ces heureux privilégiés de cet enfer, attendaient des résultats positifs et lucratifs.

Au moment de la révolte, le sens *légitime* du système esclavagiste fut ébranlé. Les monstres qui dirigeaient ce système devaient choisir une solution locale car la jeunesse française était en guerre en Europe pour défendre d'autres intérêts. Sonthonax allait accélérer l'application du décret du 4 avril pour rétablir l'ordre colonial. L'objectif principal était d'affronter militairement les cultivateurs rebelles. Il avait donc compris la magnitude de son devoir pour sauver le système colonial. De toute façon, il était pressuré par les événements, par le pouvoir de la monnaie et surtout par les cultivateurs rebelles. Le commissaire savait aussi qu'il était au service de l'administration politique française et du groupe dominant économiquement et politiquement en France.

Sonthonax, face au refus des royalistes de collaborer pour la mise en application du décret du 4 avril, décidait de jouer aussi le jeu de la teinte épidermique pour atteindre son but. Ce même phénomène culturel qui était à la base de la vision de l'occident chrétien pour traiter les Tainos et les Africains d'inférieurs était utilisé pour combattre les chrétiens de l'Europe qui s'opposaient aux décisions du gouvernement français. Il allait, avec ses pouvoirs, arrêter et déporter les plus récalcitrants en s'appuyant sur les *hommes dits de couleur*, les sangs mêlés, sur leur force économique et militaire pour défendre son pouvoir de représentant du gouvernement français. Le commissaire Sonthonax croyait manipuler à l'avantage de la France esclavagiste ce rapport de force. Car, lui aussi, il misait sur cette division basée sur des teintes épidermiques pour garder la colonie comme territoire appartenant à la France esclavagiste.

Durant tous ces mois de combat et d'exil des royalistes, les propriétaires non européens, ces sangs mêlés, voyaient poindre à l'horizon leur vraie chance pour s'emparer du pouvoir colonial au nom de le république française dans le but de réorganiser l'esclavage à leur seul profit. Bien imbus de la question de couleur de la peau, ils pensaient utiliser Sonthonax pour défendre leurs intérêts économiques et politiques. Les lois économiques de la colonie étaient aussi en leur faveur. Entre eux et les esclaves, il y avait aussi cette distance sociale volontaire au détriment des cultivateurs opprimés et vulnérables. Victimes d'une discrimination de la part des propriétaires européens, ils déversaient leur grogne sur les esclaves malgré leurs rapports consanguins avec ces éléments rabaissés de la société coloniale.

Pinchinat, l'un des chefs des *hommes dits de couleur,* les *sangs mêlés*, s'était révolté contre l'attitude discriminatoire de certains de ses frères de *couleur* : *vous oubliez que vous êtes de sang africain ; si la voix de la nature ne trouve pas d'accès dans vos cœurs endurcis, ne devez-vous pas par reconnaissance vous décider en faveur des noirs qui vous ont servi de remparts contre les colons blancs ; sans les noirs, il ne serait plus question depuis longtemps de votre existence.* (23) La plupart de ces propriétaires de plantation et d'esclaves n'avaient pas une oreille attentive à cette importante et significative déclaration sociale et surtout politique. Elle était aussi liée à cette même fiction de la couleur de la peau. Ces hommes dits de couleur se courbaient devant leurs pères, les colons, en acceptant leur *supériorité raciale* par rapport à leur teinte épidermique. Ils méprisaient leurs mères, les esclaves, qui les avaient allaités et qui les avaient introduits avec beaucoup de sacrifices dans la société esclavagiste. L'application du décret attaché à cette fiction épidermique, imposée par la société européenne internationale, était très importante car il promettait des résultats plus profitables à la France toujours au détriment des cultivateurs opprimés.

Le conflit basé sur la question des teintes épidermiques paraissait sans solution à Saint-Domingue. Pourtant les Anglais en prenant possession de la ville de Jérémie et d'autres villes de la côte avaient pu rétablir l'esclavage en se moquant des décisions du commissaire Sonthonax. Ils n'acceptaient pas l'application de la loi du 4 avril 1792. Les assaillants prédateurs de l'Europe ne toléraient pas cette division politique de la classe dominante et refusaient la présence des hommes dits de couleur, ces sangs mêlés. Ils *furent massacrés* pour éviter une confrontation entre les propriétaires de plantation et d'esclaves dans la région. Les Anglais avaient rejeté aussi le droit des cultivateurs rebelles de revendiquer leur propre espace agricole et leur liberté. Ils les combattaient avec une grande détermination.

Le commissaire Sonthonax, face à tous ces bouleversements politiques, était acculé. Il n'avait plus de force politique et militaire à sa disposition pour garder la colonie comme un fait français inébranlable.

Le commissaire savait depuis longtemps que le système économique basé sur l'esclavage était une affaire sinistre pleine de violence et de crimes. Il était au courant de la précarité de ces êtres humains qui étaient réduits en esclavage sur les plantations. Il avait observé leur misère et leur déchéance. Il avait appris que ces esclaves avaient évolué dans la crasse et avaient connu la sauvagerie des propriétaires de plantation et des commandeurs. Il était bien informé que les esclaves avaient vécu avec le fouet comme concept de travail. Il avait constaté comme Olympe de Gouges que *c'était la force et le préjugé qui les avaient condamnés à l'esclavage, que la Nature n'avait aucune part et que l'injuste et puissant intérêt des blancs avait tout fait.* Elle fut guillotinée le 3 novembre 1793.

Elle n'avait pas assisté au débat de la Convention Nationale du 16, jour de Pluviose, an second de la République Française une et indivisible. Elle n'avait pas eu la satisfaction d'apprendre la difficile décision de la Convention Nationale Française que l'esclavage des nègres dans toutes les colonies françaises avait été aboli. (24) Ce décret fut signé par les inspecteurs Augier, Cordier et S. E. Monnel.

Léger Félicité Sonthonax acculé.

Désorienté sur les bouleversements locaux et internationaux, par l'isolement et la fragilité de son pouvoir, le représentant de la République joue son va-tout. Le 29 août 1793, sans consulter ses collègues, poussant à son terme la politique libératrice qu'il a amorcée, il abolit l'esclavage, proclame la liberté générale. A compter de ce jour, le jacobin, entraîné par la dynamique de sa décision révolutionnaire, s'éloignera des mulâtres. (25) Il ne restait au commissaire civil que les cultivateurs opprimés d'origine africaine : les êtres humains vulnérables, méprisés, sauvages, misérables, enchaînés et exploités. D'un côté, il y avait les cultivateurs rebelles qu'il fallait apaiser en adressant leurs demandes, d'un autre côté, la main d'œuvre qui travaillait comme esclave sur les plantations. Sonthonax avait offert *500 libertés aux esclaves du Cul-de-Sac* dans le but de réorganiser ses forces armées. Cette proposition ne suffisait pas pour calmer l'ardeur combattive des cultivateurs rebelles.

Entre-temps, les *sangs mêlés* devenaient militairement et politiquement plus agressifs, très puissants depuis la soumission des colons européens dans le département de l'ouest. Socialement, ils devenaient de plus en plus arrogants. Cette décadence des planteurs européens, entreprise par le commissaire Sonthonax, les forçait à se séparer de leurs plantations et à fuir la colonie (*leur perle*). Les vengeances personnelles agrémentaient la situation désastreuse des hommes qui se croyaient définitivement intouchables dans la colonie. Les hommes dits de couleur, en dehors de toute compétence, profitaient pour remplacer les Européens dans les emplois administratifs dans le but de prendre le contrôle des finances de la colonie.

Deux ans après les débuts de la révolte des cultivateurs, le représentant de la France esclavagiste capitulait. Il ne pouvait pas résister aux assauts répétés des insurgés. Les Anglais et les Espagnols le bousculaient. La Proclamation de la Liberté Générale n'était pas un cadeau que l'ardent commissaire donnait aux cultivateurs esclaves. Les cultivateurs rebelles avaient construit leur propre liberté dans le combat. Ils étaient réellement concernés.

Le commissaire civil n'avait pas le choix. Sa politique était débordée. Il ne pouvait pas contrôler la situation. Il lui fallait une autre solution pour honorer ses principes dits révolutionnaires. Les royalistes, sans aucune entente, restaient dépassés par les événements. Ils s'exilaient par force ou volontairement. Les propriétaires libres et riches étaient tellement divisés qu'ils allaient se soumettre à une situation réellement décevante et désastreuse pour le devenir de leur pouvoir absolu dans la colonie. Les hommes dits de *couleur* misaient sur leur force économique pour mériter et exiger une place politique dans la société coloniale. Ils avaient fait une alliance avec une sorte de société des Amis des Noirs qui n'avait jamais envisagé d'abolir ls système esclavagiste et de libérer l'homme social enchaîné d'origine africaine. Les intérêts économiques et politiques des membres de cette société étaient liés au concept de travail imposé par l'occident chrétien, à la traite, à la violence contre des êtres humains. Leur hypocrisie était évidente.

La proclamation de la liberté générale était l'unique solution du moment pour le fougueux commissaire civil. Il avait perdu l'appui de certains planteurs de *couleur blanche* et de plusieurs propriétaires d'esclaves qui n'avaient pas la *peau blanche (hommes de couleur ou sangs mêlés).* Ces propriétaires l'avaient abandonné pour se ranger du côté d'autres forces esclavagistes ennemies de la France. (26)

Le commissaire allait-il s'appuyer sur l'armée des cultivateurs rebelles qui avaient forcé la proclamation de l'abolition de l'esclavage ?

Ou allait-il chercher une solution intellectuelle pour mystifier tous les cultivateurs et maintenir l'esclavage de façon camouflée ?

Pour grandir face à sa décision *arbitraire* mais nécessaire à son salut, Sonthonax avait pris rapidement l'initiative de convoquer l'Assemblée électorale pour le choix des députés de la colonie dans le but de faire *confirmer l'acte de l'Emancipation générale* en France. (27) La proclamation de la liberté générale (l'abolition de l'esclavage) avait subitement disparue du langage des grands bénéficiaires de l'institution esclavagiste. *Tous les nègres et sangs mêlés actuellement dans l'esclavage sont déclarés libres pour jouir des droits attachés à la qualité de citoyens français,* avait exprimé le commissaire Sonthonax d'une voix puissante et décisive. (28) La proclamation de la liberté générale se transformait très vite en un décret *d'Emancipation Générale* par le groupe socio-économique dominant dans la colonie.

Qu'envisageait le commissaire Sonthonax en déclarant libres tous les êtres humains que la société européenne chrétienne avait réduits en esclavage ?

L'homme social, hier enchaîné et opprimé, devait être immédiatement débarrassé de ses chaînes. Il était, d'après la proclamation, déclaré libre. Il pouvait se créer ses propres occupations. Il pouvait avoir son propre lopin de terre. Il devait pouvoir circuler librement.

Son espace agricole n'était-il pas sa principale revendication ?

Sonthonax avait-il compris que le statut économique, politique et social du cultivateur esclave devait être adressé ?

L'homme social d'origine africaine, proclamé libre, devait avoir en face de lui d'autres perspectives pour son épanouissement.

La qualité de citoyens français (comme cultivateurs sur une plantation encore esclavagiste) suffisait-elle ?

Allait-il adresser le concept de travail sur la plantation ?

Quel était le système économique et politique proposé par Sonthonax pour remplacer le système esclavagiste et ses corollaires ?

La plus importante revendication des cultivateurs fut ignorée. Polvérel avait exprimé son insatisfaction ouvertement pour dire que Sonthonax n'était pas sincère : *Sonthonax vous a donné une liberté sans le droit à la propriété, il n'a donné aucun droit de propriété à vos frères qui se battent pour défendre la colonie*, (29) Il fut le seul commissaire à avoir adressé la question du lopin de terre revendiqué par les cultivateurs rebelles. Il était en pleine contradiction avec son copain, Sonthonax. Pour ces individus *libres,* l'insécurité tant économique que politique faisait d'eux des éléments passifs et vulnérables, dominés par une classe d'hommes toujours *supérieurs* par la couleur de leur peau et toujours violents. Ces travailleurs agricoles, encore remorqués par la force sur la plantation, devaient toujours croire en leur *infériorité.* La Convention Nationale était loin d'envisager une ouverture positive pour attaquer le concept esclavagiste du travail. Elle laissait au Comité de Salut Publique le soin de trouver la meilleure solution pour apaiser les esprits opprimés par l'administration esclavagiste française.

Quelles étaient donc les conséquences de la Proclamation de la Liberté Générale prise par le commissaire civil Sonthonax?

Il n'avait aucun projet pour les êtres humains déclarés libres. Il n'avait pas aidé la France à prendre le contrôle de la colonie. Les cultivateurs rebelles continuaient à manifester leur opposition les armes à la main. Il avait détruit le pouvoir des propriétaires de plantation en offrant la liberté générale aux cultivateurs. Il avait créé un véritable *désordre* dans la colonie. En fait, les travailleurs enchaînés se croyaient libres sans pouvoir mesurer leur liberté sur la plantation. Dans la réalité, il n'avait sauvé que sa peau. Il avait pris une décision pour punir le groupe dominant formé par des prédateurs français suivant l'idéologie des chefs de la Convention Nationale Française.

L'insurrection s'était engagée à éradiquer les structures esclavagistes. Il fallait combattre le statu quo, la politique de terreur, de mépris et de misère. Les rebelles avaient le sens de l'intérêt général des êtres humains opprimés et enchaînés.

Les célèbres délégués de la colonie, dès leur heureuse arrivée en France à la Convention Nationale, allaient justifier la décision de Sonthonax pour la faire adopter. Le choix des députés ne fut pas un hasard. Tout était calculé suivant la fiction de la teinte épidermique pour faire plaisir à l'idéologie esclavagiste. Le député jacobin à la Convention Nationale Française, René Levasseur, avait proposé le vote de l'abolition de l'esclavage publiée depuis le 29 septembre 1793 à Saint Domingue par Léger Félicité Sonthonax. La République avait aboli l'esclavage dans toutes les colonies françaises mais la politique initiale d'accaparement des biens, de domination et de violence était encore en vigueur.

Les hommes de la Convention Nationale étaient tout simplement hostiles aux propriétaires royalistes de la colonie. Ceux-là ne méritaient que la prison ou la guillotine. Ces riches planteurs de la France esclavagiste, après avoir bénéficié des largesses de l'administration esclavagiste, n'avaient pas compris que leur devoir était de maintenir la colonie sous la domination de la France. Il n'y avait pas seulement leurs intérêts économiques. Il y avait aussi les intérêts politiques et sociaux. Les lois coloniales avaient privilégié tous les propriétaires de plantation. Le seul mouvement de la monnaie et des produits agricoles était plus important pour la France. Les lois *d'égalité* soi-disant *raciale* par rapport aux hommes dits *de couleur* allaient troubler l'ordre colonial. Ces lois étaient basées sur une stupide fiction intellectuelle émotionnellement intéressée pour mieux manipuler des êtres humains en utilisant leurs *bras robustes.*

En fait, le droit à la citoyenneté française ne répondait pas du tout aux principales revendications des cultivateurs rebelles. La couleur de la peau n'était pas un concept de citoyenneté. Ce droit n'était mentionné que pour tromper les cultivateurs : un privilège astucieux et frauduleux. Cette citoyenneté n'était nullement expliquée aux insurgés. D'ailleurs, les lois devaient changer. Le concept du travail en exercice ne faisait pas des cultivateurs travaillant sur les plantations agricoles des hommes libres. Les hommes de la Convention Nationale avaient adressé une demande au Comité de Salut Public *pour lui faire incessamment un rapport sur les mesures à prendre pour assurer l'exécution du présent décret.* En février 1794, rien n'avait été établi pour l'épanouissement des travailleurs enchaînés. Le décret d'abolition de l'esclavage stipulait que *tous les hommes sans distinction de couleur, domiciliés dans les colonies sont citoyens français et jouiront de tous les droits assurés par la Constitution.* (30)

Devenir citoyens français, sans agir sur le concept du travail et sur le régime foncier, ne changeait pas le statut économique politique et social de la force de travail.

Pourtant, officiellement, le Comité de Salut Public devait choisir toutes les mesures à prendre pour l'application dudit décret. Cette attitude politique était très hypocrite. Quand le décret d'abolition de l'esclavage arrivait dans la colonie en juin 1794, il n'y avait pas encore de mesures prises pour situer, en fait, le sort des cultivateurs économiquement, politiquement et socialement. Sonthonax était en même temps rappelé par ses chefs. En fait, en proclamant la liberté générale, la France esclavagiste prouvait que Sonthonax avait une mission connue par les dirigeants français. Son rappel expliquait qu'il avait très bien exécuté sa mission et qu'il n'avait aucune responsabilité d'imposer cette liberté. Il n'y avait encore aucune décision sur le régime foncier. Le droit de propriété était encore interdit aux cultivateurs. Le concept de travail n'avait pas changé. Le fouet était encore utilisé pour obliger les esclaves à travailler. Le quart du revenu n'était pas payé aux travailleurs.

Thomas Madiou avait fait un commentaire lamentable, peu *honorable* et particulièrement décevant : *Quelles qu'aient été les horreurs de l'époque de la Terreur, l'Haïtien doit toujours nourrir pour la Convention Nationale de France le plus grand amour : cette immortelle Assemblée est la mère d'Haïti.* (31) Madiou avait volontairement ignoré la lutte menée par les cultivateurs rebelles, leur choix et leur détermination. La Convention Nationale n'avait pas pris la décision d'abolir l'esclavage pour faire plaisir aux esclaves. Ces dures années de lutte et de sacrifice pour acculer le commissaire civil jusqu'à la capitulation, jusqu'à la proclamation de la liberté générale n'avaient aucun sens pour l'historien Madiou. Pourtant l'aboutissement de cette insurrection était l'œuvre des rebelles, des cultivateurs révoltés, de leur insubordination, de leur union, de leur rassemblement. En dépit de toute leur histoire, Madiou donnait à d'autres individus absents de la colonie la paternité et le privilège de cette abolition de l'esclavage. Les cultivateurs rebelles n'étaient pas dignes de ce résultat, de cet honneur. Ils allaient tout simplement mériter d'un frauduleux décret *d'Émancipation des Noirs,* inventé par la société économiquement dominante pour les garder comme de simples bras robustes sur les plantations.

Ce fictif décret d'Émancipation des Noirs était-il un décret intéressé ?

Était-ce le commencement de la mystification des cultivateurs rebelles pour discréditer l'importance de leur insurrection ?

Ne devaient-ils pas être reconnus par la société post coloniale ?

L'apparition soudaine d'un décret fictif

En fait, le 4 février 1794, la Convention Nationale Française n'avait mis au monde que le Décret d'abolition de l'esclavage.

À partir du 4 février 1794, la Proclamation de la Liberté Générale du 29 août 1793, quand l'esclavage fut aboli par le commissaire Léger-Félicité Sonthonax, (32) fut acceptée et votée par les leaders de l'administration française. En effet, la Convention Nationale Française avait ratifié la décision du commissaire Sonthonax. Ce document officiel décrétant l'abolition de l'esclavage dans toutes les colonies françaises n'avait jamais été altéré. Cependant la manipulation des cultivateurs de la colonie devait être solutionnée. Il ne devait pas exister une abolition de l'esclavage ni une proclamation de liberté générale. Les cultivateurs devaient rester à la merci des bandits de l'occident chrétien et de ceux qui les imitaient.

Une astuce intelligente devait être trouvée pour donner un autre sens au décret d'abolition de l'esclavage dans toutes les colonies françaises. Le décret *mystificateur* de *l'Émancipation* des Noirs était mieux adapté à la condition des travailleurs d'origine africaine. Ils devaient accepter une sorte de *liberté progressive.* En fait, ils n'étaient pas encore prêts pour être tout à fait libres dans le but de vaquer à leurs occupations ou d'être propriétaires d'un espace agricole. Ils étaient encore, malgré toutes ces années de persécution et de terreur, malgré leur lutte pour cette totale liberté, des sauvages, des damnés, des êtres inférieurs, des incapables.

Quel groupe social en France et dans la colonie avait intérêt á faire la promotion d'un décret *d'Émancipation des Noirs ?*

Quel groupe social avait inventé ce décret *intéressé et frauduleux* ?

Pour appliquer ce décret *d'Émancipation des Noirs*, le général Etienne Laveaux allait s'assurer de la présence et de l'appui d'un ancien esclave, d'un militaire expérimenté, *d'un Chef Africain* connu dans le milieu colonial. Au moment de son rappel, il travaillait pour les esclavagistes espagnols. Il avait la *peau noire*. Il était donc un *esclave libre* comme les victimes de l'esclavage suivant le jargon colonial. Après d'importantes négociations, il allait changer de camp. Toussaint Louverture allait se mettre donc au service de la République Française. Le soi-disant décret *d'Émancipation* des Noirs du 4 février 1794 lui avait fait comprendre que seule la France esclavagiste défendait ses *vrais intérêts*. Polverel avait peut-être raison.

Le sens de la vie pour les cultivateurs enchaînés était le droit à la liberté. Leur silence face à l'humiliation, leur impuissance face à la violence avaient une formidable histoire. L'heure avait sonné pour rompre avec ce mutisme. Certains cultivateurs avaient décidé que la révolte était le seul moyen de s'en sortir, la seule façon de changer leur vie. Ce choix était indispensable pour leur dignité. Ils ne croyaient pas qu'il était nécessaire de se transformer en chrétien pour se libérer de cette affreuse brutalité. Pour donner un sens à leurs activités quotidiennes, la révolte était un devoir. La traversée sauvage, de leur communauté d'origine sur le continent africain à la plantation sur un autre continent, ne devait pas être oubliée. Les coups de fouet qui avaient marqué leur dos étaient encore vivants. Leurs membres amputés n'avaient pas diminué leur ardeur à la révolte et n'avaient pas contrarié leur droit au changement.

Il était bouleversant et même décevant de constater que cette attaque contre le régime foncier, contre le droit de propriété n'allait pas dans la direction d'une identité historique des travailleurs agricoles opprimés. En affrontant la situation économique et politique de cette partie de l'île, les cultivateurs rebelles ne s'identifiaient pas comme des êtres humains réclamant des droits naturels. L'un des buts de la révolte devait définir implicitement l'homme social qui se battait pour la liberté et pour *son humanité.*

Le décret d'abolition de l'esclavage ne pouvait pas être plus explicite. Cependant les rédacteurs de ce décret n'avaient pas défini les termes de cette abolition. Le Comité de Salut Publique devait pouvoir le faire comme il lui était demandé. Quand le décret arrivait sur l'île quelques mois plus tard, il était déjà transformé en décret *d'Émancipation* pour confondre les cultivateurs rebelles et ceux attachés aux plantations où ils vivaient encore un quotidien d'esclaves enchaînés et opprimés. Des individus talentueux et intéressés allaient aider le système colonial pour faire comprendre à ces travailleurs agricoles que leur totale liberté dépendait de leur adaptation progressive à la civilisation des colons puisque l'occident chrétien avait délibérément effacé leur civilisation avec des coups de fouet. Donc ils devaient être *émancipés.* Cette dite *Emancipation* était, en fait, indispensable car ils n'avaient pas *tout à fait* absorbé les valeurs du christianisme catholique et de la civilisation occidentale. D'ailleurs, ils n'avaient pas besoin de les comprendre. Cette dite classe dominante avait un réel intérêt à divulguer un décret ridicule et mensonger d'*Emancipation des Noirs.* La société dominante avait encore le pouvoir de *choisir* le lieu où les bras robustes opprimés devaient trimbaler leur quotidien, le genre de travail qu'ils devaient effectuer pour survivre et la place qu'ils devaient tenir dans la colonie. Cette discrimination était accompagnée de la force pour situer la société dominante dans le but de garder ses privilèges et son pouvoir absolu en manipulant les *écrits légaux.* Il était impérieux de faire comprendre aux cultivateurs esclaves et aux cultivateurs rebelles (puisque la lecture et l'écriture leur étaient interdites) qu'ils étaient des travailleurs *inférieurs* à cause de la couleur de leur peau. Et comme, ils n'avaient pas encore compris les valeurs de l'occident chrétien, leur identité culturelle se limitait encore et seulement à la plantation esclavagiste. Toutes leurs références étaient liées à leurs activités sur la plantation. Pour les apaiser, le colon *blanc,* créé à l'image du Dieu des chrétiens, leur rendait un grand service en leur donnant une *liberté progressive* (une faveur) et un espace sur la plantation qu'ils pouvaient utiliser pour se nourrir. Dans le contexte politique de l'époque et aussi après l'indépendance, la classe vulnérable et misérable subissait un épouvantable lavage de cerveau puisqu'elle était encore et toujours soumise à la teinte épidermique de leurs maîtres. D'après l'occident chrétien, les cultivateurs en se rebellant le faisaient pour ressembler au *blanc,* en fait pour le *singer*. Les colons prédateurs voulaient là encore imposer la question épidermique pour expliquer tous les problèmes de la société coloniale ce qu'allaient faire plus tard les hommes du pouvoir et du contre-pouvoir de la nouvelle nation après l'indépendance. Ils cachaient leurs entreprises financières et économiques. Ils camouflaient le mouvement des produits d'échange. Ils ne parlaient pas de l'usage du fouet, de l'exploitation sauvage de la force de travail, de l'esclavage, du mouvement de la monnaie et de son accumulation, du pacte colonial et des inégalités politiques et sociales.

Pourtant, dans leur prise d'arme contre les colons propriétaires, contre le système esclavagiste, contre la terreur, contre l'humiliation, contre le fouet, les revendications des cultivateurs rebelles étaient claires : leur totale liberté et leur droit à un lopin de terre. Ils ne mendiaient pas. Ils ne cherchaient pas à changer leur teinte épidermique. Ils ne prétendaient pas à s'accommoder à la politique coloniale de l'occident chrétien.

Cette révolte n'avait pas eu le succès escompté. Le décret d'abolition de l'esclavage ne leur avait donné qu'une liberté imaginaire et le droit à un espace agricole pour accompagner leur liberté ne fut pas respecté. La lutte devait continuer. Les insurgés, malgré leur détermination, n'avaient pas malheureusement comme objectif la gestion des ressources de ce territoire. Ils voulaient leur liberté mais il n'y avait aucune vision pour prendre en charge le territoire.

Cependant ils n'avaient pas oublié leur lieu d'origine malgré la terreur exercée contre eux pour les forcer de l'effacer de leur mémoire. Ils n'avaient pas négligé leur propre culture car, tout au cours de ces dures moments d'esclavage, tout au cours de leur féroce combat contre la violence de l'occident chrétien, ils chantaient et parlaient de leur passé. Ils n'avaient pas oublié qu'ils avaient une famille, qu'ils avaient un nom, qu'ils avaient une identité. Leur passé était toujours présent dans leur mémoire. Malheureusement ils ne l'avaient pas imposé avec une fière assurance au moment de la Proclamation de la Liberté Générale.

Sonthonax avait pris une décision dans le but de punir et de détruire, suivant l'idéologie des chefs de la Convention Nationale Française, la classe dominante formée de prédateurs français. Sonthonax n'avait pas libéré les cultivateurs de leurs chaînes. Sonthonax cherchait une porte de sortie honorable. La Convention Nationale avait consulté les députés de la colonie et non les cultivateurs rebelles dans le but d'officialiser la Proclamation de Sonthonax par ce décret d'abolition de l'esclavage. Les députés ne représentaient pas les esclaves d'origine africaine malgré la présence trompeuse d'un *Noir* à la Convention Nationale. L'odieuse manipulation par la couleur de la peau avait triomphé. Les leaders de la Convention avaient rapidement décidé de publier ce décret pour montrer que la France était encore en charge de la colonie. C'était sa possession puisque l'Assemblée avait voté et nommé comme par hasard des députés représentant la fiction de l'épiderme inventée par l'occident chrétien.

Les cultivateurs rebelles étaient-ils imbus de la présence de ces députés en France ?

De toute façon, les cultivateurs rebelles étaient muets par rapport aux décisions à prendre dans le but de changer leur quotidien dans la colonie. Le général Etienne Laveaux continuait ses négociations (secrètes) avec un militaire expérimenté, un chef africain, au service des esclavagistes de la partie Est de l'île. Le représentant de la France esclavagiste en profitait pour fausser cette proclamation en manipulant les cultivateurs et en bouleversant les événements en faveur des esclavagistes de l'occident chrétien.

Cette volonté de se rebeller contre le système esclavagiste identifiait le besoin d'une politique de changement. Avec ce triomphe, ils devaient imposer leur propre pouvoir de décision. Ils avaient la détermination d'attaquer l'occident chrétien. Ils ne devaient pas se laisser remorquer par le système esclavagiste. L'esclavage avait duré. Sa fin était arrivée. La défaite du système esclavagiste devait être analysée pour procéder rapidement à son enterrement. Cette politique de changement dépendait des cultivateurs rebelles puisque l'administration coloniale était coincée. En fait, elle avait capitulé. Malheureusement, les rebelles avaient hésité, ils avaient attendu et ils avaient laissé aux esclavagistes le pouvoir de décision. Avec ce besoin d'un lopin de terre, ils devaient attaquer l'occident chrétien, ce monde vil, corrompu et sauvage, pour détruire l'économie basée sur l'esclavage d'êtres humains et sur la violence dans le but de matérialiser ce changement pour le droit à une alimentation à partir de produits locaux. Ils devaient prendre possession de leur lopin de terre. Ils avaient la force. Ils ne devaient pas attendre un sauveur.

Les cultivateurs avaient-ils peur de leur sort ?

Étaient-ils contents d'être gouvernés par l'occident chrétien ?

Craignaient-ils la couche privilégiée qui considérait le besoin de liberté comme un mal, l'œuvre du *démon* ?

Leur vision de lutte était-elle limitée par le droit à la liberté totale et le droit de posséder un lopin de terre ?

Étaient-ils prêts pour une vraie politique de changement dans le but de prendre le contrôle de ce changement ?

Y avait-il un manque de croyance dans leur communauté rebelle, dans leur vision, dans leur détermination ?

Où étaient leurs chefs ?

De toute façon, le général Etienne Laveaux, au nom de la France, devait difficilement accueillir ce groupe local dissident qui avait pris les armes contre l'administration coloniale française et qui avait combattu sous les ordres des ennemis de la France. Laveaux avait en face de lui un soldat expérimenté dans la fourberie politique. Il aimait les honneurs. Il était réellement doué d'un tempérament de chef qui exigeait l'obéissance totale à son statut, la loyauté et l'adulation à sa personne. Il recherchait comme la plupart de ses subalternes le pouvoir absolu. Il fallait imiter le roi de la France esclavagiste. Tout était lié à la personnalité de ce chef imposé par des révélations divines. La subordination aux lois ne devait pas exister. Malheureusement le général Laveaux et le commissaire civil Sonthonax ne connaissaient pas réellement ce militaire expérimenté, ce chef africain, dans la politique coloniale. Toussaint Louverture exerçait un contrôle serré sur ses soldats dans la partie Est de l'île.

L'intégration de ces soldats qui avaient lâchement abandonné la révolte des cultivateurs de la partie de l'Ouest devait être rapide. Les besoins d'une armée coloniale forte pour écraser les insurgés de 1791 qui avaient continué la lutte étaient pressants malgré la Proclamation de la Liberté Générale des esclaves. L'armée coloniale, sous les ordres de Laveaux, ne faisait plus le poids pour confronter ces individus désireux de se libérer du système esclavagiste. Il fallait camper aussi des soldats privilégiés mais expérimentés et aguerris pour attaquer avec fougue les troupes anglaises et espagnoles qui terrorisaient la colonie.

Sonthonax, sa mission terminée, devait rendre des comptes en France. À son retour dans la colonie, sa déception fut grande.

Allait-il regretter d'avoir proclamé la liberté générale des esclaves ?

Avait-il compris réellement les contradictions et les enjeux du système ?

Le général Laveaux avait tous les pouvoirs. La France esclavagiste n'avait pas appliqué la théorie des Droits de l'Homme dans la colonie. La France esclavagiste devait violer aussi son propre décret d'abolition de l'esclavage des Noirs. Le général Laveaux allait falsifier le décret d'abolition de l'esclavage au nom de l'administration française et du groupe économiquement intéressé. La société dominante n'avait pas apprécié cette abolition. Une solution d'échange fut donc inventée pour ne pas déranger le système de la dépendance économique du territoire et l'enrichissement des colons. Cette interprétation du décret d'abolition de l'esclavage des Noirs fut une réponse positive au profit de la société dominante. Elle allait se servir de ce décret frauduleux d'Émancipation pour manipuler et contrôler les cultivateurs rebelles et les travailleurs agricoles esclaves afin de rassurer les flibustiers de la Finance. Elle n'avait pris aucune décision pour cesser l'usage du fouet encore moins pour enlever les chaînes. Elle n'avait pas exigé aux planteurs de donner le quart du profit aux cultivateurs. Le décret d'abolition de l'esclavage n'était pas appliqué pour assurer la libre circulation de la force de travail, pour organiser un nouveau concept de travail, pour tendre au bonheur de la population. Aucune décision n'avait été prise pour encourager sa participation au mouvement de la monnaie. En fait, l'occident chrétien n'avait rien fait pour changer le quotidien des cultivateurs sur les plantations. Ils restaient esclaves.

Allait-il miser sur la présence de ce Chef Africain et de ses soldats pour affaiblir les cultivateurs rebelles?

Allait-elle utiliser la couleur de la peau de ce tout-puissant général pour garder les cultivateurs sur les plantations esclavagistes ?

Déjà, dans une lettre à Laveaux datée du 15 juin 1794, Toussaint se plaignait : *À ma première sortie après avoir envoyé auprès de vous, j'ai été à la Tannerie au Grand Boucan et au Dondon ou j'ai fait entendre raison à nos gens, en leur disant qu'ils ne devaient pas se battre contre moi.* (33) Quelques semaines avant, le 25 mai 1794, Toussaint avait répondu à une lettre du général Laveaux *qu'il était, en fait, heureux de se placer sous les drapeaux de la République et qu'il avait été égaré par les Espagnols.* Il avait donc admis qu'il avait vendu ses services aux esclavagistes espagnols à l'Est de l'île Kiskeya. (34)

Quelle avait été la nature des négociations entre Laveaux et Toussaint Louverture ?

L'arrivée fulgurante de Toussaint Louverture

De toute façon, le général Laveaux avait trouvé les moyens de négocier la présence d'un groupe de militaires et de soldats pour redémarrer la production des denrées exportables toujours au profit de la métropole. L'aboutissement positif de ces pourparlers allait déboucher sur un vil concept de liberté progressive pour retenir les cultivateurs opprimés sur la plantation. Il fallait un leader redoutable pour décoller cette nouvelle démarche et la rendre efficace et indispensable. Il devait utiliser la couleur de sa peau pour garder la colonie comme fait français et pour consolider son pouvoir.

Y avait-il un accord secret pour détruire les cultivateurs rebelles ?

Dans quel but, Toussaint et ses lieutenants devaient-ils traquer et mater les cultivateurs rebelles ?

Toussaint n'avait-il pas participé á l'insurrection d'août 1791, d'après plusieurs historiens ?

Les cultivateurs rebelles allaient-ils déposer leurs armes à cause de la couleur de la peau de ces nouveaux membres de l'armée coloniale ?

Il fallait consacrer ce retour inespéré. En donnant au général Toussaint Louverture, à ses officiers et à ses soldats certains privilèges dans le but de maintenir la colonie comme possession française, le général Laveaux n'avait pas compris qu'il allait affaiblir son propre pouvoir sur un territoire aussi divisé économiquement, politiquement et socialement. Le général Toussaint Louverture allait profiter de cette réelle aubaine pour organiser la politique de la colonie afin d'asseoir son pouvoir absolu. Il exerçait son pouvoir pour défendre les valeurs de l'occident chrétien. Il travaillait pour les banquiers, pour les financiers et pour les négociants de la France. L'imposition de son Caporalisme Agraire était claire. Il fallait reprendre l'agriculture et le commerce au profit de la France. Malgré sa politique de ruse et d'usage de la force, il était resté soumis aux valeurs de l'occident et au concept de gestion des administrateurs coloniaux.

Il allait rapidement détruire le pouvoir de Laveaux pour satisfaire ses ambitions personnelles. Il allait se rendre indispensable à la République Française.

Laveaux voulait-il déconstruire l'insurrection d'août 1791 ?

Laveaux cherchait-il à se défaire de ses responsabilités ?

Voulait-il piéger Toussaint Louverture en lui offrant le contrôle total de l'île ?

Ou avait-il d'autres alternatives pour défendre et maintenir le statu quo colonial au profit de la France ?

Les groupes d'intérêts financiers et économiques avaient-ils participé à ces décisions importantes ?

Toussaint cherchait-il le contrôle total de l'île ?

Avait-il compris la faiblesse de l'administration coloniale ?

Ou voulait-il rétablir l'ordre colonial sous son haut commandement ?

Toussaint Louverture avait-il des dons cachés pour désorganiser aussi vite les dirigeants de la France esclavagiste ?

Avec ces mêmes administrateurs esclavagistes français, il allait essayer de bouleverser les fondements de l'insurrection. Une pratique politique très astucieuse se dressait majestueusement pour fausser les principales revendications des rebelles. Il s'appuyait d'abord sur la couleur de sa peau pour désorganiser le mouvement rebelle. Comme il était *Noir*, tous les *Noirs* devaient se rallier à sa personne pour reprendre l'agriculture au profit de la France. L'espace agricole réclamé par les cultivateurs était combattu par Toussaint Louverture et son état-major élitiste aux *bras de fer.* Le caporalisme agraire qu'il mettait en pratique avait rendu tout à fait impossible ce droit à un lopin de terre lequel devait être une garantie à leur liberté. Avec le même concept de travail élaboré par les colons esclavagistes, les cultivateurs devaient se mettre au travail avec ardeur sur les habitations gérées par les colons français et par les nouveaux colons non européens qui pratiquaient les mêmes violences. Malgré leur mécontentement, Toussaint et son état-major insistaient en imposant des mesures drastiques pour un travail *bien fait.* Les cultivateurs encore sur les plantations étaient opprimés. Ils devaient être *guidés* par de nouveaux chefs avec la même couleur de peau pour mieux les manipuler. Les prédateurs de l'occident chrétien développaient un autre espace politique avec la même institution esclavagiste.

Son armée se distinguait sur les champs de bataille pour maintenir le fait français. Le chef *Noir* se faisait applaudir par la France esclavagiste. Le gouvernement français lui donnait beaucoup d'avantages même s'il se méfiait un peu des activités le plus souvent tranchantes du général. Les défaveurs *intelligentes* et menaçantes organisées contre Laveaux et

Sonthonax facilitaient leur expulsion de la colonie. Il avait déclenché une telle hostilité contre Hédouville en lui faisant comprendre qu'il était le maître de l'île lors de l'affaire Maitland que le Français avait plié ses bagages rapidement en attisant un affrontement basé sur des questions épidermiques pour diviser les forces de gestion de la colonie toujours au profit de la France esclavagiste. Toussaint avait profité de son pouvoir pour détruire ouvertement les croyances religieuses des cultivateurs. Il avait endossé le christianisme catholique dans le but de s'allier la société dominante économiquement, politiquement et socialement. L'agriculture pour le marché local était intentionnellement défavorisée. Les éléments visibles de la colonie étaient nourris en produits importés tandis que les hommes et femmes pataugeant sur les habitations coloniales devaient se nourrir des rares racines trouvées ou cultivées sur des espaces mal fondés et surtout rachitiques. La force d'intervention de la métropole esclavagiste aidait la société dominante à étouffer toute possibilité d'un marché local même quand il était mal organisé.

Le pouvoir absolu justifiait ce besoin essentiel de conformité. Cet esprit de malfaisance sociale avait enfermé la vérité. La société politiquement et économiquement dominante continuait à développer un mépris des cultivateurs d'où le viol de leur propre décret d'abolition de l'esclavage. Malgré tous les efforts violents utilisés par Toussaint Louverture après cette volte-face bien planifiée pour *faire entendre raison,* les insurgés de la première heure n'avaient jamais déposé les armes. De toute façon le général Toussaint Louverture avait une *mission* : *Comment passer de l'esclavage à la liberté ? Pendant tout le 19ème siècle, la question a hanté et a confronté beaucoup de leaders politiques* (occidentaux). *Mais elle s'était présentée à Saint Domingue où il a incombé à Toussaint Louverture d'administrer le premier processus, à grande échelle, d'émancipation dans les Amériques,* d'après Laurent Dubois. Les occidentaux, accompagnés de la société économiquement dominante avaient applaudi cette trouvaille. Il leur fallait cette volonté d'émanciper la force de travail, un genre très astucieux de la garder comme esclave de façon permanente afin de bloquer un chambardement général.

Comment le général Toussaint Louverture s'était-il organisé pour faire respecter et administrer *le premier processus d'émancipation*?

Les cultivateurs rebelles allaient-ils se courber aux dictats du *Chef des Nouveaux Libres*?

Toussaint Louverture utilisait-il son pouvoir politique pour désorganiser le mouvement des insurgés de 1791 ?

La poursuite des cultivateurs rebelles devait bouleverser les acquis de leur insurrection. Pourtant, leur farouche détermination, leur sacrifice et leur lutte avaient exigé de la France esclavagiste la publication du décret *que l'esclavage des nègres est aboli.* Le décret fut signé officiellement par les inspecteurs de la Convention Nationale Française.

Le comportement des colons esclavagistes n'avait pas changé malgré le décret d'abolition de l'esclavage. Ils continuaient à mépriser la force de travail. Ils n'avaient pas cessé de les terroriser. Leur exploitation était indispensable. L'usage du fouet était encore en vigueur. Le dos de la force de travail saignait toujours pour le plaisir des groupes dominants. Les propriétaires avaient un besoin essentiel et même pressant de rétablir les plantations agricoles et de reprendre les échanges commerciaux. La métropole devait rapidement inventer cette solution permanente pour maintenir cette économie de dépendance. L'occident chrétien avait trouvé en Toussaint Louverture cet homme providentiel pour retenir la colonie comme possession française, pour défendre le régime foncier esclavagiste car, pour les occidentaux, le système économique basé sur le profit et sur les inégalités était intouchable. La France allait bénéficier de ce changement militaire, politique et social pour préserver cette profitable perle.

Le Chef africain, né sur une plantation à Saint Domingue, avait décidé de se mettre au service du drapeau tricolore. (*Sa couleur noire faisait de lui obligatoirement un Africain*). Il avait immédiatement reçu du général Etienne Laveaux des instructions préliminaires pour mettre en branle ce fameux processus d'émancipation. Laveaux devait expliquer clairement la différence entre la Monarchie (*la volonté d'un seul qui fait la loi*) et la République (*la majorité des Citoyens qui fait la loi*). Les affaires militaires étaient introduites lors de cet entretien pour mieux comprendre sa décision de changer de camp. Toussaint Louverture, durant ces échanges, avaient compris que la République Française lui avait offert une opportunité pour satisfaire ses ambitions personnelles. Partout où il livrait bataille, il arborait le drapeau des colonisateurs français. Et avant toute sortie de ses troupes. Toussaint faisait chanter des messes suivant les principes de l'église chrétienne catholique fervente animatrice du système esclavagiste. D'ailleurs, il était indispensable pour tout soldat sous le commandement de Toussaint Louverture de participer avec ferveur aux cérémonies religieuses.

Était-ce la condition première, essentielle pour participer à ce processus d'émancipation jusqu'à l'obtention d'un *certificat d'émancipation*, une sorte de certificat de bonnes vies et mœurs à l'occidentale?

Leurs langues sèchent et leurs mains se paralysent face aux gouvernements puissants et aux forces menaçantes, face aux agresseurs et à l'internationale de la terreur.

Alexander Soljenytsine

Chapitre 3

La victoire

La guerre contre l'armée expéditionnaire française avait pris fin sur la partie ouest de l'île d'Ayiti en novembre 1803. Les insurgés avaient organisé un mouvement politique et social contre l'esclavage et contre le droit de propriété esclavagiste. Les cultivateurs rebelles n'étaient pas à leur première victoire. Ils étaient pleinement conscients de leur besoin de liberté et de leur espace agricole. Ils avaient obligé l'administration coloniale à abolir l'esclavage. Sonthonax, l'un des commissaires de la France esclavagiste, avait créé un drame de société en annonçant dans la langue de combat de la force de travail la Proclamation de la Liberté Générale des esclaves à Saint Domingue. Malheureusement les insurgés, ces cultivateurs rebelles, furent habilement manipulés. Les esclavagistes avaient officiellement détourné leur grande victoire en une terrifiante théorie *d'Émancipation des Noirs* pour les convaincre une fois de plus de leur *infériorité* et pour continuer avec la même effrayante violence la discrimination soi-disant *raciale*. La société dominante avait inventé un décret d'Émancipation des Noirs au lieu de mettre en pratique le décret d'abolition de l'esclavage. En fait, elle allait établir un processus utile au maintien de la colonie comme possession française : le passage d'un *état inférieur à un état supérieur* imposant spirituellement, pour l'accomplir, *le mythe colossal de la sous humanité de l'esclave* (de l'Africain). (35)

Des problèmes majeurs avaient été au centre de cette nouvelle victoire dramatique. Le règne de la société internationale européenne chrétienne représentait, depuis des centaines d'années, un énorme danger pour l'humanité et pour l'identité des conquis, convaincus à coups de fouets de leur infériorité. En 1791, l'idéologie coloniale avait été sérieusement attaquée malgré la féroce justification et l'imposition cruelle du système basé sur le profit, sur la discrimination et sur la violence. L'inégalité socio-économique découlait de ces dispositions artificielles soutenues et accompagnées par la force. Les cultivateurs rétifs, dès le début de leur soulèvement, avaient tenté d'avoir une réponse à leur total engagement contre le système esclavagiste. L'une des priorités de la structure de la société coloniale était menacée par des hommes armés et déterminés. Une lutte brutale avait été engagée contre le système. Pour la société internationale européenne, ces rebelles étaient des Congos, des hors la loi qui n'acceptaient pas le rôle *civilisateur* de l'occident chrétien.

La possession de la terre, selon les cultivateurs rebelles, ne devait plus être exclusive. Ce principe sacré de l'idéologie esclavagiste devait être banni sur tout le territoire. Ces insurgés réclamaient, à l'intérieur du système colonial, leur lopin de terre pour leur épanouissement. En 1794, ils obtenaient une vicieuse réponse à leur détermination de rompre avec le système foncier esclavagiste et de posséder leur propre lopin de terre. La société dominante allait les détourner de ce droit car le système économique basé sur le profit individuel ne l'admettait pas.

Les combattants avaient eu l'idée de changer leur statut social sur le territoire en voulant devenir, eux aussi, propriétaires même si c'était un simple lopin de terre. Durant toute la période de cet affrontement sanglant, le conflit était clair. Le droit à la propriété privée ne pouvait plus être le monopole des prédateurs de l'occident chrétien. Les rebelles, avec cette nouvelle victoire, avaient empêché le retour à l'esclavage comme le voulait Napoléon Bonaparte. Il avait utilisé son pouvoir pour violer le décret du 4 février 1794 (la première abolition de l'esclavage des Noirs que les cultivateurs rebelles de Saint Domingue avaient obtenue grâce à leur courage et à leur détermination.). L'économie de cette partie de l'île était bouleversée par ces dévastations physiques et par ce besoin de liberté. Cette terrible guerre avait exterminé beaucoup de *bras robustes*. Le système de la grande plantation de produits exportables avait perdu son éclat d'antan malgré le *caporalisme agraire toujours en vigueur* comme l'avait voulu le gouverneur de la colonie française, Toussaint Louverture. Il avait été nommé à ce poste par la France esclavagiste.

Une solution économique d'après-guerre était nécessaire pour sécuriser cette victoire militaire et politique. Un concept de travail humain était indispensable pour attaquer les différents problèmes de la production agricole et des moyens de production. Le désaccord entre le droit de propriété des planteurs européens et le besoin d'un individuel lopin de terre n'avait pas diminué d'intensité malgré l'assassinat du *neveu* de Toussaint Louverture, le général Moise. Les cultivateurs rebelles avaient toujours poursuivi la lutte pour leur liberté et pour leur lopin de terre

La dépendance économique était confrontée malgré les ambitions sans bornes de l'occident chrétien. Le concept de la liberté tel qu'il était appliqué dans la colonie par les colons méritait une remise en question urgente pour secouer la mentalité de l'homme social lequel avait connu une soumission sauvage durant des centaines d'années. Il y avait peut-être une étape pour une transition concernant les rapports de production entre la force de travail, tous les propriétaires de plantation et tous les acheteurs des produits exportables. En fait, la transition exigeait un objectif politique précis et aussi une vision à long terme pour changer l'environnement. Cependant une connaissance réelle des rapports de production, de la production et du régime foncier établis par les colons prédateurs de l'Europe occidentale était absolument nécessaire. L'être humain d'après-guerre avait socialement un grand besoin d'un sérieux questionnement pour comprendre le système économique basé sur des inégalités, sur le profit et sur la violence dans le but de le transformer et d'agir sur son quotidien.

Depuis février 1794, l'esclavage des cultivateurs n'existait plus dans la colonie théoriquement et légalement. L'esclavage fut aboli sous l'unique pression des cultivateurs rebelles qui étaient restés déterminés et qui n'avaient jamais déposé leurs armes depuis le mois d'aout 1791 malgré le dérangement de leur foi *politique* à la mort du chef Boukman, malgré la trahison de meneurs intrigants. La résistance et la lutte ouverte à l'idéologie esclavagiste s'étaient développées rapidement malgré le départ vers la partie Est de l'île de centaines d'anciens révoltés. Ils s'étaient mis ouvertement au service des esclavagistes espagnols pour apparemment combattre les esclavagistes français. Un décret imaginaire d'Émancipation des Noirs pour manipuler les cultivateurs opprimés et pour maintenir la plantation esclavagiste fut le prétexte de leur volte-face.

Le décret dit d'*Émancipation des Noirs* représentait donc une vicieuse déclaration mal intentionnée. La société économiquement dominante avait refusé d'accepter cette abolition de l'esclavage dans les faits. L'amortissement des pertes énormes dues à la révolte des cultivateurs était plus important pour les propriétaires de plantation. Il fallait, avec un concept frauduleux et coquin, gérer les insurgés triomphants et la main d'œuvre encore opprimée sur les plantations. La société dominante économiquement avait encore le contrôle de la force.

Cette loi était faussement instaurée dans le but d'améliorer (*de civiliser*) graduellement l'être humain réduit en esclavage. Cette transformation ne fut jamais réalisée. La loi aurait dû reconnaitre d'abord que la force de travail avait sa propre civilisation. Ce vulgaire mensonge était apprécié par la société dominante pour maintenir *l'infériorité* des cultivateurs. Ils étaient encore maltraités mentalement et physiquement. Le concept de la civilisation proclamé par la société internationale européenne était, en fait, trompeur au départ. Il n'avait aucune base certaine pour satisfaire les travailleurs opprimés. Le décret d'*Émancipation des Noirs* était simplement lié au système esclavagiste dans le but de satisfaire les intérêts du pouvoir socio-économique de l'occident chrétien. Les cultivateurs opprimés, durant toutes ces années d'esclavage, avaient été sauvagement modelés selon les besoins de l'occident chrétien avec plusieurs collaborateurs intéressés.

Quelques années après, *l'armée française était affaiblie en nombre et en conviction, Leclerc prit la décision de donner aux émancipés de 1794 une liberté garantie s'ils prenaient les armes contre les cultivateurs révoltés.* (36) Terrible décision du général esclavagiste français qui, une fois encore, prouvait que le décret d'abolition de l'esclavage n'avait apporté aucune liberté à la force de travail encore moins la soi-disant *Emancipation* des Noirs, cette liberté progressive. D'après le général, il fallait une *liberté garantie aux émancipés de 1794,* (ceux qui étaient recrutés par Laveaux). Cet aveu extraordinaire dérangeait la décision officielle de la Convention Nationale Française. Le décret avait été intentionnellement trompeur. Il était clair que cette décision de la société internationale européenne chrétienne était un gros mensonge. Elle n'avait pas été appliquée. Les chefs de l'administration française avaient délibérément joué la comédie pour tromper encore une fois la force de travail opprimée en violant leur propre décision.

Les cultivateurs rebelles avaient donc raison de poursuivre leur lutte d'étranglement de l'armée coloniale. (37) Le général Leclerc comme défenseur de l'occident chrétien, n'avait aucune intention de dire la vérité. Il ne faisait que manipuler la force de travail avec l'appui des militaires de l'armée expéditionnaire française et des militaires non européens de l'armée coloniale. Cette fourberie était une crapuleuse sauvagerie.

L'appel de Laveaux au général Toussaint Louverture s'inscrivait-il dans la perspective de réprimer les cultivateurs révoltés qui avaient obligé l'administration coloniale à *abolir* l'esclavage ?

Les cultivateurs rebelles n'avaient pas lutté pour *émanciper* les Noirs.

La volonté pour y trouver des résultats humains après la publication de ce décret ne pouvait pas se manifester. L'idéologie esclavagiste ne le permettait pas. De toute façon, à partir de ce décret, les cultivateurs sur la plantation devaient avoir droit à un autre statut économique et social. Ils n'étaient plus des esclaves enchaînés ce que la France ne disait pas officiellement. Cependant ils n'étaient pas du tout libres dans la réalité de la colonie et de l'idéologie esclavagiste. Ils étaient encore attachés servilement aux plantations et aux planteurs esclavagistes de la France ainsi qu'aux planteurs non européens qui collaboraient étroitement avec l'administration française. Le système d'exploitation et d'extermination des êtres humains à cause de la couleur de leur peau était planifié par les prédateurs chrétiens de l'Europe.

Le concept d'*Émancipation des Noirs* était une décision politique bien calculée par les colons esclavagistes et les militaires non européens pour sauvegarder la colonie comme fait français et non une volonté politique pour changer la condition économique et sociale des êtres humains soumis au travail pénible des plantations. Le décret d'abolition de l'esclavage n'avait pas plu à la plupart des planteurs européens car, pour ces prédateurs, ces véritables bandits de l'occident chrétien, le système esclavagiste était le seul moyen pour dominer d'autres êtres humains, la seule voie pour avoir un statut économique et social en France et en Europe.

Le concept de travail imposé par l'occident chrétien à Saint Domingue n'avait pas été questionné. Le décret d'abolition de l'esclavage ne l'avait pas mentionné. Il était donc intouchable. L'institution esclavagiste était acceptée et pratiquée sur les plantations malgré cette apparente abolition de l'esclavage.

Y avait-il un projet de changer le système économique basé sur le profit, sur l'inégalité et sur la discrimination comme réponse à la révolte de 1791, comme réponse au décret d'abolition de l'esclavage ?

Y avait-il un plan de réorganisation économique, politique et sociale par l'autorité coloniale au lendemain de ce décret d'abolition ?

La pression des rebelles cultivateurs n'avait jamais cessé de menacer l'ordre colonial. L'administration coloniale voulait retarder l'explosion et créer du temps au bénéfice de l'occident chrétien. Du point de vue de l'économie pratiquée par les propriétaires chrétiens, les cultivateurs ne devaient pas décider de leurs activités quotidiennes. Ils n'avaient qu'une relation émotionnelle avec la plantation esclavagiste. Ils ne pouvaient pas prétendre à leur propre bonheur. Les soumis s'étaient adaptés à de faux concepts à cause de la terreur exercée contre eux et non par amour pour ces sauvages européens. Leurs bras robustes étaient toujours utiles mais sauvagement opprimés sans recevoir le quart de la production que la loi avait exigé. Les travailleurs agricoles alimentaient toujours le trésor public de la France esclavagiste. Les propriétaires de plantation continuaient à s'enrichir à leurs dépens. Ils n'avaient pas le choix de leur espace de travail. *La plantation agricole ne leur servait que de lieu de survie.* Ils n'avaient pas la possibilité d'abandonner les plantations pour changer d'activités. S'ils abandonnaient leur zone de production, ils étaient appréhendés et fouettés comme au temps de l'esclavage avant le décret d'abolition de l'esclavage. Ils étaient des esclaves considérés comme des vagabonds, comme des hors la loi, comme des individus qui ne se conformaient pas à l'ordre colonial que le Dieu des Européens chrétiens avait inventé pour enrichir les propriétaires de plantation et d'esclaves.

En 1791, cette union des cultivateurs rebelles dirigée par Boukman était nécessaire pour culbuter le système esclavagiste.

En 1794, la force des cultivateurs rebelles prétendait renverser l'ordre établi après la décision de Sonthonax de proclamer la liberté générale.

Quel était l'avenir de l'ignoble *code noir* qui avait été publié en 1685 ?

Cette première victoire remportée par les cultivateurs rebelles était un facteur historique de grande portée internationale : la première abolition de l'esclavage dans ce monde contrôlé par les civilisés occidentaux. Sonthonax n'était pas l'*ami des esclaves.* Cependant il n'avait pas de choix s'il voulait garder la colonie encore comme fait français ce que Napoléon Bonaparte n'avait pas tout à fait compris en donnant l'ordre d'arrêter et d'exiler le gouverneur Toussaint Louverture de la colonie tout en supprimant le décret d'abolition de l'esclavage. La décision de Sonthonax de libérer le travail et les travailleurs opprimés avait une grande portée économique et politique. Pourtant cette résolution mûrie avait affolé les promoteurs esclavagistes de l'occident chrétien. Le droit de propriété acquis par ruse et par force qui accompagnait le pouvoir des prédateurs chrétiens était, en fait, menacé.

La revendication principale des travailleurs rebelles avait pour but de détruire la propriété privée exclusive des esclavagistes, l'une des bases du pouvoir absolu. L'esclavage avait été installé soi-disant sur une *assise légale* définie par les papes puisque l'église chrétienne catholique représentait l'ordre établi malheureusement, le pouvoir absolu et surtout l'enchaînement odieux et lâche d'êtres humains. Cet aspect soi-disant légal était non seulement trompeur, il était aussi manipulateur car il exhibait sournoisement et de façon crapuleuse la force spirituelle de cette institution esclavagiste et surtout l'infaillibilité de la foi chrétienne. Ils allaient mettre, grâce à leur pouvoir militaire, l'*évangile* au service des intérêts mesquins de l'occident chrétien

La présence de *l'ancien esclave* Jean Baptiste Belley, comme député choisi par les colons pour représenter la colonie dans le but de siéger à la Convention Nationale en France, ne fut-elle pas inscrite dans le but de mystifier les cultivateurs opprimés ?

N'était-il pas *Noir* comme les cultivateurs d'origine africaine ?

Le député Jean Baptiste Belley avait parafé le document officiel : le décret d'abolition de l'esclavage. Il avait posé pour le peintre Girodet à côté de la statue de l'abbé Raynal (le *blanc*) pour donner de l'importance à sa présence et à sa signature. Il était *Noir.* Cependant il n'avait pas signé un décret *d'Emancipation des Noirs* comme le faisait comprendre la société économiquement dominante.

Voulait-il mettre en évidence une sorte de symbolisme de la fiction de la hiérarchie de la teinte épidermique ?

Les cultivateurs n'avaient pas *l'intelligence suffisante* pour comprendre le *processus d'émancipation* initié par Toussaint Louverture selon les besoins du capital de la société internationale européenne. Ce que les intellectuels non européens allaient répéter sans arrêt. (Ces gens-là n'avaient pas l'éducation qu'il fallait pour se hisser au niveau des gens de la société pour ne pas dire au niveau de la civilisation occidentale). D'ailleurs, comme les cultivateurs ne savaient pas lire et écrire, ils n'avaient aucune possibilité d'interpréter les lois dictées et imposées par les esclavagistes. Ce décret odieux visait tout bonnement l'interdiction de l'exercice d'un droit collectif tout à fait naturel : affronter l'exclusion, la discrimination, et l'exploitation. L'application musclée de ce décret malveillant faussait l'humanité des cultivateurs opprimés et leur droit de se rebeller contre un pouvoir despotique et criminel. Montesquieu avait bien justifié cette vision sauvage de l'occident en écrivant que le *sucre serait trop cher si la canne à sucre n'était pas cultivée par des esclaves... Il nous est difficile d'accepter que ces hommes soient des êtres humains parce que si nous l'acceptons nous devons admettre que nous ne sommes pas chrétiens.* (38) Cette opinion d'un homme si illustre de la société internationale européenne chrétienne s'imposait et étalait une subtile hypocrisie. L'objectif était de maintenir ces êtres humains comme de vils travailleurs pour enrichir l'occident chrétien. Pour ce faiseur de lois, l'esclavage était intouchable. L'Européen chrétien était l'unique penseur du monde.

Les esclavagistes français, par des décisions astucieuses et criminelles, renforçaient leurs besoins de cultivateurs réduits en esclavage. Ils étaient des bluffeurs. Ils les transformaient officiellement en travailleurs salariés sur les plantations agricoles à l'intérieur de l'institution esclavagiste. La moquerie de cette décision était manifeste. L'abolition de l'esclavage n'avait pas eu lieu, elle n'était qu'une vicieuse manipulation politique. Le régime foncier n'avait pas changé. Le droit de propriété était encore interdit aux cultivateurs. Le concept de travail imposé sur la plantation esclavagiste était encore contrôlé par le fouet. L'inégalité était toujours maintenue. Les cultivateurs en *émancipation* n'avaient aucun moyen de contrôle pour déterminer le quart de la production qui leur revenait. Il n'y avait aucun désir d'améliorer les rares soins de santé des travailleurs. L'habitat des cultivateurs restait indécent presqu'inexistant. Leur simple instruction n'était nullement adressée par l'administration coloniale. Le travailleur agricole n'était point respecté. En fait, ce décret frauduleux méritait d'être analysé autrement. L'abolition de l'esclavage envisageait une véritable expansion du commerce d'importation. Avec ce salaire, si toutefois il était accordé aux travailleurs, les prédateurs chrétiens allaient provoquer une réelle explosion économique sur le marché européen en exigeant à la force de travail de consommer les produits manufacturés en provenance de la France et de l'Europe.

...Et ce fut l'émancipation

Jubilation O jubilation

Vite évanouie

Comme sèche au soleil la dentelle de la mer (39)

Ces *émancipés* ou *nouveaux libres* accédaient par la bonne volonté des esclavagistes en provenance de l'occident chrétien au travail *rémunéré*. Les cultivateurs ne rêvaient pas. Ils avaient versé beaucoup de sang pour se libérer de l'infamie de l'esclavage. Pourtant ils étaient exclus du réel fonctionnement économique et politique de la société coloniale.

Le concept du salaire appliqué en Europe n'était pas mis en pratique pour l'épanouissement du travailleur agricole dans la colonie. Il n'y avait ni accompagnement économique ni couverture sociale. La force de travail opprimée continuait à contribuer volontairement ou non à la dépendance économique de l'île. Ces soi-disant *nouveaux libres* étaient, malgré leur statut d'illusion, interdits de participer au mouvement de la monnaie. Seuls leurs bras robustes étaient acceptés par la société coloniale. Leur fragile *émotion* était piégée par le système économique basé sur de terribles inégalités socio-économiques et sur le profit. Il était aussi *en transition* de l'état d'animal (la jungle africaine) à l'état humain et civilisé des Européens. Cette mise en liberté *progressive* était définie par Bernard Chavance comme un *esclavage médiatisé et dissimulé par la liberté.* (40)

L'ordre colonial était aussi sacré pour les nouveaux propriétaires non européens. L'objectif du pacte colonial n'était pas conçu pour subir de changement. Dans le but de maintenir cette économie de dépendance, les cultivateurs devaient rester maltraités, soumis et enchaînés. Les colons *avaient nié toute dignité à ces cultivateurs car ils avaient déjà perdu leur identité.* Ils n'appartenaient qu'à la plantation. Les agents de la traite avaient changé leur nom, avaient déguisé leur identité et les avaient baptisés pour devenir des chrétiens catholiques sans être formés pour se courber aux dites *valeurs* de cette religion. Ils devaient les accepter sans questionnement. Les membres non européens de l'armée coloniale allaient renforcer ces fausses théories pour essayer d'anéantir tous les cultivateurs rebelles qu'ils considéraient comme de véritables brigands, comme des malfaiteurs et comme des ignorants incapables de supporter les légendes inventées par *les colons blancs* (les prédateurs de l'occident chrétien).

1795, une date de malheur pour l'avancement vers la rupture

En 1795, au retour de certaines troupes *égarées dans la partie Est de l'île,* Toussaint Louverture, son État-Major et les soldats qui le suivaient recevaient les bénédictions de l'administration française. Le général

Laveaux jubilait. Il avait réussi à convaincre l'un des *Chefs Africains*. Toussaint Louverture, décoré par les esclavagistes espagnols, allait bien vite joindre l'armée coloniale française. L'administration esclavagiste française allait aussi lui donner des grades. Il allait lui aussi participer à l'oppression des cultivateurs esclaves ainsi que d'autres militaires non européens déjà inféodés au régime foncier esclavagiste comme Rigaud, Beauvais, Vilatte pour ne nommer que ceux-là. La culture d'exportation fut reprise rapidement toujours au bénéfice de la France esclavagiste, des propriétaires européens de plantation et des nouveaux propriétaires non européens malgré les incendies qui avaient endommagé ou ravagé les habitations durant les premières heures de la révolte des cultivateurs.

Le frauduleux décret discriminatoire *d'émancipation* n'avait pas du tout amélioré le quotidien des cultivateurs encore soumis et opprimés. Entre l'esclavage imposé et cette sorte *d'émancipation* admise par la société dominante pour remplacer le décret d'abolition de l'esclavage, il y avait donc un vide effrayant, une sorte de silence, un refus volontaire d'en parler pour changer les rapports de production, pour remettre en question le concept du travail et pour, en fait, *accepter* la dignité des travailleurs agricoles.

Seulement il y avait un soupçon de compréhension dans la conduite des cultivateurs car ils *sentaient venir une autre ère.* Ils avaient compris, plus ou moins, que le pouvoir de l'administration coloniale était fragile. La victoire des insurgés de 1791, lors de la Proclamation de la Liberté Générale en 1793, avait défié le principe occidental du pouvoir absolu. Les combattants triomphants étaient restés calmes. Ils ne géraient pas leur victoire sous l'œil vigilant d'un être suprême. Cette victoire était un danger. Elle menaçait non seulement les dits privilégiés de l'occident chrétien, propriétaires d'esclaves, mais encore inquiétait le pouvoir des commandants militaires non européens qui avaient reçu des avantages économiques de la France esclavagiste. Ces derniers étaient d'origine africaine comme les rebelles cultivateurs mais ils étaient des agents de la France coloniale jouissant d'un certain pouvoir absolu. Ils étaient des êtres humains importants, supérieurs, se manifestant au-dessus de la force de travail. Pourtant, ils n'étaient pas officiellement reconnus comme des citoyens français par l'administration française malgré les titres qui leur étaient donnés, malgré leur soutien à la défense de la colonie comme fait français.

Cette situation allait se compliquer au moment de cette décisive et noble victoire à Vertières. Cette fausse identité, une sorte de caricature, une vulgaire façade, allait pourtant troubler la vaine tranquillité des colons européens et leur pouvoir absolu.

Les leaders militaires non européens et les petits soldats avaient la responsabilité de dire toute la vérité puisque, à un certain moment, avant leur fuite vers l'Est de l'île, ils avaient collaboré militairement avec les cultivateurs rebelles pour rompre définitivement avec le régime foncier esclavagiste imposé par la France et par l'Europe.

Ils savaient qu'ils n'étaient pas présents dans la partie Ouest de l'île en 1793 et au début de 1794. Ils savaient qu'ils n'étaient pas parmi ceux qui avaient combattu l'armée coloniale jusqu'à la Proclamation de la Liberté Générale, jusqu'au décret d'abolition de l'esclavage. En acceptant de se ranger du côté des esclavagistes, ces militaires non européens n'avaient pas reconnu, dans la réalité, la Proclamation de la Liberté Générale lue par Sonthonax. Leur présence, aux côtés des soldats français de l'armée coloniale, leur permettait de participer au maintien du système colonial dans le but de traquer les cultivateurs rebelles, ces bandits mais leurs anciens frères d'arme. En plus, ils utilisaient la même terreur que les colons-prédateurs exerçaient contre les cultivateurs, ces bras robustes, travaillant sur les plantations esclavagistes. Pourtant ils s'étaient auto proclamés leaders de la révolte de 1791. Toussaint était acclamé comme le chef de l'insurrection, le *Chef des Nouveaux-libres*, le libérateur des cultivateurs esclaves, le précurseur de l'indépendance et, en même temps, la France lui donnait le titre de général et de gouverneur de la colonie. Un questionnement était indispensable.

Quel secteur de la colonie était représenté par les Nouveaux-Libres?

Les chefs militaires non européens, ces heureux privilégiés du système esclavagiste après leur volte-face, étaient-ils donc muets sur ce problème majeur : le concept de travail établi par les esclavagistes ?

Les cultivateurs rebelles avaient-ils perdu leur enthousiasme de lutte ?

Étaient-ils naïfs ou idiots ?

Croyaient-ils qu'avec la présence de ces chefs non européens leur statut économique et social allait changer ?

Avec quel système économique, les leaders non-européens allaient-ils gérer le territoire libéré après cette victoire pour l'épanouissement et pour le bonheur de la force de travail et de la population en général?

Dans quel but le général Toussaint Louverture avait-il décidé de publier les articles de son Caporalisme Agraire si apprécié par la classe sociale économiquement dominante et par ceux qui avaient le contrôle politique de la colonie?

Voulait-il renforcer, comme représentant de la France esclavagiste, le concept de travail établi sur la plantation lequel enrichissait les colons esclavagistes ?

La fuite du général Donatien Rochambeau

Les *bandes* de troupes armées, appelées bandits, vagabonds, hors la loi, par l'administration esclavagiste européenne et par la société dominante non européenne, avaient lutté depuis 1791 (*peut-être bien avant*) pour se débarrasser, une fois pour toutes, du système esclavagiste imposé par les prédateurs de l'occident chrétien. Leur révolte était engagée contre leur déshumanisation, contre la qualité des rapports de travail et contre le comportement de la société dominante sur la plantation. Ils avaient vécu accrochés à une structure infernale mise en pratique par les occidentaux et par le pouvoir colonial. Les esclaves étaient fouettés, amputés, brulés, égorgés, massacrés. Survivre était ce que leur dictait leur *bon sens.* En prenant les armes contre les criminels occidentaux, les insurgés de 1791 avaient respecté la *cause commune* : leur refus catégorique de vivre dans l'esclavage.

Les colons français expliquaient cette insurrection comme une attitude *anti blanc*. En fait, ces prédateurs s'étaient organisés pour contrôler le mouvement de la monnaie et des transactions financières (l'offre et la demande) à leur seul profit. L'institution esclavagiste, pour l'occident chrétien, était un ordre économique et social *parfait* que des bandits, des sauvages, des hors la loi, des inadaptés voulaient donc déranger. Ces cultivateurs rebelles représentaient donc une société désorganisée sans objectif précis malgré leurs revendications. Ils ne pouvaient pas, à cause de *leur incapacité d'analyse,* comprendre le fonctionnement du système esclavagiste. Il y avait donc un mélange de résistance (leur mauvaise foi) et d'acceptation (leur soumission) pour mieux survivre. *L'organisation* sociale de la société dominante était réellement alarmée. Elle devait donc mobiliser une structure *militariste* énorme, barbare pour bloquer le processus de changement que voulait l'homme social réduit en esclavage qui avait pris les armes pour se libérer de l'horreur de l'esclavage.

Ces insurgés avaient accepté, après beaucoup de crainte, de s'associer aux militaires et aux soldats non européens (*leurs bourreaux d'hier*) de l'ancienne armée coloniale. Ils devaient bien poursuivre le combat dans la recherche de la satisfaction de leurs propres revendications et pour libérer le territoire du système esclavagiste. Sans une véritable entente honnêtement négociée, ces rebelles déterminés et ces soldats transfuges avaient, dans la réalité, coordonné leurs tactiques de lutte pour braver, affronter et renverser les contraintes coloniales dans le but de faire disparaître le brutal système esclavagiste sur le territoire qui appartenait aux Tainos. En fait, ils avaient, avec beaucoup de courage et de sacrifice, repoussé victorieusement le général Donatien Rochambeau et les soldats de cette armée expéditionnaire de la France esclavagiste chrétienne jusqu'à la mer.

Les anciens et les nouveaux libres, qui avaient conquis de haute lutte leur liberté, ne pouvaient accepter une pareille éventualité (la restauration pure et simple de l'ancien régime) : la résistance à l'oppression s'imposait. Et ce sont les masses qui prennent l'initiative avec Goman et Sylla qui ne se sont jamais ralliés à l'expédition, avec Lamour Dérance et Lafortune qui relèvent l'étendard de la révolte à la déportation de Rigaud, laquelle les convainc que les français en veulent aux plus fermes soutiens de la liberté à Saint-Domingue, avec les Charles Belair et Sanite, sa femme, Sans-Souci, Macaya, Mavouyou, Va Malheureux, Petit-Noel Prieur, Cagnet,

Jacques Tellier etc... La Coloniale a commencé à déserter car certains de ces insurgés étaient hier au service de Leclerc : ces défections créent aux Français un tel climat d'insécurité que débordé Leclerc recourt à la terreur : la terreur française produisait ses propres fossoyeurs car la défection devenait une question de vie et de mort. (41)

Ces soldats transfuges avaient tourné le dos aux cultivateurs rebelles pour se réfugier chez les esclavagistes espagnols et se soumettre à leurs nouveaux patrons. Ces commandants militaires et leurs armées avaient déjà l'habitude de la trahison. Ils avaient abandonné les esclavagistes espagnols qui leur avaient donné l'hospitalité jusqu'à les combattre au nom de la France esclavagiste. Ils avaient négocié leur retour avec l'administration coloniale française. Après avoir reçu beaucoup de privilèges de la France esclavagiste, ils désertaient cette fois l'armée coloniale et l'armée expéditionnaire esclavagiste. Ils avaient choisi de s'associer encore une fois aux cultivateurs rebelles plutôt que de continuer à servir les Français et leur chef, le général Leclerc. Leur survie personnelle et intéressée était liée à une *alliance* qui devait leur être très profitable. Les cultivateurs rebelles qu'ils avaient dénigrés en les appelant des *bandits, des inadaptés et des Africains* leur avaient tendu la main malheureusement.

La rencontre Pétion et Petit Noel Prieur était une confrontation pleine de signification et d'animosité. Alexandre Pétion comme mandataire des déserteurs de l'armée expéditionnaire savait qu'il avait un message très trompeur. Pétion lui disait sans aucune dignité mais avec bravoure: *nous avons abandonné pour toujours la cause des Français et nous devons vous demander des renforts.* Petit Noel lui répondit avec haine, mépris et méfiance : *nous ne vous en donnerons pas. Les troupes coloniales nous ont horriblement traqués.* (42) Ces insurgés n'avaient jamais trahi la cause du mouvement anti esclavagiste d'août 1791 comme ceux qui s'étaient rendus sous la bannière des Espagnols.

Pétion, Dessalines et leurs associés-soldats faisaient partie des troupes coloniales au service de la France esclavagiste. Ils luttaient ensemble pour *pulvériser* les cultivateurs rebelles. Leur principale fonction au sein de cette armée coloniale était de combattre les cultivateurs rebelles. Ils défendaient ainsi la France esclavagiste. L'administration française avait refusé d'accepter et d'appliquer le décret d'abolition de l'esclavage de février 1794. Ces astucieux militaires, devenus possesseurs d'habitations sans aucun titre légal, jouissaient du système esclavagiste et du concept de travail imposé par les occidentaux. Ils n'avaient pas questionné les dommages causés à la force de travail.

Cette entrevue était une preuve d'un grand malaise entre les cultivateurs rebelles appelés hors la loi, bandits, Africains et Congos par la hiérarchie militaire non européenne accrochée à la France esclavagiste. Ces chefs, attachés à l'armée coloniale et à l'administration française, avaient beaucoup de soucis. Ils étaient aux abois. Menacés d'arrestation et de déportation comme le gouverneur Toussaint Louverture par les forces expéditionnaires de la France, ils devaient chercher une solution rapide à leur désarroi. Ils étaient les ennemis jurés des cultivateurs rebelles qui les combattaient pour leur trahison, pour leur absence de dignité et de foi révolutionnaire.

Ils avaient une fausse identité puisqu'ils se croyaient plus proches des Français esclavagistes que de ces anciens esclaves qu'ils appelaient des sauvages. Le néo-colonialisme s'annonçait vulgairement.

Arrivés à ce carrefour, ils devaient faire un choix pénible dans les deux sens. Croyant bien faire, ils avaient abandonné le gouverneur Toussaint Louverture pour le remplacer parce que celui-ci avait désobéi à ceux qui lui avaient donné tous ces honneurs. Voyant qu'ils n'étaient plus de bonne grâce face à l'armée coloniale et face à l'armée expéditionnaire, ils avaient préféré rencontrer les chefs de l'insurrection de 1791. Ils allaient, en fait, s'abaisser et s'humilier pour prendre, par ruse et par force, le commandement de la lutte contre les Français comme avait fait Toussaint Louverture en s'auto proclamant le leader de l'insurrection, le chef des *Nouveaux Libres*. Cet esprit de corruption politique devait perturber les cultivateurs rebelles jusqu'à les affaiblir dans le but de diviser leur force. Les insurgés de 1791 furent pris au piège par de monstrueux leaders. L'attitude politique de ces militaires de la Coloniale fut scandaleuse. Ils allaient s'approprier du succès continu des rebelles car ces combattants ne cessaient de coincer l'armée expéditionnaire française.

L'histoire, écrite par l'occident chrétien, avait applaudi ces traîtres de l'ancienne armée coloniale parce qu'ils étaient des leaders débrouillards et intelligents. Ils pouvaient facilement mentir pour apprécier leurs maîtres et pour ruiner l'intérêt général. Les cultivateurs rebelles, étant idiots, vulnérables et très éloignés de la *civilisation française* d'après leurs anciens adversaires, devaient rester à leur place sur la plantation esclavagiste dans la colonie comme de simples bras robustes.

Était-ce une manœuvre *habile* de la société européenne internationale chrétienne pour barrer la route au mouvement social des rebelles non européens ou d'origine africaine?

Cette défection politique et militaire des chefs militaires non européens était-elle planifiée pour conserver leurs avantages économiques et penser à leur pouvoir absolu ?

Cette union allait-elle être scellée *du fond du cœur* ?

Sitôt cet accord trompeur conclu, les commandants de l'ancienne armée coloniale avaient foncé sur les chefs rebelles pour troubler leur révolte, pour bouleverser leurs années de lutte en prétextant qu'ils refusaient de se soumettre à l'autorité du général Dessalines, *choisi* depuis mai 1803 comme général en chef de la lutte contre l'armée expéditionnaire. *La question du commandement sera tranchée par la force et par la ruse au profit de Dessalines et de ses alliés de la Coloniale.* (43) Cette attitude n'envisageait pas un projet commun de société après la victoire. Cette décision vicieuse était une réponse bien calculée du moment. Une vraie conviction politique à moyen ou à long terme pour une solide entente n'existait pas. La nation allait prendre naissance sur cette ruse politique sans aucun objectif de changement dans le système économique et dans les rapports sociaux. Les dommages causés par l'esclavage n'allaient pas être questionnés ni réparés.

Lors de la rencontre à Plaisance de Dessalines et de Pétion pour chasser Sylla et d'autre chefs de ces cultivateurs rebelles, un accord pervers était convenu pour éliminer les chefs des rebelles. Il fallait les écarter comme leaders de la lutte anti-esclavagiste. En fait, il fallait manipuler le général Dessalines (*le plus ancien chef militaire reconnu par l'armée coloniale française)* pour lui donner les pleins pouvoirs quant aux décisions stratégiques dans le but de libérer *des cultivateurs déjà libres* depuis le décret d'abolition de l'esclavage. Cette auto-proclamation était plutôt dangereuse. Ces militaires de l'ancienne armée coloniale avaient appuyé le décret frauduleux *d'Emancipation des Noirs* quand ils traquaient les cultivateurs rebelles et qu'ils maintenaient la force de travail opprimée dans les fers sur leurs plantations. (*Le général Dessalines, l'homme d'airain, utilisait les houssines d'acacias pour fouetter les cultivateurs).*

Ces cultivateurs rebelles, d'après les prédateurs et les ravisseurs de l'ordre colonial étaient des bandits, des vagabonds, des hors la loi, des Africains incapables d'accepter la hiérarchie et la discipline militaires des anciens membres de l'armée coloniale. Ils étaient même accusés de collaborer avec les esclavagistes français : un grossier prétexte pour les dénigrer. Comme les militaires de l'armée coloniale étaient des traîtres, il fallait jeter ce discrédit sur les cultivateurs parce qu'ils n'avaient pas été suffisamment apprivoisés par les colons *blancs* comme les anciens membres de l'armée coloniale depuis leur volte-face intéressée sous les ordres du général Toussaint Louverture. Un *processus d'émancipation,* déjà mis en place par le général-gouverneur Toussaint Louverture, leur était indispensable avant de penser à les intégrer dans un système économique et politique pour assurer leur bonheur. Ces transfuges étaient donc bien éduqués et bien modelés par l'occident chrétien pour assurer la relève dans le but de protéger les acquis de la conquête.

Pourtant les cultivateurs avaient forcé l'administration esclavagiste les armes à la main à proclamer la liberté des esclaves jusqu'au décret d'abolition des esclaves. Ils avaient donc un sens très sérieux de la hiérarchie et de la discipline militaires. Ils avaient lutté pour leur liberté et pour un espace agricole. Ils savaient ce qu'ils voulaient. Ils étaient conscients de leurs intérêts économiques et de leur philosophie politique. Le fait de les accuser d'avoir refusé le leadership du général Dessalines était impropre et malfaisant : cette vicieuse manœuvre était utile à leur obsession de mépris et de dénigrement. Une féroce accusation leur était collée pour les rabaisser afin de les empêcher de revendiquer et d'exiger l'exécution du décret de la Convention Nationale Française d'abolir l'esclavage dans toutes les colonies françaises. Ils n'étaient pas obligés de se courber au frauduleux décret d'*Émancipation des Noirs* comme les valets de l'occident chrétien.

Ces commandants militaires avaient donné l'ordre d'assassiner Lamour Dérance à Marchand. Sans-Souci était attiré par ruse à Grand-Pré et fut exécuté par le général Christophe. D'autres cultivateurs rebelles, traqués par leurs anciens bourreaux, trouvaient une fin tragique sans aucune recherche de dialogue. Les anciens dirigeants de l'armée coloniale avec le général Dessalines en tête prenaient le leadership de la guerre contre les troupes expéditionnaires et contre l'administration esclavagiste en dénigrant et en supprimant les vraies revendications des cultivateurs rebelles. Les plus pauvres étaient victimes d'un grand mépris. La société dominante avait encore une fois triomphé.

Le combat se reposait sur le droit à la liberté, *déjà acquis en 1794 mais jamais exécuté officiellement.* Le changement n'avait pas eu lieu. Une culture de destruction du droit à un espace agricole pour accompagner ce besoin de liberté s'ébauchait et s'installait pour humilier les cultivateurs, pour les diminuer et pour les garder dans une totale pauvreté.

En moins d'un an, grâce à la longue guerre des rebelles qui n'avaient jamais déposé leurs armes pendant des années et à l'expérience tactique des soldats dans l'art de la guerre ouverte contre les Espagnols, contre les Anglais et contre les cultivateurs rebelles, les combattants de l'armée dite *indigène* avaient pu culbuter l'armée expéditionnaire. Une victoire extraordinaire s'ensuivait.

Les militaires de l'ancienne armée coloniale allaient devenir les maîtres du destin de ce territoire.

Les insurgés de 1791 étaient violemment exclus du sort de cette partie de l'île.

Cependant, avant la création du drapeau bicolore, les commandants non européens, anciens membres de l'armée coloniale, avaient défendu le régime de propriété comme les colons esclavagistes européens l'avaient conçu. Ils étaient les bénéficiaires de ce système car ils avaient reçu des administrateurs de la colonie des habitations et d'autres privilèges pour maintenir le système d'inégalité. Ils avaient accepté et défendu le pacte colonial imposé par les colons de l'occident chrétien. Ils exportaient leurs denrées comme les prédateurs occidentaux sans questionnement en acceptant les contrats que les courtiers européens les présentaient. Ils avaient participé aux dommages causés aux êtres humains par les forces occidentales.

Le conflit entre les cultivateurs rebelles et les propriétaires de plantation sur le problème du droit de propriété devenait confus car les uns et les autres exposaient le problème de la couleur de la peau pour fausser la situation. Entre les révoltés de 1791 et les membres de l'ancienne armée coloniale, la lutte contre les soldats de l'armée expéditionnaire se basait uniquement sur le droit à la liberté et contre tout retour à l'esclavage. Ce droit d'être libre était au centre du discours antiesclavagiste. L'espace agricole que réclamaient les insurgés était banni dans leur discours. La société dominante formée des propriétaires de plantation gardait ses privilèges économiques. La vie imposée par les prédateurs européens sur les plantations n'avait pas changé. Le pouvoir politique depuis Toussaint était convoité par ces futurs chefs militaires : des héros.

La revendication essentielle des cultivateurs rebelles était oubliée. Elle ne fut plus mentionnée volontairement. Le droit au lopin de terre était abandonné. Les leaders militaires de ladite armée *indigène* n'allaient pas se séparer des avantages du régime de propriété imposé par le système esclavagiste. Les inégalités existaient déjà depuis leur intégration dans l'armée coloniale pour combattre et contrôler les travailleurs sur les plantations. Une remise en question du système était inconcevable pour ces militaires transfuges de la Coloniale. La discrimination économique et sociale allait être maintenue. Elle était essentielle à leur désir de pouvoir absolu et à la dépendance économique du territoire qu'ils avaient défendue et qu'ils continuaient à défendre. Elle était à la base des fortes manipulations politiques et sociales.

La gloire de cette grande victoire allait revenir aux anciens leaders non européens de l'armée coloniale qui avaient poursuivi et combattu les cultivateurs rebelles dans le but de garder la colonie comme fait français. De Toussaint Louverture à Jean Jacques Dessalines et leurs armées, la responsabilité et la publication du décret d'abolition de l'esclavage leur revenaient de droit et de fait bien qu'ils ne l'avaient jamais appliqué. Cette reconnaissance n'incombait pas aux cultivateurs rebelles même s'ils n'avaient jamais abandonné la lutte. En plus ils n'avaient jamais trahi le serment du Bwa Kayiman depuis 1791. D'ailleurs, l'Empereur Jacques Ier n'avait pas partagé les terres vacantes avec ces braves cultivateurs. Il avait maintenu l'arrêté du 19 Pluviôse an XII (7 février 1801) pris par le gouverneur Toussaint Louverture en faisant interdiction aux notaires de passer acte de vente de moins de cinquante carreaux de terre. Cet Arrêté empêchait aux travailleurs agricoles sans aucun moyen financier d'accéder au droit de propriété. Les prêts aux individus qui circulaient pieds nus et qui n'avaient pas d'habitats n'existaient pas. Les leaders militaires de l'ancienne *armée* coloniale allaient gérer pour eux seuls la nouvelle nation comme les colons de l'occident chrétien.

Ces combattants cultivateurs n'avaient jamais obtenu leur lopin de terre. Ils furent manipulés. Ils restaient misérables et vulnérables.

La fameuse bataille de *Vertières* fut éclatante et décisive pour rompre définitivement avec le pacte colonial et pour envisager de nouvelles institutions dans le but d'améliorer le statut de l'homme social qui avait connu les chaînes de l'esclavage. Cette victoire en novembre 1803 avait bousculé l'occident chrétien. Les nations esclavagistes n'avaient jamais accepté cette défaite. Ils avaient préféré taire cet événement dans leur cahier d'histoire comme les atrocités qu'ils pratiquaient tous les jours sur les plantations esclavagistes. Leur hypocrisie était formidable.

Les anciens chefs non européens de l'armée coloniale étaient-ils prêts à sacrifier leurs nombreux privilèges économiques et politiques ?

Ces derniers affrontements sanglants mais déterminants avaient consacré une fois pour toutes cette victoire capitale. Le commandant en chef de l'*Armée dite Indigène*, accompagné d'un État-Major bien chamarré, de soldats mal vêtus, pieds nus mais aguerris et de cultivateurs rebelles décidés, avec l'espoir de leur lopin de terre, avait reconnu au moment même l'importance de ce triomphe militaire sur une armée invincible, la mieux expérimentée de la société internationale européenne chrétienne.

À cette fureur (*esclavagiste*) coloniale et chrétienne, reconnue légale et acceptable par les propriétaires de plantations, par les soldats français, par l'église catholique chrétienne et par l'administration coloniale pour contraindre et opprimer des êtres humains, la *classe dite inférieure* (la plupart des *Nouveaux Libres* mais soi-disant *émancipés* officiellement depuis 1794) asservie intentionnellement par ces prédateurs (*et par les soldats du Christ*) avait choisi de répondre par la même haine, par la même brutalité et par la même violence pour se libérer du joug colonial. Ils furent accusés de brutes et de sauvages par la société dominante et par la société européenne internationale chrétienne.

Après la mort du chef de l'expédition, *(le capitaine général Leclerc était mort le 2 novembre 1802)* de cette *(désastreuse)* campagne militaire, le nouveau chef, le général Donatien Rochambeau fut sollicité par un groupe de citoyens français habitant la colonie dans une lettre ouverte adressée au souverain de la France (Napoléon Bonaparte) : *La triste expérience du passé a du prouver au gouvernement, que, vraiment il nous envoyait des flottes et des armées nombreuses, s'il n'y joint pas un chef qui connaisse les localités, les mœurs, les caractères des trois classes d'hommes* (basées sur la couleur de la peau et non sur les rapports de production) *qui formaient la masse de la population de Saint Domingue. Un chef éduqué par ses principes et sa moralité de ses vaines abstractions d'une fausse philosophie inapplicable dans un pays dont le sol ne peut être fécondé que par des Africains qu'une discipline sévère doit comprimer, un chef probe et imperturbable, qui rappelle à l'ordre des subordonnés tant civils que militaires, et sache punir de façon exemplaire même ceux qui se livrent à cet esprit de rapines si funeste à une colonie qui a besoin de tous ses moyens pour réparer ses pertes, un chef qui a été témoin des excès auxquels les nouveaux libres se sont postés et des calamités qui ont pesé sur la couleur blanche.* La couleur blanche de leur peau était au-dessus de l'humanité des nouveaux libres d'origine africaine, des dits émancipés, surtout des esclaves et de l'homme social libre, en général non européen, qui devaient *féconder le sol colonial.* Quand Rochambeau arrivait au Cap, les Français étaient heureux. *Le tant désiré Rochambeau est ici enfin. Son arrivée fut annoncée, non au son des cloches, mais par le canon... On n'entend que la joie publique. Le général est considéré comme le gardien, le sauveur du peuple.* (44)

Le responsable de ces bataillons de l'armée esclavagiste de la France, si fier d'avoir remplacé le capitaine général, organisait avec joie pour le beau monde esclavagiste des scènes où il livrait à des chiens féroces des êtres humains d'origine africaine. La loi divine ne suffisait pas pour réduire des êtres humains en esclavage. La loi naturelle ne suffisait pas pour justifier l'esclavage. Il fallait l'usage de la force. Il fallait la guerre. Le fouet utilisé par la société économiquement dominante ne suffisait pas pour déshumaniser des êtres humains. Il fallait accompagner leur sauvagerie de la présence de chiens féroces affamés pour plaire à leur instinct de criminels. Les esclaves d'origine africaine devaient servir d'appât pour être dévorés et pour être admis dans le royaume du Dieu des chrétiens comme d'*heureux pauvres d'esprit*. Il fallait la présence de spectateurs chrétiens pour vivre, s'amuser et pour apprécier cette culture de cruauté et d'atrocité contre des individus enchaînés dans le but de rehausser leur propre lâcheté, de brandir leur propre foi. L'occident chrétien n'arrêtait pas d'inventer des sauvageries et des malveillances pour satisfaire ses besoins de rapine.

Malgré toutes ces atrocités approuvées par la France esclavagiste et par l'église chrétienne, ce fameux général fut vite contraint d'abandonner ce milieu hostile quelques mois après sa nomination. Il n'était pas si brave comme les gens le disaient dans leur lettre au souverain de la France esclavagiste. Il n'avait pas pu confronter les forces non européennes qui réclamaient avec détermination leur liberté depuis tant d'années. Il avait signé avec un déchirement de cœur cette défaite terrible et humiliante de la plus grande nation esclavagiste européenne chrétienne.

Le général français, bourreau et meurtrier de renommée internationale, avait, en fait, accepté la perte de la colonie de Saint Domingue, la *perle des Antilles des prédateurs français, de ces malandrins de l'occident chrétien*. Cette île affreusement dépouillée, si longtemps colonisée, après la capitulation de ce délinquant général- le représentant de la France esclavagiste- n'était plus une pleine possession française politiquement et juridiquement. La monarchie française n'avait plus de gouverneurs officiels ni de représentants nommés par la France pour prendre soin des affaires administratives *mêmes courantes* pour la protection de ses intérêts économiques et politiques.

Cet officier extraordinaire, d'une carrière prestigieuse en Europe, n'avait pas pu défendre, malgré son énorme expérience de stratège militaire, la France esclavagiste et sauver la sauvage administration coloniale. Il n'avait pas pu rétablir l'esclavage des travailleurs agricoles comme le leader de la communauté internationale chrétienne, Napoléon Bonaparte, lui avait ordonné. Malgré le soutien moral et financier des partisans intéressés du mouvement de la monnaie en France et en Europe, des importateurs, des propriétaires de plantation et d'esclaves, la mission militaire et politique du général Donatien Rochambeau avait échoué. Ce forfait était triste, scandaleux et vilain pour cet illustre militaire.

Ce triomphe extraordinaire de l'armée dite *indigène* avait manifestement glorifié surtout les cultivateurs rebelles et aussi les braves soldats qui avaient tourné le dos à l'armée coloniale. Leur rapide volte-face n'était ni gratuite ni isolée. L'armée expéditionnaire, en fait, fut pressurée par les événements et par la volonté destructrice des cultivateurs rebelles.

La France esclavagiste, en Europe et surtout dans la colonie, avait de grandes difficultés pour admettre sa défaite militaire et politique. Elle n'acceptait pas la grande victoire des rebelles cultivateurs et des soldats de l'ancienne armée coloniale.

Au moment de sa confuse capitulation et de son départ précipité, le général Donatien Rochambeau et les débris des troupes expéditionnaires françaises avaient abandonné les administrateurs, les ressortissants ainsi que toutes les familles des colons esclavagistes, ces fiers et puissants propriétaires des ressources physiques et humaines de la partie ouest de l'île. Ces citoyens français s'étaient établis avec force et arrogance sur cette île conquise, assiégée et sauvagement mutilée. Ils avaient massacré des milliers d'êtres humains d'origine taino et africaine. Ils étaient fiers d'être les maîtres des habitations coloniales. Ils avaient utilisé toutes sortes de violence et de malfaisance contre la force de travail enchainée qu'ils considéraient comme des animaux. Ils avaient bien alimenté les finances de la France esclavagiste pendant de nombreuses années.

Pourtant l'histoire officielle orchestrée depuis la France avait condamné la fureur des victimes de l'esclavage lors de la guerre de libération, et non la sauvagerie des prédateurs français durant ces années de massacres et de terreur. Ces propriétaires chrétiens étaient des innocents parce qu'ils avaient obtenu un droit divin pour exercer leur violence contre les Africains, qu'ils ne considéraient pas comme des êtres humains. Leur droit d'assassiner sans jugement était sacré puisqu'ils imposaient leur civilisation, leur seule et vraie religion : le christianisme catholique.

Ces cultivateurs opprimés et terrorisés avaient produit la richesse dans le but de stabiliser l'emploi en France et en Europe mais surtout dans le but de défendre les intérêts personnels des prédateurs. L'accumulation de biens et de richesses était l'un des objectifs essentiels de l'occident chrétien. La société internationale européenne s'était imposée plus forte politiquement et militairement pour convoiter les ressources du monde non chrétien. Massacrer, s'accaparer des richesses, réduire ses émules pour le contrôle du marché des denrées étaient un privilège : le droit de leur *supériorité épidermique et de leur civilisation.* Malgré tout ce tapage intéressé, les troupes esclavagistes françaises n'avaient pas pu organiser leur résistance, leur défense, ni empêcher leur départ encore moins leur fuite désordonnée et honteuse. Militairement, elles avaient été remarquablement battues par des êtres humains dits *inférieurs,* sauvagement humiliés, déshumanisés et dénigrés. Le comportement politique de l'armée expéditionnaire fut choquant, humiliant, gênant et dégradant pour la France esclavagiste et pour l'occident chrétien. Il était inacceptable même dans le contexte du pacte colonial et de leur brave volonté d'avoir établi les normes de la dépendance économique du territoire. Ils avaient défini les règles d'un système sauvage et cruel pour réduire à l'esclavage des êtres humains arrachés de leur milieu par la force.

La souveraineté esclavagiste française exigeait pour sa démangeaison de domination et pour sa stabilité intérieure le pillage et l'accaparement des ressources de la zone conquise à la suite du succès de ses guerres extérieures. Leur guerre permanente orchestrée dans leur discours leur permettait de massacrer des êtres humains. Cette récente défaite sur leur profitable perle des Antilles était très troublante invitant ainsi la société des prédateurs externes à questionner leur rôle de promoteurs de conflits car ces multiples guerres leur apportaient des richesses extraordinaires dans le processus éloquent de la consolidation de leur paix interne dans leur pays. Il fallait sans doute une autre politique mondiale de capture pour continuer le vol et l'accumulation des biens des communautés non européennes considérées humainement inférieures mais toujours aussi vulnérables à cause de la grande faiblesse de leur armement militaire.

L'idéologie esclavagiste avait mis en place une structure d'inégalité extrême basée sur la convoitise et le besoin d'un pouvoir absolu. De perfides et de nuisibles manœuvres étaient organisées pour détruire l'homme productif de toute communauté non chrétienne. L'occident chrétien avait absorbé les économies naturelles de ces petits territoires jusqu'à les *asphyxier.* Il avait organisé un monde de discrimination, de violence et de dénuement dans le but de s'enrichir. Cette structure était justifiée pour maintenir les conditions d'expansion de leur système de production agricole pour leur seul bénéfice.

La force de travail était vulnérable. Elle était restée pauvre

Les esclaves avaient donc joué un rôle central, sans le vouloir et sans le comprendre, dominé par des rapports de plein pouvoir et de droit à la propriété pour continuer à être des sujets d'une servitude absolue. Le *code noir* de 1685 était clair. L'Africain enchaîné n'était pas un être humain. Il n'avait pas d'histoire. Il n'avait aucun droit. Il ne pouvait rien posséder. Il devait vivre séparé du monde des propriétaires. Il ne pouvait rien revendiquer. Il n'avait aucun statut sauf celui de soumis permanent. Il était esclave.

La révolte de 1791 avait attaqué le *code noir* à sa source et dans la totalité de ses principes. L'insurgé avait mis en face des occidentaux son humanité, son histoire, sa culture et même sa religion. Il avait prouvé qu'il était lui aussi un être humain. Les militaires de la Coloniale ne le voyaient pas ainsi. Leur mentalité de valets les empêchait d'admettre la réalité. Ils appliquaient une politique de faux semblant pour tromper tous ceux qui avaient lutté et qui voulaient un autre quotidien. Cette victoire extraordinaire sur l'armée expéditionnaire esclavagiste avait dérangé beaucoup de concepts frauduleux imposés par la société internationale européenne chrétienne laquelle, pourtant, n'allait pas les oublier ni les abandonner. Elle allait restructurer son pouvoir militaire, ses instincts criminels en établissant d'autres alliances et d'autres cultures de vols et de domination.

Les leaders de cette victoire militaire allaient-ils profiter pour dénoncer ces théories malsaines et fallacieuses, sources d'hostilités, d'inégalités, d'instabilité et de discrimination?

L'entente entre les leaders militaires de l'ancienne armée coloniale à l'Arcahaie était plutôt exceptionnelle. Elle avait facilité la création officielle du drapeau, ce symbole de la rupture avec l'administration esclavagiste française. Cependant toutes ces troupes expérimentées et tous ces chefs militaires depuis leur volte-face avaient servi sous le drapeau français en luttant pour défendre la France, pour obéir aux ordres de l'administration coloniale et pour poursuivre les bandits, les hors la loi, ceux qui refusaient de vivre comme esclaves (les cultivateurs rebelles). Du nord au sud de la colonie, ces soldats avaient combattu les Espagnols et les Anglais. Après les avoir chassés de la colonie, ils s'étaient tournés contre les rebelles cultivateurs qui n'avaient jamais déposé leurs armes pour combattre les agents esclavagistes de la France. Ces soldats étaient des sujets du roi utiles à la France esclavagiste. Ils n'étaient pas des citoyens français. En fait, ils étaient fiers et heureux d'accompagner l'administration coloniale dans le maintien de la grande plantation coloniale pour rétablir le commerce des produits agricoles au profit de la France.

En enlevant le *blanc* du drapeau français, les anciens chefs de l'armée coloniale, réunis à l'Arcahaie, mettaient en application l'un des concepts troublants et mensongers des esclavagistes français- la hiérarchie de l'épiderme ou le mythe de la *race*. Ils avaient gardé dans la conjoncture de la lutte la même idéologie absurde des esclavagistes de l'occident chrétien puisque le *rouge* du récent drapeau représentait les *sangs mêlés*, la société des hauts gradés, des anciens et des nouveaux propriétaires, *des anciens et des nouveaux libres* évoluant dans l'armée coloniale et le *bleu* représentait la majorité des travailleurs devant être *émancipés*, ces cultivateurs vulnérables et pauvres, ces *nouveaux libres* encore traqués et opprimés. Ces chefs militaires, en *créant* le drapeau bicolore, avaient trompé les soldats qui les obéissaient. Ils avaient trompé les cultivateurs rebelles. Ils avaient trompé les travailleurs agricoles. En fait, ils avaient maintenu le concept basé sur la couleur de la peau de la population- les *anciens libres* qui représentaient les affranchis, les sangs mêlés (les *mulâtres et les noirs de l'ancienne armée coloniale*) et les *nouveaux libres* (les noirs) qui représentaient les Africains d'origine (les noirs libres, les travailleurs agricoles opprimés et vulnérables). Ces généraux étaient des transfuges, des individus supérieurs, Ils portaient l'uniforme militaire confectionnée par les esclavagistes occidentaux. Ils étaient *propriétaires* d'habitation abandonnée par les Français. Ils donnaient des ordres à des esclaves opprimés (les travailleurs agricoles) cloués sur les habitations comme les Français le faisaient. Ils les terrorisaient pour imiter les prédateurs de l'occident chrétien.

Se trompaient-ils eux-mêmes ?

Étaient-ils au-dessus de cette mêlée ?

Cette victoire allait-elle mettre fin à cette oppression *dite raciale* ?

Avaient-ils volontairement pris la grave décision de défendre le système colonial et de le conserver pieusement ?

La lettre du général Dessalines au président des Etats Unis d'Amérique du Nord moins d'un mois après avoir *créé* le drapeau bleu et rouge était une preuve qu'il avait pris le commandement de la lutte contre l'armée expéditionnaire et qu'il jouissait des pleins pouvoirs. (45) Ce document était une continuité des rapports initiés par le gouverneur Toussaint Louverture quand il avait écrit au président des Etats Unis d'Amérique du Nord pour demander de l'aide et pour donner une sorte de garantie (privilège) aux bateaux des armateurs des États Unis d'Amérique du Nord. (46) Pour sortir de l'emprise de la France, il allait basculer dans le camp d'une autre nation esclavagiste.

Cherchait-il un autre maître ?

Dessalines savait-il écrire ?

N'avait-il pas signé son nom au bas de la lettre ?

Les soldats et les militaires de cette ancienne armée coloniale (très inconfortables après) à la suite de la révocation soudaine du gouverneur Toussaint Louverture et plus tard de son exil par l'administration et par les militaires esclavagistes s'étaient désolidarisés de Leclerc et de l'armée coloniale française qu'ils avaient juré de défendre en 1795. Ils devaient prendre de rapides résolutions pour s'ouvrir aux soi-disant bandits, aux brigands, *aux Africains,* aux vagabonds, aux hors la loi. Ils allaient les manipuler pour une union particulièrement militaire. Rien de plus. Cette entente frauduleuse afin de culbuter l'armée expéditionnaire allait disparaitre après la victoire. L'accord était insuffisant et trompeur. Il n'était ni économique, ni politique, ni social, ni spirituel. Ils n'avaient pas juré d'admettre les revendications des cultivateurs, de leur donner légalement leurs lopins de terre, d'accepter un dialogue pour changer le régime foncier et pour réparer les torts faits à la population opprimée. Malgré cette absence d'un accord écrit et signé par les deux parties (les cultivateurs rebelles et les anciens militaires et soldats non européens de l'armée coloniale), elles avaient finalement accepté de s'unir (à cause des contraintes) pour combattre les forces esclavagistes.

Y avait-il une volonté pour les culbuter hors du territoire ?

Y avait-il une solide conviction politique (un programme commun) pour y aboutir ?

Le professeur Marcel Gilbert s'était prononcé ouvertement en répudiant les politiciens et les historiens défenseurs du pouvoir colonial : *Ce ne fut point une union de noirs et de mulâtres, ce fut plutôt, ce fut seulement l'unité entre la couche des cadres et soldats (haïtiens) dans l'appareil de Leclerc et Rochambeau entrainée à la désertion par Dessalines, Pétion, Christophe, Geffrard... et la guérilla populaire des cultivateurs animés par les marrons Petit Noel Prieur, Lamour Dérance, Goman, Charles et Sanite Belaire ...* (47) Cette alliance de classe économique n'était pas reconnue par les membres de l'armée coloniale encore moins par les cultivateurs rebelles. Elle fut déguisée en une sorte d'union basée sur la teinte épidermique des combattants.

Comme Toussaint, Dessalines se faisait-il admettre comme un *nouveau libre à* cause de la couleur de sa peau ?

Cette théorie du professeur Marcel Gilbert fut développée dans le but de dénoncer les *affairistes* qui aspiraient à une manipulation bien calculée, accompagnée d'une violence aveugle afin de prendre le pouvoir pour le pouvoir. Ils allaient séquestrer à leur avantage le trésor public qu'ils convoitaient. En fait, ils se moquaient de ceux qui avaient collaboré avec eux sur le champ de bataille pour libérer la colonie de Saint Domingue du système esclavagiste.

Cette culture du mensonge introduite à Saint Domingue par les couches privilégiées (l'administration coloniale, les propriétaires de plantation, les dirigeants de l'ancienne armée coloniale, l'armée expéditionnaire, les agents commerciaux, les missionnaires) devait donc s'imposer sur le territoire pour mépriser et abuser les plus vulnérables, pour tromper les plus pauvres et pour couillonner les soi-disant *bandits* ou *hors la loi* qui avaient refusé de coopérer avec les prédateurs de l'occident chrétien.

La teinte épidermique : la base d'une amère fabulation

Les esclaves d'origine taino et africaine, pendant des siècles, avaient végété sous le joug d'un système économique et politique dont l'une des *valeurs* de domination était ladite *supériorité* d'une certaine teinte épidermique. L'environnement physique et social des esclaves était manipulé par un groupe dominant armé à l'intérieur d'une structure sociale d'inégalité, de discrimination et surtout de fabulation. Cette injustice, animée et contrôlée par des légendes, par des contrevérités et par des concepts non scientifiques, avait affecté non seulement les esclaves enchaînés sur les plantations mais aussi tous les non-chrétiens particulièrement les Juifs, les autochtones de l'Amérique, les Africains, les Musulmans et aussi les Asiatiques.

Au cours des ans, la société internationale européenne chrétienne avait inventé et développé cette fiction dite *raciale* pour justifier ses principes politiques et économiques, surtout pour les imposer. L'infériorité des individus esclaves, enchaînés contre leur volonté, était fabulée sans aucun scrupule dans le but d'exiger aux victimes une dépendance totale. Cette invention dite *raciale* avait économiquement, politiquement et culturellement des ramifications très profondes lesquelles devaient rester collées au subconscient de l'homme social réduit en esclavage pour l'endommager de façon permanente.

Les chefs militaires non européens étaient déjà propriétaires de grandes plantations agricoles. Leurs occupations étaient une séquence historique édifiante puisqu'ils avaient connu et compris la structure inégalitaire et discriminatoire de la société coloniale. Ils allaient profiter, avec un vrai contentement, du fondement fonctionnel de l'administration coloniale pour installer leur pouvoir absolu. Ils œuvraient pour garder actif le capital des banquiers européens en produisant et en exportant les denrées coloniales. Ils étaient liés aux agents métropolitains qui jouaient un rôle unique d'intermédiaires bien payés entre les acheteurs et les grands planteurs vendeurs de denrée. Ils défendaient farouchement le régime de propriété esclavagiste et la dépendance des territoires conquis.

Leur choix de se tourner contre l'armée expéditionnaire française leur était-il indispensable pour le maintien de leurs privilèges et de leur pouvoir?

En s'attachant aux couleurs françaises et au chef Leclerc pour continuer leur lutte contre les rebelles, ils commettaient une forme de suicide. Les soi-disant bandits, appelés aussi Congos ou Africains par les membres de l'armée coloniale pour les dénigrer avaient déjà décimé les trois quarts des troupes françaises et se montraient prêts à se mesurer aux soldats et aux militaires non européens de l'armée coloniale pour les coincer aussi. Les cultivateurs rebelles avaient une conviction politique limitée, basée seulement sur leurs propres revendications. Ils avaient déjà forcé les grands ténors de la Convention Nationale Française à décréter l'abolition de l'esclavage dans toutes les colonies françaises en 1794. Ces rebelles n'allaient pas permettre à l'armée expéditionnaire et à ses laquais de l'armée coloniale d'imposer encore une fois le système esclavagiste dans la colonie. L'administration esclavagiste française devait pouvoir solutionner les besoins des colons français autrement. L'application sauvage du mythe de la teinte épidermique allait détruire les vraies aspirations des cultivateurs rebelles et changer définitivement cette vision de la liberté et du besoin d'un espace agricole.

L'idéologie occidentale avait enseigné que l'inégalité socioéconomique était naturelle et même d'origine divine, en fait, dans l'intérêt des colons et même dans l'intérêt des esclaves. Cette interprétation était l'unique solution de sauvetage de l'esclave. (48). Les souffrances endurées par les êtres humains esclaves étaient naturelles et n'étaient, en fait, que de simples accidents d'après l'occident chrétien. La lutte contre l'armée expéditionnaire esclavagiste française allait se justifier sur le terrain, à l'intérieur des plantations esclavagistes. Les hors la loi (ces rebelles cultivateurs) qui avaient pris les armes contre le système esclavagiste avaient dérangé l'application de ces faussetés idéologiques. Ils étaient déterminés aussi à se mesurer aux combattants non européens, membres de cette armée esclavagiste dans le but de renverser définitivement le régime de propriété esclavagiste.

Saint-Domingue n'était-elle pas la perle des Antilles des souverains de l'occident chrétien?

N'était-elle pas aussi la perle de la société dominante non européenne ?

Les commandants militaires non européens pensaient-ils conserver leurs avantages économiques en s'associant aux cultivateurs rebelles (ces hors la loi) qu'ils avaient poursuivi dans le but de les exterminer ?

Le drapeau *indigène* (bleu et rouge), une fois accepté par les leaders transfuges devenus rebelles, allait pouvoir impressionner les cultivateurs révoltés contre le système esclavagiste. Cet acte était vu comme une preuve de loyauté au désir de liberté pour tous et au concept de rupture avec la domination des maîtres dits *blancs*. Malheureusement, les chefs, Dessalines, Pétion, Christophe, Geffrard et l'équipe de hauts gradés militaires, avaient fait un accord sur une base fictive inventée par les prédateurs de l'occident chrétien. Une union vibrante de haute valeur militaire mais vide de sens économiquement, politiquement et surtout socialement justifiait avec force le motif idéologique le plus important du système esclavagiste : le mythe de la couleur de la peau ou mythe de la *race*. Evidemment, ce mythe était accepté comme une réalité politique de manipulation puisqu'il était l'un des plus importants piliers de l'histoire culturelle de la société européenne internationale chrétienne qui imposait aux esclaves ces doctrines et ces attitudes de discrimination et d'inégalité pour mieux les exploiter. Elle faisait croire que ce mythe était une *vérité* approuvée par une sorte d'imagination scientifique qu'elle avait inventée, justifiée et défendue. (49) Ces responsables militaires avaient propagé cette idée. Ils avaient chanté cette musique et elle fut répétée par des générations. L'alliance entre *noirs et mulâtres* (le drapeau bleu et rouge) était une *affaire d'Etat,* une *détente politique* ou une sorte de *solution définitive* pour aboutir à cette liberté tant désirée et au bonheur sans appel des êtres humains vivant sur ce territoire dit indépendant (ces Haïtiens). Cependant elle ne garantissait surtout pas la redistribution de la terre pour une meilleure participation de la force de travail. Elle n'avait pas changé le concept de travail imposé par l'occident chrétien. Elle n'avait pas aboli le régime foncier esclavagiste. Elle n'avait pas facilité le déplacement de la main d'œuvre. Elle n'avait pas transformé les rapports de production. Elle n'avait pas questionné les institutions mises en place par les esclavagistes européens pour terroriser la force de travail réduite en esclavage.

Cette union, pour la société dominante, était une sorte de solution soi-disant pour l'épanouissement de la population en général mais introduite uniquement pour la manipuler et la confondre. Le général Toussaint Louverture avait dit aux cultivateurs de la Tannerie : *Je suis noir comme vous, vous n'avez pas à vous battre contre moi.* (Le président François Duvalier avait organisé la poignée de main entre un mulâtre et un noir au Rond-Point du Bicentenaire pour mieux mystifier les citoyens de toutes les couches sociales et un autre président auto proclamé prophète ou roi avait introduit cette même idée stupide dans un discours Aux Cayes pour se faire applaudir.)

Dans la réalité de cette lutte, la discrimination, la jalousie et même la haine, basées sur la teinte épidermique, existaient encore. Toutes les couches sociales savaient ce qu'étaient l'esclavage, la discrimination, la répression, la violence. Les cultivateurs avaient souffert d'une façon ou d'une autre de ces crimes contre l'humanité. Ils avaient enduré la terreur exercée par les propriétaires de plantation et d'esclaves. Ils avaient aussi connu la malveillance, l'humiliation, la peur, l'hypocrisie. Le fouet était un outil de coercition utilisé pour exiger l'obéissance et même une sorte de loyauté de la force de travail aux maîtres inhumains. Les esclaves étaient des témoins vivants, cruellement fouettés, pauvres et vulnérables. Leur chair était marquée au fer chaud. Ils étaient la grande victime écœurée, silencieuse ou rebelle. La société dominante oppressive et criminelle le savait. Elle était aussi acteur et témoin de ces atrocités. Elle avait dressé des bourreaux spécialisés armés pour terroriser les esclaves. Tous les êtres humains vivants sur le territoire savaient quel rôle sordide le mythe de la teinte épidermique inventé par l'occident chrétien jouait afin d'imposer la terreur et l'esclavage.

Tout de suite après cette union des chefs militaires, attribuée à cette fiction de l'épiderme, une nouvelle alliance avec les cultivateurs rebelles se formait pour grossir les troupes de l'armée dite indigène contre les soldats esclavagistes de l'armée expéditionnaire. Les commandants militaires de l'ancienne armée coloniale avaient compris cette urgence pour lutter et pour culbuter les Français hors du territoire. Le général Alexandre Pétion avait été l'initiateur du dialogue pour convaincre les cultivateurs rebelles de l'importance de cette union militaire. (50)

La chasse aux chefs rebelles était un choix voulu et un comportement politique indispensable pour effaroucher et manipuler les cultivateurs rebelles. Lamour Dérance, Sans-Souci et d'autres chefs rebelles furent vilement éliminés puis assassinés par les commandants militaires de l'ancienne armée coloniale. Le prétexte de l'insoumission au général en chef Jean Jacques Dessalines était odieux : une ruse politique. (51)

Dessalines fut accepté comme le responsable omnipotent pour diriger les hostilités contre l'armée expéditionnaire esclavagiste française. Il était un grand stratège avec une longue expérience militaire depuis 1794. Il savait ce que représentait l'esclavage. Il fut physiquement marqué par le fouet du colon. Il avait, lui aussi, fui vers la partie Est de l'île. Il avait combattu les Anglais, les Espagnols, les Français et aussi les insurgés de 1791. Il avait une parfaite connaissance des revendications des rebelles. Il avait défendu le régime de propriété esclavagiste pour garder ses privilèges de propriétaire et de chef militaire depuis le retour négocié du général Toussaint Louverture.

Les cultivateurs rebelles (appelés bandits, Africains, hors la loi) savaient ce qu'était l'esclavage. Ils furent les pionniers de cette lutte pour la liberté depuis ou avant 1791. Ils furent les pionniers de cette lutte pour revendiquer leur propre lopin de terre. Ils avaient été poursuivis et attaqués par l'armée coloniale constituée aussi de militaires et de soldats non européens.

Ne devaient-ils pas se méfier de leurs anciens bourreaux et continuer leur propre agenda ?

Savaient-ils que c'était une alliance risquée, de se ranger du côté de leurs anciens ennemis pour continuer la lutte contre les esclavagistes ?

Le mythe de l'épiderme n'avait-il pas consacré cette alliance boiteuse et mal fondée ?

Quel était le mobile réel de cette alliance ?

Les dirigeants et les soldats de l'ancienne armée coloniale avaient un itinéraire différent et même contraire à celui des cultivateurs rebelles. Ils avaient participé activement à la répression des cultivateurs rebelles depuis le retour calculé du général Toussaint Louverture de la partie de l'Est. (*Cette percée louverturienne comme l'avait constatée la société dominante*). Ces militaires avaient repris l'agriculture et l'avait imposée au profit des propriétaires de plantation en appliquant le *caporalisme agraire.*

Allaient-ils s'associer aux rebelles cultivateurs pour changer le système économique basé sur des inégalités, sur la discrimination et sur le profit?

La manipulation odieuse des cultivateurs et des soldats en guenille était-elle planifiée à l'avance depuis 1794 par les Jacobins ?

L'alliance avec les membres de l'ancienne armée coloniale était donc défavorable aux cultivateurs rebelles et aux simples soldats. Ces *bandits* avaient (peut-être) cru dans le *serment* des leaders militaires *créateurs* du drapeau bleu et rouge. Malheureusement ces *Congos* devaient vivre avec les soldats en haillons (les *vaillants va-nu-pieds qui n'avaient bénéficié d'aucune faveur*) la réalité de la guerre. Le désir de liberté était donc très fort. Mais leur demande n'était pas adressée. Le droit à leur lopin de terre fut vite ignoré. Le régime de propriété esclavagiste était donc renforcé lors de l'application du Caporalisme Agraire. Les commandants de l'armée indigène devenaient les seuls et principaux bénéficiaires de cette alliance. Ils n'allaient nullement partager la gloire de la victoire encore moins leurs privilèges avec les cultivateurs rebelles et avec les petits soldats. Cependant, ils allaient inventer le *spectacle mystifiant* de la Première République Noire.

D'ailleurs, les cultivateurs rebelles n'étaient pas enrôlés dans cette dite armée indigène comme les petits soldats qui avaient accompagné les dirigeants militaires depuis leur volte-face. Quand le général Dessalines, après l'indépendance, avait donné les *huit piastres aux soldats pour leur sacrifice,* il n'avait eu aucune considération pour ces *hors la loi* : ces cultivateurs rebelles de 1791 qui avaient obligé la Convention Nationale Française à abolir l'esclavage. (52) Ils étaient écartés, méprisés et punis. Ils étaient donc accusés par la classe dominante comme les seuls acteurs responsables du blocage de ce processus macabre : l'instabilité politique sur le territoire. Ils étaient des sauvages. Ils ne méritaient rien. Ils étaient des (anciens) esclaves.

La société dominante (les chefs militaires Noirs et Jaunes pour répéter Jean Jacques Dessalines dans sa Proclamation du 8 avril 1804) avait astucieusement créé une atmosphère répressive politico-militaire à son seul avantage depuis la *création* du drapeau et surtout à partir de 1804. *Un peuple tel qu'un homme, conserve pendant de longues années, les premières impressions qu'il a reçues.* (53) Ces cultivateurs rebelles comme tous les travailleurs agricoles furent retournés de force sur les plantations où ils avaient connu les pires abus pour rendre rentable le commerce des produits exportables au profit des nations esclavagistes.

Les combattants et les soldats n'avaient pas questionné cette absence de transparence et leur attribution de chefs quand ils devaient définir leur vision pour une indépendance totale et une rupture avec les pratiques coloniales.

Était-ce une intelligente manœuvre politique ?

Dans quel but ?

Les forces expéditionnaires furent battues malgré tout. La célébration de la victoire était indispensable comme un événement historique jamais vu dans l'histoire du monde occidental et de l'humanité. Cependant, l'éclat de cette importante célébration était définitivement trompeur. L'union sur laquelle la victoire se reposait était volontairement frauduleuse. Avec cette base idéologique inventée par des esclavagistes, il était difficile de créer une nation et surtout un État de droit. La société dominante, représentée par tous les hauts gradés militaires sans exception et par certains civils proches des responsables, avait donc menti. Ces dirigeants n'avaient pas dit à la population qu'ils défendaient leurs privilèges économiques et politiques, que le pouvoir, seul, les intéressait, que la caisse publique devait rester en leur seule possession, que les grandes plantations étaient leur fief depuis leur nomination par la France esclavagiste. Les anciens maîtres de Saint Domingue leur avaient donné ces privilèges. Cette nouvelle classe dominante, la classe de ceux qui avaient tout, pouvait posséder le pouvoir et la terre dans le sens sacré du terme. Eux seuls avaient des ancêtres. Ils pouvaient avoir un culte domestique sacré, un Dieu qui leur permettait d'avoir une personnalité politique et religieuse. Eux seuls pouvaient et savaient prier. Eux seuls pouvaient transmettre de génération en génération leurs cérémonies. Ils avaient tout pour remplacer les colons de l'occident chrétien. Ils étaient décorés de la tête aux pieds. Ils étaient fiers. La *cause commune* depuis le serment du Bwa Kayiman était oubliée.

Les soldats (ces va-nu-pieds) et les cultivateurs rebelles en guenille furent pris au piège. Ils étaient des fils de bâtards. Ils n'avaient pas d'ancêtres. Ils n'avaient pas de parents. Ils ne pouvaient pas posséder un lopin de terre. Ils n'avaient aucun pouvoir réel. Ils n'avaient pas de religion. Ils ne connaissaient pas de prières sacrées. Ils étaient des gens d'ailleurs nés dans un espace fictif. Ils n'avaient aucun passé historique encore moins culturel. Comme ils ne savaient rien, ils ne pouvaient rien transmettre. Ils n'avaient pas d'histoire. Ils ne pouvaient rien posséder. Ils ne pouvaient pas remplacer les colons. Ils devaient donc garder leur place sur la plantation. Les chefs leur faisaient une grande faveur. (54)

Après son rapide abandon, le leader de l'armée expéditionnaire française n'avait pensé qu'à sauver sa peau et celle de ses soldats et de ses plus proches collaborateurs. Les familles françaises, propriétaires de grands domaines, coupables ou non de crimes ou d'usage de la terreur contre des êtres humains réduits en esclavage, étaient livrées à la fureur de l'armée victorieuse et de ces individus prêts à utiliser la même violence qu'ils avaient subie durant ces centaines d'année d'esclavage et de folle sauvagerie. Ces derniers pensaient qu'avec leur fureur vengeresse, ils pouvaient détruire toutes les institutions créées pour réduire des êtres humains en esclavage ou bien ils voulaient peut-être tout simplement se venger et se sentir satisfaits. En fait, ces victimes avaient cru qu'en massacrant les *blancs*, elles seraient libérées à jamais de l'oppression coloniale, de la tromperie et de la barbarie des hommes responsables de la gestion économique et de la gouvernance politique de cette partie de l'île. Les dirigeants militaires de cette armée victorieuse qui convoitaient le pouvoir, le trésor public et aussi les propriétés des colons avaient pointé du doigt les *blancs* de l'occident chrétien qui les gênaient. *Dans la soirée du premier janvier 1804, il fut question, parmi les généraux réunis au palais du gouvernement, du massacre général des Blancs que commandait pour ainsi dire la proclamation lue sur l'autel de la patrie.* (55)

La fourberie du groupe dominant

Ces hauts gradés avaient abusé de la confiance de ceux qui avaient sacrifié leur vie pour être libres et pour être seuls maîtres de leur espace agricole. Cette question du lopin de terre ne fut pas abordée par les officiers supérieurs de l'ancienne armée coloniale. Le général en chef et son État-Major n'avaient rien dit à ce sujet. Les chefs avaient manipulé ces défavorisés et ces va-nu-pieds qui avaient aussi lutté à leur côté. Ils voulaient garder leurs gros privilèges pour satisfaire leurs seuls intérêts personnels. Les nouveaux leaders avaient initié une chasse hâtive contre certains propriétaires *blancs* pour manipuler les anciennes victimes de l'esclavage et de la violence. Ces démunis négligés et ridiculisés furent conduits sur les routes poussiéreuses par les dirigeants militaires pour exercer un massacre général sur *tous les blancs*. Les adultes comme les enfants jubilaient. Ils étaient heureux de voir couler le sang des *blancs*. Les chemins mal entretenus fonctionnaient comme un tribunal honorable dans lequel les assassinats des *blancs* étaient exécutés purement et simplement sans aucun jugement.

Les colons français n'avaient-ils pas reçu la monnaie de leur pièce ?

N'avaient-ils pas pendant des centaines d'années égorgé, amputé et tué des esclaves enchaînés sans aucun jugement ?

Où se trouvait leur tribunal avant de passer la corde au cou d'un esclave ou de massacrer des êtres humains non européens sur leurs habitations ?

Y avait-il un jugement quand Rochambeau avait décidé de les faire dévorer par des chiens ?

Où était l'application de la Proclamation des Droits de l'Homme ?

L'occident chrétien violait-il ses propres règlements ?

L'occident chrétien était fier d'exercer, de participer et d'assister à ces horreurs.

Les fonctionnaires français, les colons et leur famille étaient heureux de prendre part activement à ces splendides événements.

Un esclave d'origine africaine dévoré par des chiens entraînés pour la circonstance était pour les Européens chrétiens un spectacle beau à voir et ils s'en réjouissaient.

Les Français ne pouvaient pas se plaindre. Ils n'avaient pas le droit de protester. Pourtant leurs intellectuels et leurs imitateurs non européens n'avaient jamais cessé d'accuser les Africains, les vagabonds, victimes de tant de cruauté des colons de l'occident chrétien, de barbares et de mal adaptés. Ces vils propriétaires d'êtres humains et de plantation, avaient été tout simplement passés au sabre et exterminés. Les commandants militaires de l'armée *indigène* victorieuse profitaient de ce moment de pleine euphorie et du désordre politique pour, *légitimement* et avec leur seule autorité, s'accaparer *légalement* des propriétés des colons français en fuite ou massacrés dans leur arrondissement. Il n'y avait pas de lois. Il n'y avait aucun État de droit. Il n'y avait pas d'institution pour vérifier ces accaparements irréguliers. Leur mainmise sur les richesses de la nouvelle nation était tout à fait naturelle pour les nouveaux chefs de la nation. Ils étaient intelligents, débrouillards et puissants. Ils étaient les chefs avec le droit de vie et de mort sur le territoire. Ils avaient proclamé l'indépendance du territoire. Ces valets de la civilisation occidentale avaient détourné l'esprit du combat des cultivateurs rebelles en s'appuyant sur la fiction de l'épiderme. Les petits soldats, les insurgés et la main d'œuvre opprimée des plantations encore fonctionnelles ne pouvaient rien dire. Ils étaient restés muets. Leur odieuse pauvreté s'éternisait comme avant la guerre de libération. D'ailleurs, ils avaient, tous, participé d'une façon ou d'une autre à toutes les batailles sur le territoire. Cependant ils étaient des *anciens* esclaves.

Était-ce une victoire contre l'institution esclavagiste ou contre la couleur de la peau du colon européen, le *blanc prédateur* ?

Était-ce une victoire contre le régime de propriété esclavagiste et contre la dépendance économique du territoire ?

Comment définir cette victoire ?

Après cette défaite humiliante des forces esclavagistes et des vestiges de la société coloniale, les décideurs triomphants avaient officialisé leur grande victoire militaire. Ils avaient choisi le chemin difficile mais très délicat, malgré leur manque d'expérience dans les affaires politiques et juridiques internationales, de rendre ce petit territoire symboliquement indépendant. Cependant, ce passage était plus que nécessaire. Il fallait faire connaitre au monde entier et à la société internationale européenne chrétienne qu'ils étaient *dans leur droit* d'être maîtres du territoire et de choisir leur mode de vie. Ils avaient gagné une guerre importante. Les Haïtiens avaient le mérite d'avoir culbuté les occidentaux (les *blancs*) *et aboli* le système esclavagiste prescrit et imposé depuis des années par l'occident chrétien.

Avec ce succès militaire et politique, la population, trépidante de joie sur les routes poussiéreuses, n'avait (peut-être) pas la connaissance encore moins l'entendement désirable pour réclamer avec force un État de droit. Le concept d'un État de droit était encore inédit sur le territoire de la Caraïbe. Ces cultivateurs et ces soldats avaient peut-être l'intelligence de penser à leur petite portion de terre pour se défaire des contraintes du pouvoir esclavagiste et se croire libres.

Malheureusement pour eux, la production agricole d'exportation était essentielle à la société dominante représentée par les chefs militaires comme l'un des plus importants facteurs pour l'accumulation de la richesse durant la période coloniale et surtout après l'indépendance. La production agricole d'exportation était essentielle à leur pouvoir, à leur statut social et à leurs décorations. Le lopin de terre mérité par les cultivateurs rebelles était une anomalie à leur pouvoir, à leur droit de propriétaires et à la gestion du territoire. La grande plantation restait la solution du moment. Comme dirigeants, ils n'avaient aucune explication à donner à la population. Les commandants militaires qui avaient pris la direction de la lutte contre l'administration coloniale allaient combattre ce droit des cultivateurs à un espace agricole. Le concept de travail imposé par les esclavagistes était encore en vigueur. La Constitution de 1805 l'avait prouvé.

Ces travailleurs de la terre avaient appris durant toutes ces années de terreur et de violence à se soumettre à un être humain qui décidait de son quotidien et qui agissait avec beaucoup de cruauté. Ils subissaient la loi du fouet pour travailler, pour obéir au maître, pour lui être loyal et pour se conformer à tous ses désirs. Cette loyauté n'était pas liée à un principe ni aux lois mais à la personne du maître, du planteur, du *blanc*. Cette soumission forcée facilitait ce genre de vision et de comportement qui recherchait l'adulation de leurs maîtres ou de leurs responsables sans questionner leurs véritables intentions, sans chercher à savoir ce qu'ils cachaient derrière ce pouvoir. Ils acceptaient de recevoir des miettes, des débris pour survivre. Ces soldats et ces travailleurs agricoles croyaient qu'ils avaient l'obligation de suivre leurs chefs, le nouveau maître, et d'admettre presqu'aveuglement leurs mensonges intéressés grâce aux miettes. Le système basé sur la terreur avait conditionné les victimes de l'esclavage. En fait, elles devaient tout accepter.

Avaient-elles le choix ?

Les chefs n'avaient-ils pas l'obligation de dire la vérité et d'expliquer le système économique basé sur la violence, sur la discrimination, sur le profit et sur des inégalités à la population ?

Le dialogue n'était-il pas nécessaire pour l'adoption d'un autre système économique et politique plus égalitaire ?

Ne fallait-il pas un autre concept de travail après la victoire ?

Toutes les couches sociales vivant dans la colonie avaient connaissance du quotidien des esclaves et des soumis. Aucun Européen de l'occident chrétien n'accepterait d'être à la place des victimes de l'esclavage et de la barbarie de propriétaires de plantation. Tous les bénéficiaires du régime colonial avaient une réelle perception des activités des colons propriétaires, des administrateurs, des officiers et des soldats de l'armée coloniale. Ils étaient au courant des actes de terreur qu'ils commettaient. Ils savaient aussi que la colère des plus vulnérables se construisait tous les jours sur les plantations. Ces derniers avaient encore peur de leurs maîtres. Pourtant ce mécontentement était sourd, caché, diffus et même étouffé. Il y avait aussi cette réalité d'adulation, de dénonciation et de flatterie que certains soumis et certains esclaves devaient pratiquer pour subsister, pour se soustraire aux vraies contraintes instituées par la société dominante. Ils voulaient, en fait, rester en vie. La confiance ne pouvait pas exister. La corruption allait investir les consciences partout sur le territoire. Car, même parmi les officiers de la classe dominante, la flatterie était un moyen puissant pour obtenir des privilèges.

Les chefs n'étaient pas prêts pour dire la vérité sur leur vrai rôle de défenseurs du statu quo colonial et esclavagiste. Ils devaient dire qu'ils avaient trompé les cultivateurs opprimés et qu'ils étaient prêts pour les exécuter en cas de rébellion. Ces pauvres producteurs de richesse durant les dernières années de la colonie restaient vulnérables. Ils n'avaient pas compris que les dirigeants de la nouvelle nation avaient été nommés par la France esclavagiste pour protéger les intérêts économiques des colons pour défendre l'administration coloniale coincée par les cultivateurs rebelles.

Les masses asservies et faibles le savaient-elles ou avaient-elles oublié ?

Les responsables militaires faisaient-ils semblant de n'avoir rien saisi ?

Le concept de la liberté après cette importante victoire nécessitait d'être *réinventé* pour l'épanouissement de l'homme social. La liberté pour les colons prédateurs plaidait la seule cause de la société dominante d'abord européenne, leur arrogance, leur préjugé. La liberté telle que conçue par les prédateurs chrétiens de l'Europe était refusée à l'homme social réduit en esclavage. La Déclaration des Droits de l'Homme était un vibrant hommage à ce concept de liberté conçu uniquement pour la société dominante européenne et non pour les êtres humains surtout d'origine africaine réduits en esclavage. Les besoins de l'homme européen était défendu par cette fameuse Déclaration. Les principes publiés dans cette Déclaration n'étaient pas applicables dans la colonie française. Le viol de la décision de la Convention Nationale Française fut exécuté en 1794 après la publication de la Déclaration des Droits de l'Homme.

Un sens humain, digne, ouvert et plus efficace était à penser après l'indépendance pour supporter un autre concept de la liberté vers la satisfaction des besoins de base de tout un chacun. La défaite de l'armée esclavagiste l'exigeait. La victoire des soldats et des cultivateurs rebelles l'exigeait pour le bien-être de la population.

Un autre concept de travail sans violence physique était indispensable dans le sens du respect et du bonheur de tous ceux qui travaillaient tous les jours pour soutenir le territoire libéré. Le système esclavagiste n'était plus acceptable ni applicable. Les cultivateurs rebelles et les soldats de l'armée *indigène* avaient culbuté hors du territoire l'armée esclavagiste française pour rompre avec ce système. La victoire l'exigeait.

Le désarmement de tous les combattants qui n'étaient pas légitimement enrôlés dans l'armée régulière dite *indigène* était un devoir sincère de citoyenneté pour la jouissance de la stabilité et pour la sécurité de la population. Une alternative était à rechercher pour leur rendre hommage et pour inventer leur dignité d'êtres humains décidés. Avec leur libre consentement, leur déplacement justifié vers des centres de production durable et vers des centres de formation devait être organisé pour être profitable à la nation et à la population et à chaque citoyen. Ils avaient participé aussi à la défaite de l'armée expéditionnaire. Ils méritaient d'être appréciés. La victoire l'exigeait.

La corruption établie par les prédateurs de l'occident chrétien et par l'administration coloniale durant la période esclavagiste réclamait une directe confrontation de dirigeants capables et compétents. La violence, la dépendance économique, les abus, les vols, l'inégalité, le fouet, la dépravation du régime foncier étaient des déboires imposés par les conquérants chrétiens dans le but de dévorer les ressources physiques et humaines du territoire. Les Tainos avaient expérimenté ces tares et toutes ces sauvageries. Les Africains étaient moulés intentionnellement dans ces dérives pour être accusés d'avoir transportés ces vilenies de leur Afrique maternelle : cette affreuse jungle où évoluaient des animaux sauvages selon les chrétiens européens. L'occident chrétien n'avait que des valeurs *exceptionnelles* qu'eux seuls connaissaient les secrets, qu'eux seuls pouvaient comprendre. Ce système était plus que parfait pour la société européenne internationale chrétienne. Dans cette nouvelle réalité, ces infamies devaient être éradiquées avec beaucoup de rages et de conviction pour protéger cette liberté durement acquise. La victoire l'exigeait.

Les institutions négatives et démodées du régime colonial et esclavagiste devaient être bannies car elles n'étaient pas applicables dans une société souveraine ni une société de citoyens libres, ni dans la construction d'un État de droit. Ces institutions avaient marqué la colonie et les habitants soumis à cette terreur. Elles étaient à l'origine des inégalités, de toute sorte, inventées par les prédateurs de l'occident chrétien. L'idéologie esclavagiste avec ses disparités sociales et économiques était cruelle mais voulue par l'occident chrétien. Après cette décisive victoire, un système clair de valeurs antiesclavagistes et anticoloniales était donc indispensable car la liberté devrait être l'un des plus importants facteurs de transformation et d'amélioration de l'homme social autrefois réduit en esclavage. Tout développement économique durable devait avoir sa source dans le progrès social. Un processus responsable et fonctionnel pour l'édification de l'État de droit nécessitait des mesures réfléchies selon les besoins de la population en général. Le conflit armé, n'existant plus, une paix économique et sociale devait être mise en place pour consolider le respect du travail et l'humanité de chacun. En fait, le développement agricole durable pour une économie stable était donc indispensable pour le bien-être de toute la population. La nation en avait grand besoin. La victoire l'exigeait.

Il fallait confronter, malgré la faiblesse de cette nouvelle gouvernance, influencée par les valeurs dites occidentales de la société internationale européenne, le christianisme qui avait justifié ce système esclavagiste de terreur. Thomas Madiou, dans l'introduction du premier tome de son Histoire d'Haïti, a écrit que *Colomb avait pris possession de Quisqueya au nom de Jésus-Christ.* (56) Le christianisme catholique avait, depuis les débuts de la conquête, accompagné les colons esclavagistes dans leurs activités d'oppression de la force de travail et du massacre des Tainos. L'église chrétienne catholique avait vu son visage défiguré avec sa participation active et directe au système esclavagiste. En fait, elle avait commis un acte politique brutal d'une ignoble et terrible débauche en contribuant au déplacement violent d'êtres humains inoffensifs de leurs communautés d'origine. Le comportement pervers et malsain des missionnaires était apparemment contraire à *ladite* doctrine *officielle* de l'église catholique. (Les dix commandements). Ce fut un évêque de l'église catholique chrétienne qui avait organisé le premier voyage de Christophe Colomb. (57) En assistant les prédateurs de la société internationale européenne, l'église chrétienne catholique avait commis un crime monstrueux qui ne fut ni dénoncé ni puni par les êtres humains.

Boukman fut dédaigné par les commandants militaires pour avoir condamné l'église chrétienne. Des centaines d'année plus tard, l'église chrétienne protestante tentait de le convertir au lieu-dit de son cri de ralliement. Les nouveaux dirigeants militaires devaient questionner le christianisme catholique en cherchant d'autres valeurs se basant sur l'origine, sur la culture et sur l'histoire sociale des êtres humains qui avaient été réduits en esclavage et qui avaient lutté pour se libérer les armes à la main durant des centaines d'années d'esclavage. L'église chrétienne catholique avait violé leur humanité volontairement. En fait, la population victorieuse devait se dissocier ouvertement des ignobles conceptions de ces mercenaires chrétiens qui considéraient l'esclavage et l'usage de la terreur essentiels pour leur doctrine de domination, d'accaparement des ressources des territoires conquis et de violence.

Des hommes et des femmes déterminés devaient pouvoir se mettre ensemble pour créer de nouvelles institutions dans le but d'instaurer une infrastructure économique et sociale permanente afin de réagir contre les diverses inégalités et afin de réduire la dépendance économique jusqu'à son élimination. La nouvelle nation ne pouvait pas rester vulnérable malgré ce passé d'esclavage et de l'usage de la terreur lequel les avait obligés à patauger dans la pauvreté et dans la peur. La victoire militaire lui donnait le droit d'être indépendante et d'être capable de se hisser à la hauteur de l'homme social libre.

Des dirigeants, des leaders prêts à protéger leur pouvoir, leurs titres, leur commandement pouvaient se mettre à l'écoute de la communauté afin de satisfaire ses droits, ses besoins et ses revendications. Ces gouvernants devaient mériter leur légitimité afin d'éviter des crises nuisibles à la jouissance de cette liberté et pour la continuité de cette liberté.

Ces responsables du devenir de la nation devaient être capables d'inviter la population à participer à l'édification d'un État de droit. La poursuite d'une paix durable et la promotion de la stabilité sociale et économique sans l'usage du fouet et du concept de la peur comme élément de gouvernance devaient être découvertes par la population et devaient être renforcées par des lois après cette guerre qui avait duré plusieurs années. La victoire politique et militaire exigeait une charte fondamentale pour la conduite économique, politique et morale des citoyens.

Cette population avait lutté pour obtenir sa totale liberté. Elle devait chercher à s'éduquer pour être capable de choisir ses gouvernants sur la base de leur compétence, de leur vision pour l'édification d'un état de droit, de leur volonté de garantir la protection et la sécurité de la population dans le but de respecter leur légitimité et de les accompagner dans le sens de leur gouvernance pour le développement du pays. La lutte, les sacrifices devaient être honorés pour donner à cette victoire le sens de l'épanouissement de la population.

Un nouveau départ nécessitait des formules claires pour barrer la route aux activités illégales, pour éviter toute démagogie musclée de la part des chefs pour se faire acclamer comme des demi dieux, des surhommes, des prophètes, des rois, des êtres immatériels, tous ces comportements qui pouvaient prouver qu'ils ne s'étaient pas encore libérés des pièges et des enseignements de l'idéologie esclavagiste. Ils avaient gardé leur mentalité d'esclaves, de domestiques et de laquais malgré leur apparence d'êtres humains libérés et engagés. Avec cette perspective perverse, malsaine et négative, ils allaient répéter avec un certain contentement malhonnête et moqueur les massacres d'êtres humains commis par leurs prédécesseurs (ces prédateurs chrétiens) pour satisfaire leur délire, leur folie du pouvoir et de paraître. Ils étaient obsédés par le mensonge. La victoire ne devait pas permettre ces bavures, ces bêtises, ces égarements, ces stupidités et ces dérives.

La proclamation d'indépendance devait être précise car la guerre menée par des êtres humains et surtout la victoire gagnée par des êtres humains avaient joué un rôle essentiel dans l'émergence de cette nation. Une souveraineté alimentaire, une sécurité économique et sociale pour la promotion de la stabilité et de la paix étaient primordiales dans le but d'organiser la défense de la nation nouvellement indépendante. La vengeance méritée, à elle seule, ne suffisait pas. Pour tout ce sacrifice, la population victorieuse en avait le droit pour avoir donné son sang dans le but de participer à la création de cette nouvelle nation. Cette raison fondamentale exigeait des dirigeants le devoir de redéfinir l'homme social avec de nouveaux concepts pour une citoyenneté engagée afin de transformer le système économique et de détruire cette dépendance économique. Les hommes, les femmes, les enfants libres et indépendants allaient donc s'épanouir. La victoire l'exigeait.

Pour répéter Claude C. Pierre, qui avait conçu l'idée de ce livre, les chefs militaires avaient l'obligation de rêver et de désirer l'avenir du pays, son développement économique et culturel, sa stabilité politique et sociale, ainsi que sa paix spirituelle en langue *créole* parce que cette langue avait joué le rôle indispensable de l'union des cultivateurs rebelles et des soldats jusqu'à la défaite totale de l'armée esclavagiste française. C'était la langue du rassemblement des combattants, de la résistance des rebelles, de la culture, de l'alimentation, du combat et surtout de la victoire. C'était la langue de la *cause commune.* La langue *créole* avait identifié historiquement les hommes et les femmes (des citoyens) de la nouvelle nation. La victoire l'avait reconnue comme essentielle pour faire déraper cette nation.

Avec cette victoire, les rebelles et les soldats désiraient éliminer une fois pour toutes la possibilité d'un retour à l'esclavage. En luttant pour cette liberté et pour garder cette liberté, ils voulaient construire un monde à eux différent de celui qu'ils avaient connu durant toutes ces années de terreur, d'humiliation, d'esclavage. Ils devaient avoir le courage de ne pas se laisser corrompre par la société internationale européenne car leur désir était de construire une économie durable. En fait, ils avaient versé beaucoup de sang sur les champs de bataille. Des milliers d'enfants n'avaient jamais connu leurs parents. Des milliers de femmes avaient perdu leurs proches compagnons. Le coût humain de cette guerre pour la liberté ne fut jamais évalué du côté des victimes de l'esclavage et des combattants de la liberté. Pourtant leur sacrifice avait été énorme.

Les bandits de l'occident chrétien n'avaient pas une claire conscience. Ils se cachaient derrière leur croix pour accuser, pour vilipender et pour humilier les victimes de l'esclavage qui les avaient battus et qui les avaient chassés du territoire. Les dirigeants de la nation devaient avoir une claire conscience. Malgré leur fourberie, ils n'avaient aucun intérêt à dissimuler les horreurs subies par les cultivateurs. Ils n'avaient aucun intérêt à manipuler le désir de justice de la population. Il fallait, au contraire, des foyers respectueux de débat pour lutter contre l'arrogance, contre le mensonge, contre les contrevérités, contre la désinformation. L'heure était à la conquête de la citoyenneté. Ils devaient insister par le dialogue pour développer une conscience digne au lieu d'alimenter une division basée sur la couleur de la peau telle qu'elle fut imposée par les occidentaux. Les dirigeants et la population ne devaient pas être les instruments de reproduction de la société européenne internationale chrétienne laquelle avait conquis des territoires pour les coloniser, en d'autres termes pour voler leurs ressources.

La nation souveraine ne pouvait pas être prisonnière de son passé encore moins de sa géographie. La population rebelle avait lutté pour être libre pendant plusieurs années. Elle devait être consciente de ses devoirs et de ces droits naturels. Elle méritait le respect de ses dirigeants pour ne pas se considérer comme une éternelle victime. Elle exigeait la vérité chez les leaders militaires et politiques qui avaient pris en 1802 le contrôle de la guerre contre l'armée expéditionnaire de la France esclavagiste. La victoire militaire et politique n'était pas du tout le privilège des généraux et des hommes au pouvoir. La victoire militaire et politique était l'œuvre de tout un peuple, accroupi et fouetté pendant des centaines d'années, aujourd'hui triomphant. Il avait acquis durant des années l'expérience des colons prédateurs de l'Europe occidentale qui utilisaient la terreur pour l'obliger à se soumettre à un concept de travail lequel bénéficiait seulement l'occident chrétien.

Il s'attendait probablement à pas mal de changements. Il avait peut-être trop d'espoir. La fébrilité de l'objectif des insurgés de 1791 allait se buter contre l'inexistence de politique de développement économique durable et d'une souveraineté alimentaire pour tous les citoyens. Les anciens membres de l'armée coloniale, devenus chefs omnipotents après la victoire, n'utilisaient que la force pour montrer leur incompétence. Le peuple avait reçu toutes les promesses de ces politiciens en uniforme. Ils avaient associé les avancées de la guerre et leurs paroles mielleuses pour contrôler l'appui indispensable des cultivateurs. La politique des leaders se transformait tous les jours en spectacle.

Les rebelles avaient subi aussi les manœuvres déloyales des premiers prédateurs de l'Europe esclavagiste. Le travail forcé avait influencé leur comportement sur la plantation. L'insurrection était un projet de rupture. Il fallait concrétiser cette rupture dans l'espace même de l'institution esclavagiste pour imposer l'humanité des hommes et femmes qui avaient fait la traversée avec des chaînes aux pieds et aux mains sans leur consentement. Le retour en Afrique n'était pas une solution même si les occidentaux insistaient pour les désorienter. Ils savaient qu'ils mentaient et ils continuaient à mentir puisqu'ils avaient la force. C'était si facile. La victoire exigeait la construction d'un État de droit sur ce territoire là où les combattants avaient versé leur sang.

Cette masse d'êtres humains n'avait pas encore la connaissance et l'expérience des magouilleurs, des prédateurs non européens qui allaient prendre le pouvoir pour dénigrer et pour étouffer ses revendications et ses aspirations légitimes. Ils s'étaient déjà transformés en occidentaux chrétiens pour vivre en soumis, pour effacer dans leur conscience leur communauté d'origine.

Ce peuple qui avait lutté avec détermination pour obtenir avec beaucoup de sacrifice l'abolition de l'esclavage allait-il jouir de cette victoire ?

Allait-il avoir la satisfaction d'avoir abattu le système économique qui favorisait la discrimination, les inégalités, la corruption, la violence ?

Allait-il recevoir son lopin de terre pour être propriétaire de ses propres moyens de production ?

Avait-il eu la totale satisfaction d'être témoin de la fuite désordonnée de ses bourreaux ?

Avait-il compris les conséquences de ce moment historique pour son avenir et pour l'avenir des autres générations ?

Un dialogue n'était-il pas nécessaire pour décider du futur de la nouvelle nation ?

Allait-il subir à la tête de la nouvelle nation des responsables militaires sans aucune vision pour un développement durable ?

Allait-il chercher un nouveau maître moins cruel ou moins barbare au lieu de mettre sur pied une vraie souveraineté dans l'intérêt général ?

Allait-il se laisser gouverner par un *homme despote qui brise toutes les énergies ou un homme incapable qui souffle sur tous les mérites ?*

Le pouvoir despotique fera naître la révolte.

Le pouvoir ignorant assurera l'empire de la misère. (58)

L'Indépendance acquise de haute lutte et célébrée en 1804 était-elle une simple illusion ?

Il est temps que les Haïtiens comprennent qu'une Société ne peut pas vivre d'expédients et de mensonges, et qu'elle doit périr à la fin si ses membres n'ont pas le courage de dire la vérité et celui de l'entendre.

Lysius Félicité Salomon Jeune
(Le président Salomon Jeune avait, lui aussi, trompé les citoyennes et les citoyens du pays avec de belles paroles. Il ne leur disait pas la vérité.)

Chapitre 4

La Proclamation

L'éducation politique et sociale des êtres humains- colons ou esclaves-se manifestait dans la colonie à partir du mythe de la race, de l'invention de multiples races avec pour *origine* et pour fondement le pourcentage de *sang blanc*. Moreau de Saint Méry *avait inventé treize races à partir du sang blanc.* (59) Cette absurde présentation et cette obscure théorie étaient accompagnées d'une force militaire sauvage puisqu'elle cachait un système économique féroce pour justifier la domination de l'occident chrétien : le désir du profit basé sur la violence, sur l'inégalité et sur le mensonge. Le contrôle des richesses était une obsession claire de ceux qui se proclamaient plus proches du Dieu qu'ils avaient inventé. Ils se déclaraient les seuls capables de le représenter. Ils étaient, naturellement, les seuls élus susceptibles d'interpréter *sa parole*. L'idéologie coloniale faisait circuler avec passion ces idées ridicules. La société dominante dans la colonie était influencée par ces bêtises. Il n'y avait ni documents ni évidences seulement des fanfaronnades extravagantes et absurdes pourtant suffisamment intenses pour manipuler des individus enchaînés, muets et vulnérables et aussi des valets enthousiastes pour recevoir leurs déchets.

Après avoir servi et défendu la République Française depuis son retour à Saint Domingue en 1794, Toussaint Louverture fut nommé par la France esclavagiste d'abord général de l'armée coloniale puis gouverneur de la colonie de Saint Domingue. Il avait profité pour publier des lois et des règlements drastiques pour maintenir le travail agricole au profit des prédateurs français et européens. Il avait imposé un code de police *rural* pour *réprimer le vagabondage* comme l'administration coloniale l'avait fait depuis la violente conquête des prédateurs chrétiens espagnols. Le gouverneur Louverture établissait ainsi un pouvoir personnel fort au service des intérêts des esclavagistes.

Était-il *formaté* par le commissaire Sonthonax dans le but de servir la France esclavagiste ?

La société dominante avait trouvé une bonne solution pour continuer l'exploitation sauvage de la force de travail. Le retour de Toussaint sous le drapeau français avait facilité la mise en place d'un fameux *processus d'émancipation* pour manipuler les cultivateurs, les Africains d'origine. Ces esclaves ne devaient pas accéder *trop vite* à la liberté. Ils n'étaient pas suffisamment civilisés pour comprendre le besoin d'un salaire. Une période d'apprentissage, selon l'humeur du *blanc,* avec les flatteries de leurs valets, était nécessaire pour changer de statut.

Était-ce la naissance de cette culture du mépris des plus pauvres ou des travailleurs agricoles ?

Combien de temps leur faudrait-il pour avoir accès à la liberté ou pour imiter la civilisation du *blanc, du maître* et s'y accommoder ?

Et comme le général Toussaint Louverture s'était auto proclamé leader de l'insurrection de 1791, il était donc le seul capable de leur donner la *vraie* liberté et d'abolir *pour de bon* l'esclavage. Le décret de la Convention Nationale Française ne suffisait pas ou n'était pas du tout applicable. Il était encore trop tôt. Il était mieux d'appliquer le décret imaginaire et frauduleux d'émancipation des noirs pour faire plaisir à la société européenne internationale chrétienne et à la société dominante non européenne.

Certains propriétaires avaient accepté de revenir dans la colonie sur la demande du gouverneur Louverture. Ceux qui n'avaient pas abandonné leurs plantations avaient repris leurs activités agricoles. Cette autorité musclée du gouverneur sur les cultivateurs opprimés leur avait redonné confiance. Toussaint Louverture, en fait, exécutait les ordres directs de Napoléon Bonaparte : ... *Employez toute entière votre influence* (votre pouvoir) *à maintenir la paix* (la défaite du général André Rigaud) *et à encourager l'agriculture...*(les denrées exportables de la colonie) (60) Le commerce d'importation et d'exportation était indispensable au trésor français. Bonaparte n'hésitait pas de répéter un peu partout que *ses intérêts personnels* étaient directement liés au pouvoir et à la richesse de la France. Rien n'était établi pour développer la colonie. Aucun colon ne parlait des intérêts économiques et politiques de la partie Ouest de Saint Domingue. Les soldats de l'armée coloniale devaient rester muets et obéir, sauf le général Moise. (Les autres chefs militaires ne l'aimaient pas. Il fut assassiné). Le mépris des cultivateurs restait évident. Seuls leurs bras robustes étaient indispensables à la société dominante.

À partir de 1794, l'occident chrétien avait opté pour garder la colonie comme fait français. La présence du général Toussaint Louverture avait donné aux colons une garantie pour dissuader les cultivateurs rebelles et forcer leur retour sur les plantations esclavagistes. En transformant le décret d'Abolition de l'esclavage en décret *d'Émancipation des Noirs,* l'idée était de manipuler les esclaves d'origine africaine. En acceptant d'être libérés progressivement, ils allaient reprendre facilement le travail agricole sous la gouvernance des généraux non européens de l'armée coloniale. La crise des subordonnés et des esclaves dérangeait beaucoup la situation. Les cultivateurs rebelles n'avaient pas démissionné. Ils n'avaient pas déposé leurs armes tandis que Toussaint Louverture et son armée essayaient de montrer une certaine *cohérence* dans leur souci de maintenir le régime foncier colonial toujours à leur profit et toujours au bénéfice des colons prédateurs.

Les principes de l'idéologie coloniale pour la continuité de la grande plantation esclavagiste étaient encore appliqués. Les règlements violents pour le maintien du travail agricole avec le fouet comme concept de travail avaient gardé leur force sous un camouflage particulièrement malveillant : la teinte épidermique faisant de l'inégalité économique une question simplement culturelle. Le vrai mouvement des transactions financières était gardé comme un secret dont seuls les hommes au pouvoir possédaient la capacité de comprendre. L'accumulation de la monnaie devait être leur fief.

Le général Toussaint Louverture pensait-il arrêter le mouvement social et politique déclenché en 1791 et de refermer cette fissure à l'intérieur du système esclavagiste ?

Les leaders de l'ancienne armée coloniale n'avaient pas effacé de leur mémoire les empreintes françaises collées à leur conscience après leur volte-face. Ils n'avaient pas renoncé aux instructions reçues des colons français. Ils n'avaient pas essayé de se décomplexer. Ce refus était un acte politique et fut confirmé par la Constitution de 1801. Ce document officiel défendait le pacte colonial et utilisait une force non européenne pour soutenir l'économie de dépendance et une forme astucieuse pour le maintien de l'esclavage. Encore une fois, la main d'œuvre opprimée fut manipulée. Elle était restée misérable.

Le colon Borgela, l'un des auteurs de la Constitution de 1801, avait ainsi terminé son discours après avoir présenté la Constitution de 1801 devant *l'autel de la patrie* dans la colonie : *Vive la République qui réédifie et protège les colonies.* (61) Il était clair que le gouverneur Toussaint Louverture, à travers cette constitution, était resté soumis à la France. Cette culture du mensonge se développait bien.

Un colon de l'occident chrétien pouvait-il écrire une constitution qui aiderait à l'épanouissement des cultivateurs ?

Toussaint Louverture avait-il parafé pour le colon-prédateur Borgela et ses associés les grandes lignes de cette constitution ?

Cette constitution de 1801 avait-elle été imposée avec violence au gouverneur Toussaint Louverture par les prédateurs chrétiens ?

(En 1938, l'Ambassadeur Haïtien à Paris, France (Constantin Mayard) s'exprimait ainsi : Nos institutions sont françaises, nos lois civiles et

publiques sont françaises, notre littérature est française, notre Université est française, nos programmes scolaires sont en français…) (62)

Cette fameuse élite de chefs militaires et politiques allait provoquer la séparation définitive pour se débarrasser de l'administration française mais surtout de l'épiderme de ceux qui gouvernaient la colonie. La cassure avec le système de dépendance économique n'était, en fait, nullement envisagée. L'idéologie des prédateurs de l'occident chrétien restait intacte. Au moment de retourner leurs armes contre les membres de l'armée expéditionnaire dont l'objectif était de rétablir l'esclavage dans la colonie, ils étaient encore des sujets (soumis) du roi de la France esclavagiste mais des dissidents puis des déserteurs et enfin des rebelles sans aucune conviction de rompre à jamais avec la dépendance et avec la politique socioéconomique et culturelle des prédateurs français. En fait, ils entonnaient encore les chansons militaires de la France esclavagiste chrétienne même quand ils devaient affronter les militaires et les soldats de l'armée expéditionnaire. (63) La guerre terminée, les officiers de l'armée dite Indigène allaient proclamer l'indépendance du territoire dans la langue de leurs anciens maîtres. La langue créole qui avait uni tous les combattants avait disparu officiellement. Donc la majorité de la population fut exclue du droit à la victoire.

Pouvaient-ils sans détermination et sans conviction déclarer la guerre à la corruption imposée par les occidentaux ?

En effet, le 29 novembre 1803, ***Au Nom Des Noirs Et Des Gens De Couleur***, les généraux Dessalines, Christophe et Clerveaux étaient des anciens commandants de l'armée coloniale française dans la colonie. Ils recevaient leurs ordres du général Leclerc, chef incontesté des soldats esclavagistes français. Au moment de leur volteface en 1802, ils avaient été acceptés comme les chefs omnipotents de l'armée dite Indigène. La victoire politique et militaire leur avait donné le droit et le pouvoir de publier une déclaration au Fort Dauphin pour annoncer à la population vivant sur le territoire la rupture *définitive* entre Saint Domingue et la France esclavagiste.

Cette première proclamation était conforme à la théorie de l'union des Noirs et des Mulâtres, à la fameuse création du drapeau *indigène* bleu et rouge jusqu'à leur victoire finale. Cette dite publication proclamait leur droit de célébrer dans l'euphorie cette admirable victoire politique. En moins de quinze jours, l'imposante victoire militaire de l'armée dite indigène fut consacrée par ce document d'une haute valeur politique pour l'époque. En face des autres pays chrétiens mais esclavagistes de l'Europe, ces êtres humains de naissance non européenne, avaient donc manifesté leur héroïsme et leur détermination de se lancer ouvertement dans le concert des nations souveraines menées, influencées et dominées par la société européenne internationale chrétienne.

Le concept politique universel de l'état indépendant inventé par la société internationale européenne était encore vaguement accepté par les dirigeants militaires et politiques. Saint Domingue était un territoire dépendant de la France durant l'époque coloniale. Pourtant Kiskeya était libre avant l'arrivée de ces soldats du Christ, ces bandits de la société internationale européenne. Les Tainos vivaient sans contrainte physique sur leur terre. Ils étaient maîtres de leur destinée jusqu'à l'arrivée des mercenaires chrétiens de l'Europe. Leur économie d'autosuffisance alimentaire leur avait permis de nourrir tous les membres de leur communauté. Ils n'avaient jamais faim. Ils étaient *souverains* sur leur terre.

Le tiers de l'île Kiskeya allait dépendre d'une administration coloniale externe imposant par la force un autre système économique suivant les besoins de la France esclavagiste et de la société dominante européenne. L'idéologie esclavagiste des occidentaux avait donc triomphé. Cette administration était dirigée par des envoyés nommés mais loyaux à leurs monarques et non aux lois françaises. Ces sujets du roi avaient étouffé volontairement la souveraineté alimentaire qui avait équilibré la vie des Tainos pendant des centaines d'années.

Les leaders non européens qui étaient favorisés par les prédateurs de l'occident étaient fiers de travailler pour un pouvoir externe, pour la France et pour l'Europe. Ces chefs avaient le monopole de la gestion de la violence physique et militaire contre les cultivateurs pour défendre la présence des prédateurs français. Ils étaient promus par la France esclavagiste au retour du général Toussaint Louverture de la partie Est avec son armée pour, entre autres, reprendre l'agriculture au bénéfice de la France esclavagiste. L'armée coloniale établie au Sud et au Sud Est de l'île avait les mêmes préoccupations politiques bien avant l'apparition des troupes dirigées par le général Toussaint sur la partie ouest de l'ile. Cependant tous les officiers non européens de l'armée coloniale n'avaient pas de projet clair et détaillé. Ils n'avaient pas un calendrier exact et rigoureux pour un développement économique durable et pour une paix politique stable même dans le but de satisfaire leurs propres intérêts. Saint Domingue appartenait encore à la France esclavagiste, à l'occident chrétien et aux propriétaires de plantation. Les cultivateurs esclaves sur les habitations étaient encore des sujets fouettés, subissant toute sorte de contraintes physiques malgré le décret de février 1794 concernant leur totale liberté. Ils étaient encore opprimés par les anciens et aussi par les nouveaux propriétaires non européens de plantation qui avaient reçu des avantages financiers de la France pour les remercier de leur volteface et de leur appui à la France esclavagiste.

L'expérience de ces dirigeants, leur commandement comme d'efficaces responsables des affaires coloniales leur avaient donné des privilèges. Ils en profitaient pour exercer leur autorité sur l'ensemble du territoire et sur l'ensemble de la population soumise à l'administration arbitraire et oppressive de la France esclavagiste. Ils étaient des sujets honorables du pouvoir colonial pour défendre l'intérêt français surtout après la fameuse guerre du Sud. Ils avaient participé, eux aussi, d'une façon ou d'une autre, aux atrocités du système économique basé sur le profit et sur la terreur. Les crimes de l'esclavage étaient connus de tous les individus qui résidaient sur la partie ouest de l'ile.

Dans sa lettre au directoire pour expliquer le départ précipité du général Hérouville, le général Toussaint Louverture avait écrit ceci : *...Fort de ma conscience, je ne vous rappellerai pas, citoyens directeurs, tout ce que j'ai fait pour le triomphe de la liberté, la prospérité de Saint Domingue, la gloire de la république française ; je ne protesterai pas, auprès de vous, de mon attachement à la métropole, à mes devoirs, de mon respect à la constitution, aux lois de la république et de ma soumission au gouvernement, je vous en fis le serment, j'y suis fidèle, et* *ma conduite à venir, plus que tous les serments, vous prouvera que j'y serai toujours fidèle...*

L'accord entre Laveaux et Toussaint n'était pas révélé publiquement. Il était clair que Toussaint parlait non seulement pour se justifier mais aussi pour justifier tous ceux qui l'accompagnaient comme responsables des affaires coloniales à un niveau ou à un autre. (64) A aucun moment, dans sa lettre au directoire, il n'avait mentionné la Proclamation de la Liberté Générale des Esclaves par Sonthonax, encore moins le Décret d'Abolition de l'Esclavage par la Convention Nationale Française. Il parlait de ses activités pour le *triomphe de la liberté.*

De quelle liberté parlait le général Toussaint Louverture ?

La société internationale européenne laquelle dictait les fameuses lois internationales n'avait pas fait de cadeaux ni de faveurs à ces sincères combattants qui avaient pris les armes contre leurs oppresseurs. Ayant pris naissance, pour la plupart, sur le territoire conquis et tyrannisé, ils avaient, malgré les chaînes et malgré la violence, appris à se battre, à se défendre, à se soumettre, à survivre, à souffrir, à mourir. La société dominante vantait plutôt la docilité des esclaves sur les habitations. Elle s'amusait à accuser les nouveaux enchaînés fraichement transportés d'Afrique comme les auteurs de l'insurrection, comme les fauteurs de trouble. Ils étaient des hors la loi, des Africains, des Congos, des bandits.

De 1492 à 1803, ces êtres humains non européens conquis, conditionnés par le fouet, enchaînés et victimes de toute sorte d'atrocités et de violence, furent délibérément menés comme des animaux sauvages par des êtres humains de l'Europe chrétienne. Depuis novembre 1803, la colonie était à la merci de meneurs non européens qui ne juraient que par la France esclavagiste. Leur volteface n'avait pas changé leur *amour* pour les valeurs de l'occident chrétien. Ils avaient méprisé les *valeurs de la force de travail* et des cultivateurs rebelles. Cette main d'œuvre devait rester clouée à la plantation.

Ces colons propriétaires s'étaient autoproclamés par droit divin des êtres supérieurs. C'était une sorte d'arrangement spirituel et social pour mieux exploiter une force de travail et pour mieux voler les ressources des territoires faiblement armés. Ils se faisaient applaudir comme la *seule race* (le seul groupe ethnique) digne des jouissances du concept de la liberté qu'ils avaient inventé. Toute ethnie, existant ou évoluant sur d'autres territoires et sur d'autres continents, était humainement et spirituellement parlant inférieure à cette fameuse société internationale chrétienne de l'Europe puisqu'elle convoitait leurs ressources naturelles pour construire des palais somptueux. Elle avait inventé le mythe de la race pour corrompre la force de travail dans le but de mieux l'exploiter. (65)

La terreur exercée contre la force de travail (des êtres humains) durant la période esclavagiste restait, en général, impunie. Ces colons chrétiens avaient choisi de considérer l'être humain qu'ils avaient assujetti par force comme un animal sans son consentement. Ils avaient fait de lui un esclave. Ils l'avaient torturé, exploité, assassiné sans être questionnés, sans être jugés. Leur comportement était naturel d'après les doctrines macabres de la société internationale européenne chrétienne. Et l'esclave, à cause de la couleur de sa peau, devait rester esclave pour toujours obéir à un maître (occidental) tout à fait omnipotent. Les colons jouissaient d'un droit divin qui les avait exonérés de tout crime, de toute sauvagerie. L'église chrétienne inventait et supportait ces dérives, ces bêtises et ces notions saugrenues qui chaperonnaient l'institution esclavagiste dont le système économique était basé sur la violence, sur le profit, sur l'exploitation et surtout sur la discrimination. L'énorme puissance militaire de l'occident chrétien et de la société internationale européenne avait détruit les valeurs, les droits naturels et les aspirations des communautés faiblement armées.

La victoire militaire et politique des rebelles et des soldats n'avait pas anéanti malheureusement le système esclavagiste inventé par la société européenne internationale chrétienne. Cette volonté de massacrer et de s'accaparer des ressources des autres territoires ne fut pas abandonnée par l'occident chrétien. La proclamation d'indépendance, dans un timide élan de prise en charge, allait faiblement menacer la sécurité financière et politique des colons prédateurs de cette Europe chrétienne avide de richesse. Leur monnaie, leurs châteaux, leurs valeurs dites chrétiennes, leur pouvoir juridique mondial étaient compromis mais pas entièrement détruits. La société internationale européenne devait fabriquer très vite de nouvelles théories et d'autres rapports attrayants pour agresser, conquérir, corrompre et dominer les territoires abritant des non chrétiens militairement impuissants. Elle n'avait jamais négligé durant toutes ces années d'exploitation, de terreur, de crime, de manipulation, de violence d'investir beaucoup d'efforts pour introduire chez les esclaves et les soumis, leur religion chrétienne catholique comme la *religion idéale*. Ils avaient inventé des consommateurs mentalement enchaînés, avides de produits importés. L'exemple était clair avec Toussaint, le chef de la colonie lors de la publication de la loi de1801. (66)

La société chrétienne européenne n'avait-elle pas réussi ?

Même les dirigeants qui avaient participé aux sanglantes batailles pour culbuter les mercenaires esclavagistes étaient instruits délibérément dans la religion chrétienne catholique. Dans sa proclamation au Môle-Saint Nicolas le 19 vendémiaire an 7 (le 19 octobre 1798), le gouverneur Toussaint Louverture disait : *Les chefs du corps sont chargés de faire dire aux troupes la prière le matin ou le soir...Sitôt la première revue, les généraux commandants feront célébrer une grande messe et chanter un Te Deum dans les lieux de leur arrondissement...* Les hommes d'église, les missionnaires, les prêtres de l'église catholique étaient donc partout dans la colonie pour sauvegarder l'emprise du christianisme catholique sur l'ensemble de la population (société dominante et êtres humains esclaves). Leur pouvoir spirituel était donc immense et leur influence incontestable même incalculable parmi les commandants non européens de l'armée coloniale avant leur union fictive basée sur leur épiderme pour culbuter l'armée expéditionnaire française. En fait, l'intérêt économique restait caché. (67) Ils n'avaient pas dit qu'ils étaient propriétaires de plantation et d'esclaves aux cultivateurs. Ils n'avaient pas dit qu'ils étaient des sujets du roi de la France esclavagiste. Ils n'avaient pas dit que les administrateurs esclavagistes leur avaient donné des avantages économiques énormes. Ils manipulaient leur usage de la terreur contre les travailleurs agricoles. Ces hommes au pouvoir grâce à la France esclavagiste ne pouvaient pas dire la vérité. Le mensonge était sacré depuis les débuts de la colonisation.

Ce lavage de cerveaux n'allait-il pas empoisonner l'homme social et le devenir politique de ce territoire ?

Cette influence spirituelle allait-elle être à la base des interprétations et des obsessions politiques parmi ceux qui convoitaient le pouvoir et le trésor public ?

Ce monde occidental chrétien assoiffé de sang et de cadavres n'allait pas abandonner ce territoire utile à leurs machinations et à leur profit. Il allait revenir à la charge avec d'autres stratagèmes pour reprendre ses privilèges, pour ne pas céder sa *perle* aux non Européens. Il allait tout faire pour garder cette nouvelle gouvernance vulnérable, corrompue et impuissante. Il allait la manipuler pour l'empêcher d'avoir un regard spontané et décisif vers l'identité historique que ces êtres humains pratiquaient avant le crime colonial. Il allait manipuler les dirigeants pour provoquer des crises politiques absolument négatives bloquant ainsi tout avancement du pays. Les dirigeants allaient prendre avantage de leur faiblesse et de leur corruption pour s'enrichir puisqu'ils allaient se laisser manœuvrer volontairement par leurs propres bourreaux. La société internationale européenne s'enthousiasmait pour continuer à diriger et à modeler ces chefs arrogants dans le but de défendre les intérêts de l'Europe et de la France en particulier.

Cette nouvelle gouvernance était-elle déjà corrompue depuis 1795 ou bien avant surtout dans les départements du sud et de l'ouest ?

Ou allait-elle se laisser corrompre par ses anciens maîtres ?

Ces dirigeants et la population étaient-ils prêts à affronter les astuces des monarchies et des nations esclavagistes déjà souveraines ?

Étaient-ils déjà mêlés aux subterfuges et aux manœuvres illicites des escrocs de la haute finance ?

N'étaient-ils pas des chefs, des hommes armés au pouvoir ?

Comment les Tainos, ces aborigènes de l'ile, et ces Africains d'origine allaient-ils prendre des mesures positives et réfléchies pour combattre ces cruautés et ces monstruosités pratiquées par les envahisseurs et par les colons de l'occident chrétien après toutes ces années d'une sauvage soumission ?

Comment les cultivateurs et les va-nu-pieds pouvaient-ils arriver à leur épanouissement économique, spirituel et social ?

Ces chefs non européens, nommés par la France esclavagiste, n'avaient-ils pas agi en toute impunité comme des despotes ?

Le tiraillement

L'inégalité devant la loi, ainsi établie, n'allait-elle pas provoquer une instabilité sociale et politique ?

Un conflit émotionnel fut initié délibérément par les colons prédateurs, ces bandits de l'occident chrétien. Ils avaient modelé l'homme social taino et africain, réduit en esclavage, pour les besoins du système économique basé sur la violence, sur leur profit, sur la discrimination, sur la déchéance de l'être humain courbé par le fouet, imposant ainsi une forte économie de dépendance sur l'île. Comme les Tainos accusaient une faiblesse militaire, les envahisseurs d'origine européenne avaient profité de leur absence d'armements offensifs pour confisquer leurs bras robustes afin de les mettre au service de la société internationale européenne chrétienne sans leur consentement. Les Tainos avaient été sauvagement provoqués par l'occident chrétien. En maquillant cette situation à l'avantage des provocateurs, l'occident accusait les Tainos de répondre par des actes de violence et de banditisme même quand ils violaient avec rage les femmes Tainos pour la reproduction de serviteurs zélés. Les nobles conquérants européens devaient s'enrichir sans aucun scrupule aux dépens d'êtres humains opprimés et terrorisés. Ils avaient donc décidé de soumettre les victimes de leur sauvage agression et de les torturer. Ils avaient révélé, avec leurs théories du mensonge, d'avoir reçu du Dieu des chrétiens le droit d'être les seuls maîtres des hommes et des choses. Les occidentaux avaient reçu une terrible révélation divine. C'était surtout pour ne rien partager avec les autres êtres humains qui n'acceptaient pas de se soumettre à la société chrétienne européenne.

Il était impossible aux Européens chrétiens de dire la vérité. Les êtres humains enchaînés devaient être détournés de la connaissance de la vraie réalité des *civilisés* occidentaux. Les conquérants chrétiens avaient une mission d'origine divine. (Le président des États-Unis d'Amérique du Nord, Georges W. Bush, avait repris ces mêmes termes en attaquant l'Irak.) (68) La parole n'était pas libre du tout durant l'époque coloniale. La société dominante exigeait un langage qui devait lui faire plaisir d'entendre. D'ailleurs, l'administration coloniale n'ignorait pas la vérité. Les bourreaux européens étaient au courant de la vérité. Les colons propriétaires préféraient le mensonge. En fait, ils ne devaient la vérité qu'à eux-mêmes.

Dans le tome 3 de l'Histoire d'Haïti de Madiou, il est écrit la déclaration suivante quoique contestée par Madiou lui-même :

L'Indépendance de Saint Domingue est proclamée. Rendus à notre première dignité, nous avons recouvré nos droits, et nous jurons de ne jamais nous les laisser ravir par aucune puissance de la terre. Le voile affreux du préjugé est maintenant déchiré. Malheur à ceux qui oseraient réunir ses lambeaux sanglants...

Bien que la Proclamation du 29 novembre 1803 au Fort Dauphin eût fait référence aussi et malheureusement à la question épidermique pour annoncer *l'audace* des combattants victorieux, cette sérieuse décision était importante pour marquer l'événement : le désir de rupture.

Mais quelle rupture ?

La proclamation avait salué avec satisfaction et avec fierté cette victoire militaire et politique.

Les signataires de cet extraordinaire document avaient annoncé, dès les premières lignes, un retour spectaculaire à leur *dignité première.* Ils savaient donc qu'ils avaient eu une *identité historique et culturelle* malgré les opinions frauduleuses émises par la société internationale européenne. Leur vraie identité, vécue dans leur communauté libre avant la présence des envahisseurs et des conquérants, accompagnait cette dignité et la jouissance de cette liberté. Les Tainos et les Africains, ces êtres humains réduits en esclavage, n'étaient donc pas nés dans l'espace comme le prétendaient les envahisseurs européens. Ils avaient prouvé ainsi qu'ils n'avaient pas oublié leur origine taino ou africaine et particulièrement leur identité culturelle. L'indispensabilité de leur existence, de leur milieu physique et spirituel, de leur façon de vivre se manifestaient ouvertement car ils ne vivaient pas dans la crainte d'un être omniprésent supérieur ou de la peur de violences physiques. Ils avaient donc vécu une économie harmonieuse sans aucun concept d'accumulation des richesses.

Le conflit existait entre un système économique basé sur l'exploitation et sur la discrimination d'une main d'œuvre faiblement armée et un système d'économie harmonieuse cohérent et humain. Le conflit ne s'était pas manifesté au niveau de la teinte épidermique comme le prétendaient les occidentaux. L'hostilité ne se traduisait donc pas entre une *race* supérieure contre une *race* inférieure comme les prédateurs avaient imposé le mythe de la couleur de la peau avec l'usage de la force. Cette pauvre explication des intellectuels et des administrateurs de l'Europe chrétienne camouflait intentionnellement la réalité d'un système économique basé sur l'oppression d'êtres humains esclaves accompagnée de crimes ignobles qu'ils devaient commettre du matin au soir. Malheureusement ces indécentes interprétations étaient ressassées par une odieuse élite non européenne éduquée par les colons prédateurs pour asservir l'homme social avec un processus *de liberté graduelle* d'après le vicieux décret d'Émancipation.

La Proclamation de novembre 1803 s'attaquait ouvertement à la réelle question de la hiérarchie épidermique inventée par l'occident chrétien pour exploiter une main d'œuvre considérée inférieure. Ils avaient même choisi de menacer tous les individus qui s'aventuraient à observer et à appliquer ces concepts frauduleux. À partir de cette déclaration, les nouveaux dirigeants de Saint Domingue avaient voulu renverser l'un des piliers du système économique basé sur l'esclavage, sur les inégalités, sur la discrimination : le mythe de la race, ce préjugé basé sur la couleur de la peau capable intentionnellement de diviser la nouvelle société laquelle avait décidé de proclamer son indépendance. Ils avaient eu le courage de confronter cette tare frauduleuse et ridicule. Et encore ils voulaient simplement l'éliminer des comportements et des mœurs des nouveaux citoyens. Confronter une souillure aussi importante pour le système économique basé sur le profit n'était pas un engagement facile après toutes ces années de division et d'humiliation d'êtres humains considérés inférieurs à cause de la couleur de leur peau. Beaucoup d'héroïsme, de compréhension et d'efforts devaient être déployés pour chavirer cette culture de discrimination, cette affreuse immoralité basée sur la couleur de la peau des êtres humains.

Les dirigeants voulaient-ils déclarer la guerre à ce concept basé sur des mensonges ?

Les prédateurs européens avaient justifié leur conquête et leurs mauvais traitements des Natifs de l'Amérique en disant qu'ils étaient des sous humains, incapables d'avoir des idées abstraites et de gérer leur propre monde. Ils n'avaient aucune moralité et ils étaient incapables de devenir chrétiens.(69) L'enseignement public de l'histoire de ce territoire avait conservé ces théories discriminatoires pour satisfaire les hommes au pouvoir et ceux du contre-pouvoir.

Quels moyens politiques drastiques les chefs militaires de cette nouvelle nation allaient-ils employer pour combattre et abattre ce fléau ?

Le retour à la dignité première et la volonté d'abolir cette hiérarchie de l'épiderme étaient essentiels aux dirigeants de cette nouvelle nation dans le but de redéfinir un homme social libre de toute contrainte morale. Cette déclaration d'indépendance du 29 novembre 1803 marquait, en fait, un tournant irréversible. Malheureusement, cette déclaration de rupture définitive avec l'un des principes de l'idéologie esclavagiste fut vite abandonnée un mois après la victoire.

Dans cette ambiance voluptueuse, comment les citoyens de la nouvelle nation allaient-ils construire leur propre identité culturelle ?

Allaient-ils imiter les colons prédateurs pour défigurer leur humanité ?

Ou allaient-ils fouiller leur propre histoire sociale pour se réveiller et combattre leur torpeur?

Allaient-ils se souder entre eux pour confronter les mensonges des colons de l'occident chrétien ?

Les occidentaux n'avaient-ils pas essayé d'effacer de la mémoire de leurs victimes leur bien privé et collectif, leur identité historique ?

Où était l'humanité de la société internationale européenne chrétienne ?

Si, dans les divers soulèvements qui ont eu lieu, des blancs, dont nous n'avons pas à nous plaindre, ont péri, victimes de la cruauté de quelques soldats ou de cultivateurs, trop aveuglés par le souvenir de leurs maux passés pour distinguer les propriétaires humains de ceux qui ne l'étaient pas, nous déplorons sincèrement leur malheureux sort, et déclarons à la face de l'univers, que ces meurtres ont été commis malgré nous. Il était impossible dans une crise semblable à celle où se trouvait alors la colonie de prévenir ou d'arrêter ces désordres. Ceux qui ont la moindre connaissance de l'histoire, savent qu'un peuple, fût-il le plus policé de la terre, se porte à tous les excès lorsqu'il est agité par les discordes civiles, et que les chefs, n'étant pas puissamment secondés, ne peuvent punir tous les coupables, sans rencontrer sans cesse de nouveaux obstacles. Mais aujourd'hui que l'aurore de la paix nous présage un temps moins orageux, et que le calme de la victoire a succédé aux désordres d'une guerre affreuse, Saint-Domingue doit prendre un nouvel aspect, et son gouvernement doit être désormais celui de la justice.

Donné au quartier général du Fort Dauphin, le 29 novembre 1803.

Signé : Dessalines, Christophe, Clerveaux

Ce document, traduit en anglais dès janvier 1804 en Angleterre et aux États Unis d'Amérique du Nord, portait aussi la signature de *Bienaimé, Secrétaire.* Dans le tome 3 de l'histoire d'Haïti, la signature du secrétaire n'existait pas. D'ailleurs, l'historien Madiou a écrit que ce document était *apocryphe,* donc d'une authenticité douteuse parce que, d'après son *enquête*, le général en chef Dessalines était au Cap ce jour du 29 novembre 1803. Il n'avait pas pu signer ce texte important. (70) Cette proclamation n'avait jamais cessé d'être, en fait, contestée par plusieurs groupements politiques du pays. Ce refus d'admettre la proclamation reposait sans nul doute sur la nature du contenu laquelle défiait les vrais principes du système esclavagiste.

À cette date, Saint Domingue n'était pas encore connue sous le nom d'Haïti.

Le statu quo colonial devait-il rester intouchable ?

L'union à partir de la couleur de la peau qui avait créé le drapeau et qui avait soi-disant consolidé cette armée indigène devait éclater car il n'y avait aucun projet commun de remplacement du système esclavagiste par un système économique et politique humain. Cette union était trompeuse et arbitraire. Une autre base d'entente était possible pour construire un pays nouveau dans la voie du développement. La situation était compliquée car la vraie raison restait cachée. Une autre logique idéologique, un autre concept de travail, un autre système économique et de détente politique devaient être élaborés dans le but de soutenir une théorie cohérente de liberté en dehors de toute manipulation.

Déjà, à la face de la société internationale européenne, les signataires de ce document avaient pris la précaution de justifier le comportement de certains membres de la population victorieuse par rapport aux meurtres sans distinction des propriétaires de plantation (des *blancs* ou de tous les *blancs*). Ils ne le faisaient pas pour s'excuser, ils le faisaient pour donner un sens plus profond à leur proclamation. Ils étaient des êtres humains qui avaient cherché, sans aucune cachotterie, une réponse à une situation humaine. Des erreurs *honnêtes* avaient été rapidement reconnues. Donc l'événement avait une interprétation humaine. Les signataires de ce décisif document n'avaient pas peur de le dire. La victoire était humaine. L'assurance en leur responsabilité et en leur devoir était évidente et prometteuse car une vengeance ouverte et ordonnée était indispensable. Cette déclaration n'avait pourtant pas diminué le droit et l'importance de la célébration de l'Indépendance le Ier janvier 1804 aux Gonaïves encore moins l'Acte de l'Indépendance et aussi la nouvelle proclamation adressée à la nation. Les recherches devraient continuer pour donner plus de force à l'étude et à l'analyse de ces faits *contestés*.

Que s'était-il passé durant tout le mois de décembre 1803 ?

Pourquoi une nouvelle proclamation d'indépendance en janvier 1804 ?

L'indépendance d'un petit territoire vicieusement géré par une nation dite civilisée et par des prédateurs chrétiens esclavagistes n'aurait pas dû avoir lieu. Cette indépendance fut vilipendée par d'éminents intellectuels de l'occident chrétien pour masquer leur défaite et leur fuite. Cependant, l'indépendance militaire et politique d'une population en colère qui avait souffert de tant de violence dont les excès furent justifiés par le moment, selon les chefs, fut un acquis politique extraordinaire. Le pacte colonial infâme et monstrueux avait été atteint, à la base, pour de bon. Il était définitivement menacé par des soi-disant barbares qui avaient chassé des êtres *supérieurs* de leur possession sublime. Ce *mauvais* exemple n'était pas vu de bon œil par les puissances esclavagistes chrétiennes surtout par les Etats Unis d'Amérique du Nord. Géographiquement, cette nation esclavagiste était trop proche de cette victoire planifiée et réussie par des *barbares.*

L'esprit de résistance et de vengeance de ces êtres humains enchaînés et fouettés existait donc depuis des centaines d'année, bien avant 1803, bien avant 1804. Cette victoire militaire et politique n'était pas la cause profonde de ce besoin de cassure définitive. L'abolition de l'esclavage était indispensable et elle fut acquise depuis 1793. Ces opprimés étaient des êtres humains. Ils avaient triomphé. De toute façon, la population (cultivateurs et soldats) furieuse de son passé avait exercé sa propre justice sur les routes ou à l'intérieur des plantations durant la guerre et après la victoire. La justice était rendue selon l'humeur d'une population légitimement en colère et surtout selon les besoins des chefs militaires. Les tribunaux *de droit* pour juger ceux qui avaient commis des crimes n'existaient pas. La rue n'était pas un tribunal lié à un système judiciaire légal mais était ouvertement un espace libre d'exécution de *blancs* (propriétaires) autorisé surtout par les nouveaux dirigeants. Cette dérive allait bouleverser la naissance de cette nouvelle nation. Leur épiderme incolore aidait à les identifier pour venger les milliers d'êtres humains qu'ils avaient assassinés durant toutes ces années d'esclavage. Comme les Africains étaient identifiés par la couleur de leur peau lors de leur exécution sauvage et des supplices endurés, les Européens chrétiens furent piégés par leurs propres doctrines macabres basées sur la couleur de leur peau. Ils étaient aussi les victimes de cette vengeance désirable car ils savaient qu'ils étaient les propriétaires ou non de plantation et d'esclaves. Ils avaient commis des abus et des crimes contre la main d'œuvre enchaînée.

Les *blancs,* les prédateurs français, ces bandits, étaient-ils les uniques propriétaires d'esclaves et de plantation qui avaient commis des crimes et des violences contre la force de travail ?

L'incertitude sur la déclaration de l'indépendance du 29 novembre 1803 était-elle justifiée ?

Le colonialisme occidental avait été imposé et entretenu durant toutes ces années par une infrastructure administrative et militaire puissante. Le christianisme catholique avait le monopole du contrôle spirituel de la colonie pour manipuler la force de travail (les esclaves) et la maintenir dans la déchéance et surtout dans l'obéissance. Il fallait à tout prix protéger le système économique imposé à Saint Domingue par l'Europe esclavagiste car l'économie de dépendance était une véritable aubaine pour la sauvegarde des souverainetés européennes chrétiennes.

Le gouverneur Toussaint Louverture n'avait-il pas essayé de rompre avec cette dépendance exclusive en ouvrant le marché de la colonie de Saint Domingue à l'avantage des États Unis d'Amérique du Nord et de l'Angleterre?

La France esclavagiste pouvait-elle accepter la désobéissance du général Toussaint Louverture ?

Le gouverneur de la colonie française de Saint Domingue n'avait-il pas été le premier chef d'origine africaine nommé par la France à être assassiné par la France ?

La France le considérait-il comme citoyen français au moment de sa gouvernance ?

Le traité signé avec l'Amiral Maitland était clair. Malheureusement pour Toussaint, l'Angleterre avait informé la France de la teneur de ce traité. Ce n'était pas un secret.

Une union de non Européens de naissance mais d'êtres humains qui n'avaient pas la connaissance ni l'expérience des Européens (défenseurs du christianisme et de la civilisation occidentale) encore moins leurs ressources militaires, avait eu raison de l'armée esclavagiste française. La mission de ces soldats français, en plus du maintien des êtres humains dans les chaînes, était de préserver et d'assurer avec l'usage de la force la continuité de la dépendance économique et la terreur contre les cultivateurs. La *Chambre de Commerce de Bordeaux avait publié un pamphlet bien spécifique : Les colonies appartiennent à la France. Elles sont faites pour la Métropole.* Les esclaves aussi appartenaient à la France. Ils étaient nés pour enrichir la métropole. *Montesquieu avait écrit : Le but de l'établissement (de la colonie) était l'extension du commerce de la France et non la fondation d'une ville ou d'un empire.* (71) Les esclaves ne pouvaient pas vivre dans une ville ou dans un empire. Ils devaient toujours patauger sur une plantation sans abri, sans vêtement, sans aucune attention médicale, sans hygiène. Cette politique contre la force de travail était inhumaine. Les prédateurs étaient des criminels. Les bras encore robustes des cultivateurs n'existaient que pour rendre la métropole politiquement, socialement et économiquement stable et plus riche. Malheureusement, les leaders militaires au pouvoir en 1804 n'avaient pas contesté cette *politique de boutiquiers comme Adam Smith avait appelé le pacte colonial.* (72) La réalité esclavagiste européenne allait garder sa vitalité grâce aux valets non européens du système car ils n'acceptaient pas de reconnaître leur origine africaine encore moins leur identité culturelle.

Une préparation hâtive

Le mois de décembre 1803 était donc crucial pour préparer la formation et l'émergence d'une nouvelle administration dans le but de gérer les affaires du pays. Les dirigeants militaires avaient une responsabilité économique et politique pour répondre à cet événement important. Cette situation n'avait jamais existé auparavant, pas même aux Etats Unis d'Amérique du Nord. Après leur indépendance de la Grande Bretagne, les esclaves existaient encore. Les colons anglais, au pouvoir, avaient préservé le système de l'économie esclavagiste. Dans l'histoire de leur continent, il n'y avait aucun exemple de ce genre. Il était très important de le mentionner.

Les nouveaux leaders de cette partie de l'île n'avaient aucun modèle à suivre. Ils étaient des pionniers d'un nouveau genre sur le continent. En même temps, ils étaient des ignorants du mouvement de la monnaie et de la *chose* politique internationale telle que définie par les prédateurs de l'occident chrétien. Cependant, ils avaient appris à *courber l'échine* depuis des centaines d'année dans un système sauvage. (73) Ils avaient été formés par leurs bourreaux pour les imiter aveuglement en fouettant la force de travail enchaînée, en traquant et en se mesurant militairement aux insurgés que la société internationale européenne chrétienne appelait des bandits, des Africains. Ils étaient moulés dans le système de la violence et de la dépendance économique. Ils n'avaient pas appris à combattre le mépris de l'occident contre leur nature dite inférieure. Ils n'avaient jamais osé dénoncer les mensonges de l'occident.

Devenus responsables politiques et militaires de ce territoire, sans la supervision officielle de leurs anciens maîtres, ils devaient organiser une politique différente pour le bonheur du peuple laquelle devait abolir toutes les résolutions coloniales toujours en vigueur et les changer.

En fait, ces hauts gradés allaient administrer l'assiette économique de la nation. Les habitations, le commerce, le trésor publique, l'agriculture, l'éducation, la santé et les citoyens devaient être contrôlés par les chefs. Après le massacre général des Français, rien n'empêchait à ces leaders de défendre leurs intérêts personnels et de protéger le statu quo colonial. Les nouvelles lois tardaient pour aider la population à s'épanouir. Les déclarations d'intention étaient accompagnées par la force militaire. La hiérarchie de l'épiderme allait revivre ou mieux continuer et s'imposer définitivement sur l'échiquier national quant à la propriété de la terre et à la gestion du territoire. Les dirigeants militaires avaient effacé sans aucune explication la première proclamation d'indépendance du 29 novembre 1803. La société dominante était heureuse.

Les chefs militaires et l'élite économique et politique avaient beaucoup de décisions sérieuses à prendre pour changer et améliorer la situation de l'homme social libre qui avait sacrifié sa vie sur les plantations et surtout durant la guerre. Durant ce mois de décembre 1803, les signataires de ce premier document ne paraissaient pas paniqués. La Proclamation du 29 novembre était une démonstration de leur solide assurance. Il n'y avait ni doute, ni hésitation, pas même la crainte d'avoir la responsabilité d'une ancienne colonie afin de la conduire vers l'inconnu ou vers le changement pour le bonheur de ceux qui avaient tant souffert durant toutes ces années d'humiliation, de terreur, d'oppression et de mauvais traitements.

La lettre de Dessalines à Jefferson avait déjà confirmé cette situation. Face à la réalité chaude du moment, les dirigeants de cette victoire militaire devaient choisir : le statu quo colonial ou le développement durable. (74) Il fallait une vision pour défendre cette victoire.

Les cultivateurs, les rebelles et les soldats, victimes de ces chefs durant ces dernières années, n'avaient pas compris que ces dirigeants avaient beaucoup de difficulté pour changer leur train de vie occidental, leur admiration du système économique basé sur le profit. Ils pensaient déjà en Européens, en bandits occidentaux. Ils défendaient l'église chrétienne catholique. Ils admiraient le Dieu des chrétiens. Ils étaient persuadés que le *sang qui coulait dans leur veine* était donc un *sang occidental.* Ils n'avaient qu'à y croire pour parler de leur *noble origine européenne*, pour se vanter d'être occidental. Ils étaient intoxiqués par les *valeurs occidentales* et aussi par les crimes que l'occident commettait. Ils étaient donc différents, supérieurs aux anciens hors la loi, aux anciens rebelles (ces *bandits* d'origine *africaine* et même aux petits soldats (ces va-nu-pieds) puisqu'ils n'avaient pas eu l'intelligence d'usurper le nom du maître et de sauter sur les plantations abandonnées ou vacantes. Ils se cachaient dans les bois pour subvenir à leurs besoins sur des terres non encore réclamées par les commandants. Ils étaient donc inférieurs pour être mieux dénigrés. Ils devaient rester inférieurs puisqu'il fallait aux chefs et à la société dominante une main d'œuvre rabaissée et toujours vulnérable. Ils n'avaient pas d'ancêtres. Ils devaient vivre sans identité et sans histoire.

Il aurait fallu un véritable et sincère recul á ces chefs militaires pour se questionner par rapport au devenir de la nouvelle nation.

Ce recul n'était-il pas indispensable ?

Que s'était-il passé durant le mois de décembre 1803 pour une volteface aussi expéditive et drastique dans la présentation de la proclamation du Ier janvier 1804 ?

Un mois après la première déclaration d'indépendance, le premier jour de la nouvelle année, la société dominante s'était donnée rendez-vous à la ville des Gonaïves. Le général en chef, Jean Jacques Dessalines, accompagné de son Etat-Major, s'adressait aux soldats et à la population pour leur annoncer en termes clairs et précis la nouvelle gouvernance pour leur bien-être. Il profitait de ce moment pour célébrer en grandes pompes cette importante victoire militaire et politique.

Alors Boisrond Tonnerre lut, par les ordres du général en chef, la proclamation adressée à la Nation :

Le GÉNÉRAL EN CHEF Au Peuple d'Haïti.

La deuxième proclamation changeait de titre et de ton. **Au nom des Noirs et des Gens de Couleur** avait disparu. Le général en chef s'adressait directement au **Peuple d'Haïti**. Boisrond Tonnerre était le rédacteur de la proclamation. Il avait reçu des instructions formelles du commandant en chef pour faire vibrer la nation entière à partir de la ville des Gonaïves.

La *dignité première* de la déclaration d'indépendance du 29 novembre 1803 n'était pas mentionnée. *La question de l'épiderme* n'était plus au centre de cette proclamation de 1804. Le ton aussi avait changé. Les crimes n'étaient pas excusés. La vengeance était reconnue indispensable pour donner une leçon à tous ceux qui avaient l'intention de mettre les pieds sur ce territoire en tant que *maîtres*. Cependant les maîtres d'hier étaient toujours présents car ils géraient encore et toujours les produits d'exportation et d'importation. Ils étaient des agents indispensables aux vendeurs et aux acheteurs. Ils étaient tolérés par le pouvoir des chefs militaires. Ils fixaient les prix des marchandises et le coût du transport. (75)

Les mortels étaient-ils égaux en 1492 sur la surface du globe ?

Christophe Colomb et ses mercenaires de l'occident chrétien n'avaient-ils pas débarqué sur l'île avec la croix et avec l'épée ?

N'avaient-ils pas massacré des milliers de Tainos pour s'accaparer de la terre et de ses ressources ?

N'étaient-ils pas des bandits, des criminels ?

Les chefs militaires non européens de l'ancienne armée coloniale avaient fait un terrible choix. Ils s'étaient déviés de l'entente qui avait eu lieu entre les insurgés de 1791 (les *bandits*) qui n'avaient jamais déposé leurs armes depuis le cri de ralliement de Bookman et les membres de l'armée coloniale qui s'étaient désolidarisés de la France esclavagiste. Ils avaient décidé, pour plaire probablement à la société internationale européenne chrétienne, de continuer le système de la dépendance économique de ce territoire endommagé par des années de terreur et d'esclavage. Le statu quo colonial fut préservé (de façon mitigée) par les dirigeants de la nation. Les bénéficiaires du système esclavagiste n'avaient pas attendu longtemps (un mois) pour jouir, de façon légitime, avec la bénédiction d'un pouvoir oppressif, des ressources du territoire, du travail de la force de travail. Ils avaient profité du sacrifice de la population durant la guerre de libération.

Le passé de ce pouvoir colonial était encore récent. Les cultivateurs et les soldats l'avaient encore en mémoire. Pourtant le drapeau bleu et rouge était déjà créé à l'Arcahaie en 1803 lors de la rencontre officielle des généraux non européens pour imposer la fiction de l'épiderme. Ils avaient choisi volontairement de combattre l'armée des esclavagistes et surtout de rompre avec cette cruelle domination. Le drapeau tricolore qui représentait la France esclavagiste était aussi l'emblème de l'ancienne armée coloniale. Saint Domingue appartenait encore à la France. Ce même tricolore signifiait aussi un troublant symbole pour confirmer l'invention mal fondée d'un des piliers du système imposé par l'occident chrétien : celui de la hiérarchie de l'épiderme. Les Européens civilisés avaient renforcé ces concepts en Europe et dans toutes leurs colonies en Amérique et plus tard lors de la colonisation de l'Afrique. Les officiers non européens membres de l'armée coloniale comme Toussaint, Rigaud, Beauvais, Christophe, Vilatte, Dessalines, Pétion et les autres utilisaient aussi ce drapeau tricolore ainsi que le concept de la hiérarchie de l'épiderme. Leurs chefs étaient Laveaux, Hédouville, Toussaint puis Leclerc. Ils travaillaient à ce moment pour garder la colonie comme fait français. Leur promotion officielle dans l'armée coloniale par la France esclavagiste exigeait à ces dirigeants militaires de défendre le drapeau tricolore, la France esclavagiste contre tous ses ennemis, de combattre les rebelles cultivateurs et de rétablir l'agriculture afin de renflouer les finances de la France esclavagiste.

Le *blanc* de ce drapeau représentait les colons prédateurs ou les *blancs français* (grands et petits). Le *rouge* représentait les *hommes de couleur* ou affranchis et même les *affranchis noirs* d'après la formule de Pierre Buteau. (76) Le *Bleu* représentait les esclaves (les *noirs)*, les pauvres ou encore mieux les Africains d'origine. Cette opinion qui ne reposait que sur le désir d'exploiter une force de travail enchaînée était terrible. Pourtant cette idée avait une *grande* portée politique et sociale. Elle fut admise comme un fait heureusement non scientifique mais qui invitait à des prises de position violentes même sauvages. Elle était acceptée dans toutes les couches sociales de la société européenne internationale chrétienne. Ce mythe récalcitrant ne reposait que sur des attitudes arrogantes accompagnées par la force. Le *racisme culturel* créé par l'occident chrétien devait rester en vie de façon permanente pour humilier et détruire les communautés humaines et surtout la nouvelle société haïtienne. La France esclavagiste avait non seulement violé le décret d'abolition de l'esclavage en le manipulant en un frauduleux décret d'émancipation des noirs mais cette même France esclavagiste avait diabolisé les insurgés et leur mouvement insurrectionnel. Tout cela avait été élaboré pour imposer la politique de discrimination et de division dans la colonie.

Dessalines, en arrachant la couleur *blanche* de ce tricolore, avait créé un nouveau drapeau pour symboliser la volonté et la détermination des officiers et des soldats de se désolidariser de la France esclavagiste, des *blancs* et de l'armée coloniale. Le premier drapeau officiel de la nation fut conçu par le général en chef Jean Jacques Dessalines assisté du général Alexandre Pétion et d'autres chefs militaires. Les rebelles appelés hors la loi ou bandits avaient déjà pris ces dispositions pour s'identifier depuis des années. Les hauts gradés et les petits soldats qui entouraient le général en chef avaient tous accepté ce changement et cette décision pour mettre sur pied ladite armée *indigène.*

D'abord, il fallait éteindre la flamme de l'insurrection de 1791 et faire oublier le serment du Bwa Kayiman ainsi que les vraies revendications des rebelles. Ensuite, il fallait passer sous silence les activités de ces militaires au service de la France esclavagiste dans l'armée coloniale. Ils prétendaient après l'entente qu'ils voulaient combattre les soldats de l'armée expéditionnaire. Ce drapeau *bleu et rouge* (les Noirs et les Gens de couleur suivant les concepts frauduleux des civilisés occidentaux) (les Nouveaux libres et les Anciens libres suivant les idées mal fondées des intellectuels et des hommes politiques post coloniaux) devait représenter aussi le symbole de la rupture économique, politique et sociale avec les colons prédateurs, avec le colonialisme et avec la France esclavagiste. Les teintes épidermiques représentaient, d'après le jargon de l'occident chrétien, les éléments fondamentaux de la lutte contre l'esclavage. Le bleu et le rouge se manifestaient contre le blanc. Le combat contre la terreur esclavagiste était une confrontation contre la teinte épidermique des prédateurs européens esclavagistes.

Les occidentaux et leurs valets voulaient faire croire que l'institution esclavagiste n'était pas en cause, que l'humiliation des êtres humains enchaînés n'était pas en cause, que les crimes commis sur les terres n'étaient pas en cause, que le christianisme catholique présent dans la colonie n'était pas en cause.

De toute façon, le drapeau Bleu et Rouge flottait sur la partie ouest de l'île en janvier 1804 pour provoquer le questionnement des puissances esclavagistes et aussi leurs colères qu'elles croyaient légitimes. Il était, en fait, le symbole du triomphe militaire de soldats non européens et de cultivateurs d'origine taino ou africaine qui avaient refusé de vivre dans l'esclavage. Il était aussi le symbole du changement du pouvoir politique que devait pratiquer une population non européenne qui avait vécu sous le joug de la plus grande puissance de l'occident chrétien à l'époque. Cet affrontement utile était un combat nécessaire contre le système esclavagiste. La guerre totale avait inventé ses propres combattants et ses propres dirigeants militaires. Une nation faisait son apparition sur l'échiquier mondial. Le principe de l'indépendance allait être mis en branle dans l'ancienne colonie. Une prise en charge était indispensable pour s'attaquer aux défis de la nouvelle gouvernance : l'alimentation, le travail, l'instruction, le logement, les institutions nouvelles etc….

L'institution esclavagiste imposée par l'occident chrétien allait-elle être questionnée pour un changement réel ?

Pourtant le drapeau bleu et rouge, ce symbole de rupture, était lui aussi sujet à de fortes contestations basées sur ces mêmes fictions. Il allait refléter très astucieusement le conflit négatif inventé par l'occident chrétien suivant la classification ridicule des teintes épidermiques dans la colonie. En arrachant le *blanc* du drapeau tricolore français, les généraux avaient conservé ces mêmes concepts lesquels envenimaient certains tiraillements parmi les corps dirigeants de l'affrontement contre l'armée expéditionnaire esclavagiste. Cependant, plusieurs groupes de rebelles armés, appelés *hors la loi ou Africains,* qui s'étaient donnés leur propre liberté malgré la vigilance des soldats inféodés à l'administration française, avec comme chefs Sylla, Petit Noel Prieur, San souci, Lamour Dérance et tant d'autres s'identifiaient avec des drapeaux aussi allant du Noir et Rouge, du Bleu et Rouge, du Noir ou du Jaune et Blanc. Les arguments émotionnellement intéressés des dirigeants et des intellectuels moulés par le système de l'économie de dépendance et de la hiérarchie de la couleur de la peau allaient du Bleu et Rouge au Noir et Rouge après la publication de la Constitution d'Haïti de 1805 pour déstabiliser la nouvelle nation afin de perpétuer cette fiction ridicule de l'occident chrétien. Ils devaient manipuler à leurs avantages les cultivateurs restés misérables, sales et vulnérables.

En adoptant ces concepts frauduleux, les chefs militaires s'associaient à la culture de l'occident chrétien. Ils avaient été au pouvoir depuis 1795 pour défendre et pour protéger les intérêts des *colons blancs*, de la classe dominante européenne et du désir de copier les manières de leurs maîtres et de leurs anciens bourreaux. Comme avait écrit Mentor Laurent, *Les noirs qui jusqu'à présent ont le mieux combattu les révoltés se joignent à eux ; ils abandonnent les B. qu'ils croyent trop faibles pour les protéger, ce qui est très malheureux.* (77) Les B. voulaient dire les Blancs. Ils n'avaient pas trahi l'armée coloniale commandée par

Leclerc par conviction idéologique. Ils avaient trahi les *blancs*. En fait, ils ne voulaient pas perdre leurs avantages économiques et leur pouvoir politique. Ils avaient peur d'être battus par les cultivateurs rebelles. Il était évident que cette union était faussée au départ, implantée sur une véritable moquerie des cultivateurs *insurgés* et des cultivateurs travaillant sur les plantations. Les anciens membres de l'armée coloniale étaient restés attachés à l'administration coloniale et à leurs commandeurs européens. Leurs intérêts personnels étaient plus importants que le bonheur de la population. Leurs privilèges économiques, politiques et sociaux primaient. (*C'était un grand malheur puisque les B. ne pouvaient plus les protéger*. Quel terrible aveu de la société dominante.)

Quelle protection les B. donnaient aux militaires non européens de l'ancienne armée coloniale ?

Qui les menaçait ?

Durant le mois de décembre 1803, l'influence spirituelle et politique de la société internationale européenne avait gardé tout son pouvoir et toute sa force dans la colonie. L'absence de ses représentants officiels n'avait pas diminué les effets de ses directives discriminatoires. La puissance économique des prédateurs de l'occident chrétien qui avaient toujours contrôlé le mouvement de la monnaie ainsi que le mouvement des produits exportables sur le territoire n'avait pas changé. (78)

L'observation, le questionnement et la détermination pour une vision de développement durable n'existaient pas. Les prédateurs chrétiens avaient élaboré de vicieuses légendes pour mater leur source de main d'œuvre. Les chefs militaires qui avaient décidé d'écarter la force de travail étaient une garantie pour leurs intérêts économiques. Les cultivateurs rebelles, après la victoire, n'étaient que de simples spectateurs éblouis par les habits chamarrés des leaders militaires. Leur longue histoire de lutte, même leur droit d'avoir obtenu leur liberté totale en 1793, furent donc abandonnés, évanouis. La France esclavagiste avait renoncé puis violé sa propre décision d'abolir l'esclavage. Des hommes puissants avaient approuvé le décret *d'Émancipation des Noirs* pour garder la force de travail sur les plantations esclavagistes. Leur sacrifice n'était pas du tout archivé. Tout fut effacé délibérément. Ils devaient rester soumis à la classe dominante. Les rares intellectuels n'avaient retenu que les prouesses de quelques Haut-Gradés de l'ancienne armée coloniale et des soldats qui chantaient une loyauté aveugle à ces chefs, ces demi-dieux. Les insurgés de 1791 et les petits soldats n'étaient pas des héros.

Le contour politique de cette double proclamation qui allait conditionner cette célébration devait contribuer à l'instabilité de la nation naissante. Des réponses claires à cette mascarade étaient, en fait, indispensables. La première proclamation avait bouleversé le statu quo colonial imposé par la France esclavagiste. Les signataires de ce document à un moment crucial de la vie d'un peuple qui avait lutté pour sa liberté et pour son lopin de terre le savaient. Il était clair par la suite que ce texte de grande valeur politique fut nié par les signataires et par la société dominante parce que ce n'était qu'une manipulation politique dans le but de ne pas dire la vérité. Les enjeux de cette guerre et de ces conséquences étaient volontairement masqués. Le système économique basé sur le profit et sur les inégalités n'était pas mentionné. Cette manœuvre politique était une arme efficace pour détourner les cultivateurs de leurs revendications essentielles. Le pacte colonial n'était pas menacé. Il fut maintenu pour faciliter l'enrichissement des nouveaux chefs.

Pourquoi une deuxième proclamation le Ier janvier 1804 ?

Pourquoi ce revirement politique un mois après la publication de la première proclamation ?

Les cultivateurs et les soldats étaient-ils, après la victoire, de véritables pantins exposés aux besoins de cette nouvelle *élite* ?

La vraie nature de ces proclamations avait-elle été maquillée par les mêmes esclavagistes européens ou par des magouilleurs non européens ?

Les cultivateurs rebelles et les soldats n'avaient-ils pas été victimes de cette confusion ?

Cette confusion était-elle intentionnelle ?

À la veille de l'indépendance, le territoire libéré était une opportunité d'enrichissement personnel, une course pour s'accaparer des plantations vacantes. Les signataires de l'Acte de l'Indépendance allaient célébrer rapidement cette double victoire militaire et politique pour maintenir le régime de propriété esclavagiste. Ils allaient rafler les terres de la partie ouest de l'île à leur seul profit. Ils avaient le pouvoir absolu. Ils s'étaient auto-proclamés les uniques héros de cette stratégique victoire militaire. Ils avaient des armes et des munitions. Tout leur appartenait de droit et de fait. Avec la Constitution de 1805, de nouvelles lois allaient être promulguées pour forcer les cultivateurs de retourner sur les plantations où ils étaient opprimés avant la victoire. Pour la société politiquement et économiquement dominante, la nation en avait besoin.

Le pays avait perdu sa première chance pour un questionnement humain avec la participation de tous. La réalité politique fut totalement bafouée. La mutilation des événements de l'histoire de cette nouvelle nation par les domestiques de l'occident chrétien était clairement imposée et acceptée comme un monument d'État qu'il fallait honorer et applaudir. Les chefs étaient fiers d'impressionner par leurs mensonges, par leur bassesse et par la destruction des valeurs d'une population qui voulait des changements pour améliorer sa vie quotidienne. L'usage de la force comme au temps des esclavagistes européens allait primer pour accéder au pouvoir, au trésor public et s'y maintenir.

La rupture était-elle envisagée en1791 avec la révolte des cultivateurs ?

La rupture était-elle indiscutable lors de l'abolition de l'esclavage en 1794 par la *Convention* Nationale Française?

La rupture était-elle réelle à partir du Ier janvier 1804 ?

Il était clair que les signataires de l'Acte de l'Indépendance n'étaient nullement favorables à travailler honnêtement pour l'épanouissement de la population. Le système économique basé sur le profit et sur les inégalités sociales et politiques n'allait pas changer. La pensée coloniale avait influencé leur comportement de chefs omnipotents. Ils étaient marqués par leur passé comme membres de l'armée coloniale. Ils étaient des privilégiés honorables et décorés par la France esclavagiste. Ils avaient défendu ardemment l'identité française, les valeurs françaises, le christianisme catholique, les lois françaises.

La Célébration

Le Ier janvier 1804, le drapeau Bleu et Rouge flottait aux Gonaïves et dans tous les départements militaires du pays. Les dirigeants s'étaient réunis dans cette ville pour la grande célébration de l'Indépendance : cette sacrée victoire militaire, cette nécessaire *rupture* avec l'institution esclavagiste. Le général Dessalines n'avait pas contesté ces couleurs qui identifiaient le territoire comme nation indépendante, puisqu'il avait créé le drapeau de l'armée indigène de ses propres mains en mai 1803. Pour certains historiens, le drapeau avait été créé depuis février 1803. De toute façon, le drapeau bleu et rouge fut accepté en janvier 1804 comme l'emblème national. Les généraux ne l'avaient pas boudé car il était la conséquence d'une lutte sanglante à la suite d'un accord politique et militaire. Les cultivateurs rebelles et les soldats étaient restés muets et indifférents. Ils jubilaient parce qu'ils se croyaient *libres*. En fait, ils étaient libres. La population (cultivateurs et soldats) était habituée au drapeau bleu et rouge depuis la rencontre des militaires à l'Arcahaie. Elle l'avait vu flotter partout où passaient les combattants. Les bandes bleue et rouge étaient le symbole de sa volonté de lutter contre le système esclavagiste et de rompre avec ses pratiques déshonorantes et sauvages. Ce drapeau avait symbolisé son importante victoire.

Le droit du peuple à la célébration était tout à fait normal. La rupture avait officiellement commencé avec la création rageuse du drapeau bleu et rouge. La bande blanche du drapeau tricolore de l'armée française avait été arrachée avec une grande détermination politique.

La guerre dans la colonie avait de grandes conséquences. La victoire militaire et politique avait aussi de grandes exigences. Les conditions de cette rupture étaient attendues. La population avait de multiples besoins qu'il fallait satisfaire et la situation économique était très grave. Cette liberté tant recherchée devait être mise en branle dans le but de faire vibrer l'homme social avec un autre concept de travail et un autre concept de société. De nouveaux rapports de production devraient être établis afin d'être profitables à la nation et à l'homme social libre. Le régime foncier devait être questionné et repensé. Un autre processus social était indispensable dans le but d'organiser d'autres relations entre l'homme social et la nature, entre l'homme social et la nouvelle nation, entre l'homme social et la production agricole, la source économique de la nouvelle nation.

Les cultivateurs rêvaient déjà de leur lopin de terre comme seule garantie de leur dignité et de leur liberté, pour être maitres de leur production agricole et de leur quotidien. Il fallait les intégrer dans un processus clair pour générer une nouvelle société avec d'autres rapports humains.

Malheureusement la société dominante chrétienne post coloniale de la nouvelle nation avait déjà oublié Boukman, le serment du Bwa Kayiman et les cultivateurs rebelles. En fait, elle s'en moquait. Il fallait rejeter définitivement la *sauvagerie africaine.* Elle avait fustigé leur conception parce qu'ils avaient voulu renouer avec leurs ancêtres, avec les divinités de leur communauté d'origine, parce qu'ils avaient rejeté *le dieu blanc, les anges blancs et la littérature des blancs* qui avaient volontairement assisté les colons de l'occident chrétien pour imposer l'esclavage et ses horreurs.

L'intérêt commun n'existait donc pas. La *cause commune* avait disparu. La solidarité citoyenne était, au départ, contrariée. Entre les acteurs qui avaient défendu le fait français pendant des années et les cultivateurs rebelles autrefois traqués par ces mêmes acteurs, il y avait un déficit énorme de crédibilité, une grande méfiance, une distraction négative de personnalité. Ce fossé était profond, presqu'infranchissable. Il avait été construit par les colons propriétaires de plantation et d'esclaves et par l'administration coloniale française.

De toute façon, les cultivateurs rebelles avaient déjà gagné leur première victoire avec la Proclamation de la liberté générale des esclaves du 29 septembre 1793 par le commissaire civil Sonthonax. La Convention Nationale Française n'avait fait que la ratifier. Malgré tout ce succès obtenu de haute lutte, ils continuaient à revendiquer leur espace agricole. À ce moment de leur victoire, ils devaient s'imposer et saisir ce droit. Ils devaient occuper leur lopin de terre sans attendre un geste en leur faveur de la branlante administration du gouverneur Laveaux. Cette hésitation leur fut défavorable et surtout funeste.

Le système de l'économie de dépendance allait-il être questionné pour l'adoption d'un autre système économique approuvé par la collectivité visant le développement durable du pays nouveau?

La dépendance économique et politique était-elle encore dans l'objectif de la France, des États Unis d'Amérique du Nord, de l'Angleterre, de l'Espagne : ces empires esclavagistes ?

Comment le nouveau pouvoir formé d'hommes aguerris allait-il s'y prendre pour dominer cette dégradante et discriminatoire infrastructure et la changer dans le sens de l'épanouissement économique et social de la population?

Le système économique, politique et social basé sur la discrimination, les inégalités, la violence et surtout l'exclusion allait-il compromettre l'avenir de cette nouvelle nation ?

Les prédateurs de l'occident chrétien avaient débarqué dans la Caraïbe les mains *vides*. Ils étaient à la recherche de ressources pour stabiliser économiquement leur pays et leur continent. Ils avaient inventé toutes sortes de faussetés pour accaparer les richesses des territoires convoités. Ils avaient la force. Ils avaient des armes offensives. Ils étaient prêts et déterminés. Ils avaient tout planifié même le massacre des populations. L'occident chrétien dépendait de ces hommes armés, expérimentés dans ce genre de confrontation pour mettre à dessein leur plan de rapine et d'escroquerie.

L'idéologie coloniale, à peine formulée, allait faire son bout de chemin accompagné par des moyens très musclés comme la croix et l'épée pour l'installation d'une nouvelle politique économique sur les territoires conquis : la dépendance économique des terres occupées militairement et spirituellement. Les prédateurs, après la conquête, avaient affaibli le pouvoir exécutif des autochtones jusqu'à sa disparition. Ils avaient, avec violence, détruit leur économie harmonieuse, leur humanité, leur culture et leur façon de vivre qu'ils considéraient primitives. Pour organiser la dépendance économique de leur dite *possession* et la gérer, ils avaient inventé un système de contrôle basé sur l'usage de la terreur avec un pouvoir militaire sophistiqué et un pouvoir spirituel manipulateur et aussi trompeur.

En fait, ces conquérants de l'occident chrétien ne pouvaient pas dire la vérité. Leurs réelles intentions sur l'île ne devaient pas être connues des victimes qu'ils avaient réduites en esclavage. Les Indigènes n'avaient pas compris au départ que ces hommes étranges étaient présents pour voler les ressources du territoire, pour diaboliser et pour massacrer ceux qui refusaient de collaborer. Ces natifs n'avaient pas donné la même importance à ces richesses naturelles comme ces escrocs accordaient à ces ressources convoitées. Ils ne subissaient que les conséquences de ce système dangereux et obscur. La transparence était absente de la part des conquérants chrétiens. Ils ne voulaient pas donner aux opprimés la possibilité d'être imbus de leur faiblesse. L'Europe occidentale n'avait pas ces ressources ni ces richesses. Ils exigeaient de ces *naïfs* de l'île toute révélation concernant l'emplacement de ces biens naturels. L'usage de la force n'était pas exclu pour les soumettre. Ils avaient fabriqué l'ennemi pour provoquer la guerre. L'affrontement armé était même recherché pour les affaiblir. Ils avaient vendu leur concept de *guerre juste* aux membres de leur communauté. Ils avaient justifié les atrocités contre des êtres humains avec de sordides prétextes, avec d'horribles mensonges. Le bouleversement du territoire leur était tout à fait indispensable. La vie coloniale n'était pas organisée pour assurer un avenir humain aux conquis.

Comme esclaves, ils ne devaient pas en avoir. Seuls leurs bras robustes avaient de l'importance car ils étaient collés au travail de la plantation pour satisfaire les prédateurs de la société internationale européenne et les colons non européens.

Les forces militaires en présence, après la défaite de l'armée esclavagiste française, étaient ouvertement représentées par leur teinte épidermique malgré la proclamation de novembre 1803. La fiction des couleurs de la peau symbolisée par le drapeau bleu et rouge, créée pour combattre l'armée esclavagiste française chrétienne était conçue à partir de ces mêmes concepts manipulateurs et malsains imposés par les malfaiteurs chrétiens de l'Europe occidentale. Ils avaient, en plus, la force des armes. L'impact négatif de la politique des esclavagistes était maintenu sans explication pour marquer leur pouvoir absolu et la transcendance des dirigeants de la nation. Le gouvernement contrôlé par des hommes aguerris et braves en était malheureusement tâché.

Les structures coloniales n'avaient envisagé que le *droit d'un pouvoir discriminatoire et fort.* Les débuts de la nation indépendante subissaient encore l'emprise de l'idéologie esclavagiste. La guerre totale n'avait pas détruit toutes les ressources physiques et humaines du territoire. La grande plantation coloniale avait survécu au bénéfice des propriétaires non européens, (les dirigeants militaires de l'ancienne armée coloniale). La main d'œuvre (hier esclave) était restée servile. La société civile ne se plaignait pas. Les cultivateurs rebelles n'avaient plus de leaders. Ils avaient été tous assassinés par les dirigeants militaires non européens de l'armée coloniale : les leaders de l'armée dite *indigène.*

L'agriculture avait rebondi mais sans grand intérêt avec l'application du *caporalisme agraire* au profit de la France. Les cultivateurs n'avaient pas bénéficié de ce système agricole. Les produits d'exportation et d'importation étaient encore exploités pour le marché des puissances esclavagistes tout en enrichissant les anciens colons et les nouveaux propriétaires non européens.

L'appartenance de ces leaders supérieurs et omnipotents à une classe sociale basée sur des rapports de production esclavagistes avait été volontairement dissimulée afin de manipuler et de maintenir l'homme social libre dans la même déchéance connue durant l'époque coloniale. Il ne fallait pas signaler leur présence au pouvoir comme propriétaires de plantation et comme anciens propriétaires d'esclaves quelle que fût leur teinte épidermique. Il fallait piéger les cultivateurs avec le concept social et politique d'anciens (les mulâtres) libres et des nouveaux (les noirs) libres. Cette politique stupide n'expliquait nullement la question des rapports de production et n'envisageait pas les nouveaux rapports de force. Les clans de cette classe sociale privilégiée brandissaient un étendard bleu et rouge pour vanter cette particulière souveraineté qui leur permettait de garder leurs privilèges.

Par contre, il était difficile dans cette ambiance de réjouissances tout à fait euphoriques d'inventer un concept de société capable de s'imposer dans le cadre de cette nouveauté politique, d'après les intellectuels de l'époque. L'indépendance n'était peut-être pas *comprise* dans le sens d'une rupture totale avec l'esclavage ou d'un changement qualitatif vers un certain dépassement de soi. La question épidermique primait pour détruire avec acharnement le mouvement des cultivateurs rebelles et pour ignorer leur accomplissement car ils n'avaient jamais déposé leurs armes. Ils avaient lutté pendant des années contre l'armée *esclavagiste* française composée surtout de non européens.

Et, après l'indépendance, il était difficile de leur enlever les armes. Il fallait un subterfuge politique. Les dirigeants les faisaient croire qu'il était important pour eux de garder leurs armes au cas d'un retour des Français (des blancs). Malheureusement, d'après les nouveaux décrets pris sans leur consentement, ils devaient retourner aux habitations ou ils travaillaient avant la victoire pour le développement de la culture de produit d'exportation. Il fallait faire plaisir aux anciens propriétaires et aux nouveaux dirigeants avec le même concept de travail en pratique depuis l'esclavage. Certains hommes influents et certains historiens allaient incriminer les Anciens Libres comme les responsables exclusifs du maintien du *statu quo colonial.* Pourtant tous les généraux au pouvoir en bénéficiaient.

Le pacte colonial imposé par l'occident chrétien depuis la conquête de l'île était un privilège que la France esclavagiste exploitait sans arrêt pour leur seul bénéfice. Le gouverneur Toussaint Louverture avait tout fait pour essayer de contourner cette dépendance exclusive en ouvrant le marché de la monnaie et de la production agricole à d'autres puissances esclavagistes. La force de travail n'en bénéficiait pas. Elle restait exclue.

Le responsable de l'armée expéditionnaire française avait pour devoir aussi de maintenir cet odieux pacte colonial au profit de la France. Les nouveaux dirigeants avaient continué ces échanges au profit de la France grâce aux agents métropolitains qui contrôlaient le marché des produits d'exportation. Ils avaient aussi profité de la politique de Toussaint en négociant surtout avec les États Unis *d'Amérique* du Nord. La loi du 28 février 1806 n'avait pas mis fin à ce trafic. Elle était simplement diplomatique car Haïti était, en fait, approvisionnée par ce pays tant pour les armes et munitions que pour la farine. (79) Le citoyen des États Unis d'Amérique du Nord, Jacob Lewis, était le promoteur de ces transactions illicites et le fournisseur de ces produits. L'indignation de Napoléon Bonaparte ne suffisait pas pour arrêter l'approvisionnement des *brigands et des Africains* par les commerçants des États Unis d'Amérique du Nord. Ce même Jacob Lewis allait plus tard transporter des armes, des munitions et des soldats haïtiens pour alimenter les armées de Bolivar et de Miranda au nom des gouvernements.

L'homme social ne devait plus être un esclave, encore moins une chose après l'indépendance. Il n'était plus un homme social libre sujet d'un roi omnipotent qu'il ne connaissait pas et qui était installé sur un autre continent. En luttant, il avait choisi de devenir un citoyen avec l'espoir d'une nouvelle vision de la vie. L'homme social, cultivateur ou soldat ou planteur, avait gagné légitimement sa souveraineté et sa *dignité* sur le champ de bataille avec tous les honneurs. Il avait droit à une existence humaine et digne. Il avait choisi d'être un citoyen avec le droit et le devoir de participer à la chose publique. Dessalines et les dirigeants militaires allaient tout simplement l'ignorer car cet homme social n'avait plus de dirigeants comme Lamour Dérance ou Petit Noel Prieur pour prendre sa défense. Les leaders rebelles étaient assassinés et la vile propagande basée sur toute sorte de discrimination avait réussi à tuer leurs revendications. Leur comportement docile, leur manque de vision économique et de détermination politique avaient eu le dessus. Ils allaient croire et obéir aux nouveaux maîtres, aux nouveaux chefs. Une culture de soumission leur fut imposée depuis ces années d'esclavage.

Dans le département de l'Ouest, par exemple, la vie mondaine avait de puissants meneurs comme les généraux Germain Frère et Alexandre Pétion. *Bien sûr, ce climat de joie débordante et de plaisir frénétique n'est que la conséquence du défoulement bénéfique d'un peuple que le joug des anciens maîtres et les horreurs de la guerre ont longtemps terrorisé.* (80) Durant ce *défoulement frénétique*, personne ne parlait du quotidien des cultivateurs (de leurs besoins) encore abandonnés sans hygiène, sans logement décent, sans instruction académique, sans aucun soin de santé. L'indépendance n'était pas pour les cultivateurs et pour les petits soldats. Ils n'avaient pas de vie mondaine. Ils ne dansaient pas au rythme des chansons françaises comme ceux qui dirigeaient la nation. Ce brave peuple, ces *gens-là,* ne méritait absolument rien. Ce silence, concernant leurs multiples besoins, était affreux, malveillant et cruel. *L'attitude* des dirigeants était vraiment monstrueuse. Le mépris des plus vulnérables était abominable. Seul le pouvoir absolu et le trésor public les intéressaient.

L'indépendance des genres d'Haïti giflait avec violence l'histoire du monde civilisé. Elle déchaina la peur, l'indignation, l'hostilité : symphonie lugubre , malheureusement troublée par les interruptions du commerce américain qui, sans hésitation, s'aligna sous le drapeau de ses intérêts. Les anciennes lois prohibitives, le vieux pacte colonial, avaient péri dans les buchers de Saint-Domingue. Les négociants des États-Unis se réjouissaient à la pensée qu'Haïti, suivant sa vocation naturelle, les remettrait les soins de sa subsistance matérielle. (81) Le drame du cruel pacte colonial était un système imposé par la classe dominante pour la classe dominante depuis la présence des prédateurs européens. La victoire sur l'armée expéditionnaire esclavagiste devait pouvoir changer le régime foncier, le concept du travail et surtout le concept des rapports de production pour le bonheur des travailleurs. Pourtant, les dirigeants militaires, les propriétaires de plantation et les négociants ne se souciaient pas du bonheur du peuple. Le *vieux pacte colonial n'avait pas péri*. Au contraire… ! Un autre pacte colonial allait prendre naissance.

Le pacte colonial allait-il changer de défenseurs ou de maîtres ?

La nouvelle classe dominante était-elle satisfaite du maintien de ce genre d'échange ?

En 1804, le Ier janvier, *Boisrond Tonnerre lut l'Acte de l'Indépendance, au nom de Dessalines,* sur la place des Gonaïves. Cet acte fut approuvé et signé par tous les généraux.

Armée Indigène

Aujourd'hui, le Ier janvier 1804, le Général en Chef de l'armée indigène, accompagné des généraux de l'armée, convoqués à l'effet de prendre ***les mesures qui doivent tendre au bonheur du pays****;*

Après avoir fait connaître aux généraux assemblés ses véritables intentions, d'assurer à jamais aux Indigènes d'Haïti, un gouvernement ***stable****, objet de sa plus vive sollicitude ce qu'il a fait par un discours (Proclamation lue par Boisrond Tonnerre par les ordres du Général en Chef avant la lecture de l'Acte d'Indépendance) qui tend à faire connaître aux puissances étrangères, la résolution de rendre le pays indépendant, et de jouir d'une liberté consacrée par le sang du peuple de cette île; et après avoir recueilli les avis, a demandé que chacun des généraux assemblés prononçât le serment de renoncer à jamais à la France et de mourir plutôt que de vivre sous sa domination et de combattre jusqu'au dernier soupir pour l'indépendance.*

Les généraux, pénétrés de ces principes sacrés, après avoir donné d'une voix unanime leur adhésion au projet bien manifesté d'indépendance, ont tous juré à la postérité, à l'Univers, de renoncer à jamais à la France, et de mourir plutôt que de vivre sous sa domination.

Fait aux Gonaïves le Ier janvier 1804 et le Ier de l'Indépendance d'Haïti.

Signé de Dessalines Général en Chef, suivi de ***la signature de tous les généraux.***

L'Acte de l'Indépendance signifiait donc la recherche du bonheur pour toute la population haïtienne et l'*assurance d'un gouvernement stable* pour le pays. L'Acte de l'Indépendance signifiait aussi la *volonté de défendre ce territoire contre toute domination étrangère.* Ces belles phrases étaient prononcées sans conviction pour enjoliver le moment avec des pierreries et avec des uniformes étincelants. Quelques mois après ces fêtes grandioses et ce serment de loyauté, plusieurs généraux conspiraient contre le général Dessalines même s'ils *avaient juré de lui obéir aveuglement.* Les dirigeants de ce pays nouveau prononçaient de vilains mensonges. Ils les pratiquaient avec force et avec une honteuse hypocrisie. Ces horribles faussetés allaient être perpétuées jusqu'à leur acceptation comme des vérités absolues.

Où étaient les lois pour stabiliser le gouvernement ?

Où étaient les institutions qui devaient tendre au bonheur du pays et de la population ?

1804 avait donc pris naissance dans l'instabilité politique et sociale, dans la violence, dans le mensonge, dans l'hypocrisie. Ces faits étaient voulus car leur intention était de manipuler la masse des cultivateurs et des petits soldats pour leur faire avaler l'absence d'un programme politique et économique pour un développement durable. Il était clair qu'au début, il n'y avait aucune détermination pour changer le concept de travail dans le but de faire avancer les citoyens vers un épanouissement économique et social.

Les chefs militaires s'étaient entendus tout de suite, après cette grande délivrance, après ces fêtes resplendissantes, du sort des *blancs* et non des propriétaires de plantation bénéficiaires du pacte colonial. Les forfaits commis par chaque victime de *couleur blanche* n'étaient pas connus ni publiés. Ce n'était pas nécessaire. Or, d'après C.L.R. James, les esclaves (*ou mieux les rebelles car dès qu'ils avaient pris les armes, ils avaient inventé leur propre liberté; ils n'étaient plus des esclaves*) avaient tout détruit sans arrêt: la destruction de ce qu'ils croyaient être la cause de leur malheur. (82) Aucun débat n'avait eu lieu pour analyser les faits et prévoir les conséquences par rapport au travail et à l'économie de la nation. Ils s'étaient enfin vengés, car ils n'avaient connu sur la grande plantation que le viol, la torture, l'humiliation et surtout la mort sans dignité. Le massacre était normal et le désordre était justifié. Après la victoire, il fallait non seulement des réjouissances publiques mais aussi et surtout des questionnements sur ce que la population désirait. Leurs revendications devaient être mentionnées. Il y avait aussi des massacres sans aucun jugement pour se venger des colons *blancs* de la France. Les dirigeants n'avaient pas choisi, suivant les lois coloniales encore en vigueur, le tribunal militaire à leur disposition pour accuser et juger les responsables des atrocités commises contre les esclaves afin de les condamner. Ils utilisaient ce tribunal pour juger, selon leur humeur, les cultivateurs qui n'acceptaient pas de s'associer à leurs forfaits comme au temps de l'armée coloniale dont ils faisaient partie.

Ils avaient livré la justice dans les rues et sur les chemins poussiéreux. Les lois du moment n'existaient plus. Le sang des Français qui coulait partout, dans les villes, dans les communes et dans les sections rurales était ordonné par les chefs qui ne se montraient pas ouvertement. La population en avait soif. *Enfin, l'heure de la vengeance a sonné, et les implacables ennemis des droits de l'homme ont subi le châtiment dû à leurs crimes...Tel qu'un torrent débordé qui gronde, arrache, entraîne, votre fugue vengeresse a tout emporté dans son cours impérieux. Ainsi périsse tout tyran de l'innocence, tout oppresseur du genre humain...* (83) Le général en chef s'adressait à la population victorieuse : tel qu'un torrent qui gronde... votre fugue vengeresse a tout emporté...

Le chef et les militaires étaient au-dessus de tout ce vacarme. Les petits soldats et les cultivateurs obéissaient aux ordres des meneurs, ces leaders en uniforme. Le *spectacle* avait commencé. Cette *vengeance générale* allait se perpétuer à travers le temps pour continuer le spectacle amusant, pour s'imposer en véritable tare nationale, en véritable dérive nationale, en véritable obsession nationale, en véritable bêtise, en véritable verdict d'une soi-disant *volonté populaire*: une conduite *naturelle* dans le but d'éliminer les *opposants* : ***Mache pran yo... Pran kod mare yo...Mete di fe sou yo... Kraze yo ak woch... koupe tet yo*** *etc...*

Il fallait éliminer tout blanc français pour satisfaire la colère légitime des pauvres et nourrir une hostilité permanente contre l'épiderme des colons coupables ou innocents, contre les blancs propriétaires de plantation et d'esclaves qui maltraitaient des êtres humains ou non. Les propriétaires de plantation non français étaient virtuellement épargnés puisque leurs crimes étaient volontairement dissimulés au moment des festivités pour célébrer cette Indépendance. *L'union des couleurs bleue et rouge avait remporté une grande victoire* pour cacher les crimes commis par les militaires de l'ancienne armée coloniale contre les cultivateurs rebelles qu'ils appelaient *Congos* ou *Africains ou bandits* pour les dénigrer, pour les rabaisser dans le but de les exclure de la gestion du territoire et du mouvement de la monnaie. Le pouvoir absolu des chefs militaires allait jouer un rôle important et crucial pour maintenir la majorité des citoyens dans l'hypocrisie, dans l'oubli, dans le mensonge, dans la bêtise. Le pays *dansait* dans une sorte de patinage absurde sur une piste écoeurante (***Yon pa nago… Yon pa kita… Bwa mitan kanpe rèd***). À partir de cette date et de ces moments terribles, la rue (le *béton*) était reconnue comme un véritable foyer de corruption, de malheur, de massacres, de désordre, d'incohérence, de discrimination, et de sauvagerie pour satisfaire des intérêts purement personnels. Il fallait inventer et entretenir des slogans *amusants et mensongers* comme en octobre 1806 à la veille de l'assassinat de l'empereur: Dessalines ***casse chaine quimbe Dessailines*** **(84) jusqu'au *Rache Manyok*** *du curé de Jérémie* pour justifier la bêtise comme avait dit Ti Klod, le poète de la Grande Anse.

Y avait-il des concepts individuels trompeurs pour masquer le rôle du propriétaire d'esclaves et de plantation non européen au pouvoir en 1804 *quelle que fût sa teinte épidermique*?

Était-ce l'union des Noirs et des Mulâtres ou l'union (*sacrée*) des chefs militaires, *propriétaires* de plantation et de cultivateurs soumis?

Avaient-ils misé sur la naïveté et l'imbécilité des petits soldats et des cultivateurs pour mieux les *couillonner* avec tant d'effronterie?

Dans quel but ces slogans extravagants, captivants et stupides étaient-ils proférés ?

Le gouvernement (dirigé par le général en Chef) afferma aussitôt les grandes propriétés rurales aux militaires d'un grade supérieur qui avaient déployé le plus de courage dans les combats. Les plus belles maisons leur furent louées à vil prix. (85) Les soldats (les va-nu-pieds) qui avaient répandu leur sang durant la guerre avaient reçu *huit piastres* du gouvernement de Dessalines. (86) Ils avaient lutté pieds nus, sans uniforme avec des haillons comme tout vêtement. Les cultivateurs rebelles ou non étaient misérables depuis la période coloniale et leurs besoins furent volontairement ignorés. Ils n'avaient rien reçu de la classe dirigeante après la guerre. Ils étaient humiliés. Les nouveaux dirigeants n'avaient aucun désir réel pour satisfaire dans les faits leurs principales revendications. La teinte épidermique ne déterminait pas ce mépris, cette volonté de les exclure de la vie nationale. Leur mépris était motivé par leurs intérêts personnels, leur privilège d'être chef, d'avoir un pouvoir absolu, de contrôler et d'accaparer la caisse publique.

Il fallait livrer le sort du *blanc* à la rue, à la colère populaire et faire couler du sang, le sang du *blanc*, le sang du propriétaire de plantation et d'esclaves, comme la réponse à leurs revendications, comme la solution à leurs soucis quotidiens pour leur faire oublier le besoin de travail, de leur lopin de terre, de soins médicaux, de logement, d'hygiène et surtout de formation académique. Et après le massacre, ce plaisir mystifiant de tuer, la population restait misérable, vulnérable, silencieuse et frustrée. Elle vivait encore dans la boue. Le sang du blanc qu'elle ne pouvait pas boire avait comblé ses besoins. Son idéal fut violé, massacré. Dessalines et les généraux n'avaient rien fait pour combattre leur pauvreté et pour améliorer leur sort. Ces chefs militaires, dirigeant la nation nouvelle, étaient aussi les nouveaux propriétaires de plantation, de fiers et futurs négociants. Ils avaient tous les pouvoirs.

Cependant ils n'agissaient pas en tant que dirigeants responsables. Le quotidien misérable de la masse des cultivateurs et des petits soldats n'était pas leur problème. Dans leur *feuille de route aucune activité de ce genre n'était mentionnée.* Ils étaient reconnaissants et fiers puisque la population s'était vengée. Elle s'était faite justice dans la rue. Elle avait permis aux chefs d'accaparer les biens des colons français massacrés. Elle devait être satisfaite de son quotidien. Personne n'avait été appelé au tribunal pour se défendre. Il n'y avait aucun jugement sauf le *droit* de la volonté populaire. Personne ne pouvait expliquer son comportement même pas pour justifier sa violence. Les citoyens ne furent pas accusés de meurtre.

Fallait-il un *dialogue national* pour questionner le moment et décider d'une feuille de route dans le but d'un développement durable?

Dessalines et son État-Major avaient-ils une *feuille de route* pour rendre effective cette rupture?

Que réclamaient les groupements sociaux durant le mouvement de résistance pour leur épanouissement?

Les va-nu-pieds avaient-ils leur mot à dire?

Et les cultivateurs ?

La guerre avait sa raison d'être. La victoire militaire et politique était réellement indispensable. Pour aboutir à ce changement, il était donc nécessaire une nouvelle conception des rapports de production et aussi des rapports d'homme à homme pour provoquer le changement et le gérer pour épanouir la population.

Que signifiait donc cette victoire militaire et politique?

Où était la rupture, où était le changement économique?

Le conflit était évident entre le maintien de la grande plantation par les dirigeants militaires et les revendications des cultivateurs rebelles qui réclamaient leur lopin de terre. Les travailleurs agricoles voulaient, en fait, s'occuper de leur bien-être sans être remorqués par les hommes au pouvoir et par les propriétaires de plantation. Leur droit de vivre libres était un impératif lequel était en contradiction avec les besoins des chefs militaires. Les résultats furent désastreux pour les travailleurs agricoles et pour la nouvelle nation. La Constitution de 1805 mettait fin à leur rêve. Même le drapeau national *bleu et rouge* ne représentait plus cette victoire, l'union des Mulâtres et des Noirs, jusqu'à cette importante souveraineté. Il fut souillé par ceux-là même qui l'avaient créé. Les chefs avaient violé leur propre décision de faire du drapeau bleu et rouge le drapeau national comme les Jacobins avaient violé sans scrupule le décret d'abolition de l'esclavage.

Dessalines et les généraux n'avaient-il pas fait des couleurs *Noire et Rouge* les nouvelles couleurs nationales depuis la Constitution de 1805 ?

N'avaient-ils pas tous approuvé la première constitution après la défaite de l'armée expéditionnaire ?

Dans quel but ?

Cette rupture était-elle *imaginaire* ?

Durant l'époque coloniale, les moyens de production, la terre ainsi que la main d'œuvre enchaînée *appartenaient* aux prédateurs de l'occident chrétien. Ces *propriétaires* avaient aussi le contrôle serré de la gestion politique du territoire. À partir de 1795, après le décret d'abolition de l'esclavage de février 1794, officiellement, surtout après la volte-face de l'armée de Toussaint Louverture, une autre équipe de propriétaires, cette fois des non européens, avait envahi le *système foncier esclavagiste* grâce aux privilèges reçus de l'administration française esclavagiste.

La possession de la terre restait un *droit* du pouvoir absolu : la source réelle de la corruption et de la misère des plus vulnérables. Le régime foncier colonial associait d'autres représentants armés à ses institutions. L'administration esclavagiste française favorisait ces chefs militaires qui avaient fui la partie espagnole (ils en avaient l'habitude pour avoir fui la partie française quelques années auparavant) en leur *donnant les terres vacantes* pour acheter leur loyauté à la France esclavagiste et non pour imposer le décret d'abolition de l'esclavage. Des propriétaires européens avaient fui le territoire lors de la révolte de 1791. Ces déserteurs de la partie Est ou mieux de l'armée esclavagiste espagnole étaient subitement devenus fidèles au fait français comme les hauts gradés non européens qui continuaient à défendre les couleurs françaises. Ils étaient tous récompensés pour leur bravoure car ils avaient chassé les Espagnols et les Anglais du territoire. Ils avaient tous organisé une course contre les cultivateurs rebelles qu'ils réprimaient. Certains propriétaires européens qui avaient fui le territoire lors de la révolte de 1791 étaient revenus dans la colonie car Toussaint leur avait donné l'assurance de la reprise de l'agriculture au bénéfice de la France esclavagiste. Ils avaient la garantie que la paix était rétablie après le départ d'Hédouville et ensuite après la défaite du général Rigaud. Les cultivateurs étaient restés misérables.

À partir de ce moment, l'histoire de l'administration esclavagiste avait inventé le concept des Anciens Libres et des Nouveaux Libres. Pourtant ces militaires et ces soldats qui avaient quitté la partie Est de l'ile étaient des hommes libres depuis 1791. Ils étaient de toute teinte épidermique. Et ensuite, le décret d'abolition de l'esclavage n'avait pas fait des cultivateurs qui travaillaient sur les plantations des hommes parfaitement libres avec tous leurs droits, pas même des é*mancipés* suivant le rêve de la société dominante. Malgré ce décret manipulateur d'Émancipation des Noirs, ils étaient encore fouettés et opprimés. Donc les prédateurs européens chrétiens, Laveaux, Sonthonax et consorts avaient fait des généraux Rigaud, Beauvais et Vilatte les chefs des Anciens Libres (les hommes de teint clair donc des *Sang-Mêlés,* une moquerie de la nature humaine, même si le gros de leurs troupes était composé d'anciens cultivateurs esclaves d'origine africaine. Toussaint Louverture, le général *Noir,* fut désigné par ces mêmes prédateurs européens le chef des Nouveaux Libres. Ils étaient aussi d'anciens cultivateurs esclaves d'origine africaine. Pourtant durant l'affrontement Rigaud-Toussaint, *l'armée* de Rigaud était représentée par des *mulâtres* tandis que *l'armée* de Toussaint était représentée par des *noirs.* Aussi simple que cela !

En 1804 et surtout à partir de la Constitution de 1805, le chef de la nation et les généraux, signataires de l'Acte de l'Indépendance, qui l'assistaient dans ses multiples tâches, avaient précieusement partagé les ressources physiques du territoire. Ils avaient accaparé *légalement* les terres et les instruments de travail comme les colons de l'occident chrétien. La loi obligeait les cultivateurs à *retourner sur les plantations* là où ils avaient connu les pires atrocités. (87)

En fait, le système économique basé sur l'exploitation sauvage de la main d'œuvre opprimée et sur la discrimination n'avait pas changé. Le remplacement de la couleur de la peau du propriétaire de la plantation de produits exportables (le colon blanc) vers la France esclavagiste était un *acte héroïque* et même un *acte révolutionnaire*. Ce système qui avait imposé l'esclavage à des milliers d'êtres humains continuait à favoriser la corruption á tous les niveaux particulièrement à l'intérieur de la société économiquement dominante. Les hauts gradés militaires au pouvoir ne faisaient qu'imiter les prédateurs de la société internationale européenne chrétienne. Ils allaient s'entretuer pour des miettes.

Quand les rebelles cultivateurs réclamaient leur lopin de terre et leur droit à une totale liberté, ils manifestaient leur volonté de s'attaquer au système foncier colonial pour le changer. Ce mouvement économique était tout à fait complémentaire mais il était différent de la politique du gouverneur Toussaint Louverture. La petite plantation agricole organisée par la famille avait une importance capitale pour un développement durable. Il fallait donc entreprendre une production locale dans le but de planifier l'alimentation quotidienne d'abord de la population sans pour autant négliger la culture des produits d'exportation.

Cependant l'exportation de produits à l'intérieur du système esclavagiste devait être questionnée pour la changer au bénéfice de la nation et non pour le seul profit d'un petit groupe privilégié inféodé aux souverainetés esclavagistes. Les revendications des cultivateurs étaient volontairement ignorées. Le salaire symbolique des cultivateurs prévu et légalisé par la Proclamation de la Liberté Générale ne fut ni versé, ni amélioré ni mis en question après l'indépendance.

1804 avait pris naissance dans une insécurité économique et politique terrible car il n'y avait aucun souffle de changement du système économique basé sur le profit et sur l'exploitation sauvage de la main d'œuvre.

Les prédateurs européens avaient imposé un ordre économique et social dans le but de satisfaire leurs besoins. Pour les esclavagistes de l'Europe occidentale, la plantation agricole organisée sur le territoire colonisé était liée à un système économique *moderne* lequel devait leur permettre de s'enrichir sans aucun bénéfice pour ceux qui devaient travailler la terre.

Les propriétaires européens de ces domaines, illégitimement possesseurs de ces terres, exigeaient aux travailleurs enchaînés de vivre dans la promiscuité et dans l'insalubrité totales. Ces Africains d'origine, encore fouettés par les propriétaires, pataugeaient dans un miasme terrible. Ils avaient vécu un traumatisme abrutissant durant l'esclavage planifié par les Espagnols et les Français. Cette sauvagerie organisée par les *civilisés* de l'occident chrétien était incomparable dans l'histoire de l'humanité. Ces chrétiens prédateurs avaient inventé ce système pour détruire l'homme social libre d'origine Taino ou Africaine afin d'organiser sa déchéance. Avec leur force militaire, ils s'étaient arrogés le droit de se proclamer des êtres supérieurs parce qu'ils étaient chrétiens, parce qu'ils se disaient civilisés et parce que leur teinte épidermique était différente de celle des ethnies victimes de l'esclavage. Ils avaient fait de la couleur *noire* de l'Africain le symbole de la crasse, de l'ignorance, de la médiocrité, de la laideur donc de l'infériorité.

La célébration de l'indépendance consacrait la possession de la terre au bénéfice des signataires de l'Acte de l'indépendance. Les responsables en profitaient pour défendre le pacte colonial car, pour eux, la solution de leurs richesses était liée à l'exportation de produits vers les ports contrôlés par les puissances esclavagistes sans se soucier de l'urgence de la production locale et de l'alimentation du plus grand nombre.

Voulaient-ils asseoir une nouvelle société plus humaine comme l'avait affirmée Etienne Charlier ?

Leur grande expérience militaire était-elle liée à une gestion économique saine du territoire pour reprendre l'agriculture au profit de tous les citoyens?

Cette victoire militaire ne nécessitait-elle pas un objectif économique et politique claire ?

L'importance de l'agriculture

Les habitants de l'île Kiskeya, avant l'arrivée des Européens chrétiens, n'avaient pas faim. Les Tainos pratiquaient une agriculture harmonieuse à la portée de l'homme social. Dès leur débarquement, avec leur croix et leur épée, les occidentaux avaient détruit rapidement le quotidien des autochtones. Ils avaient inventé leur paganisme (leur anti christianisme) pour les réduire en esclavage jusqu'à leur massacre. Leur économie fut ruinée. Les Tainos qui avaient survécu à cette déstabilisation planifiée devaient vivre dans la gêne, dans la promiscuité. Ils étaient vulnérables puisqu'ils n'avaient pas de forces militaires pour se défendre.

La conception agricole de l'institution esclavagiste imposée de force par l'occident chrétien avait complètement transformé la structure politique, économique et sociale de leurs *possessions* sur plusieurs continents. À travers l'organisation de la haute finance et des banques, les compagnies d'assurance et de transport avaient mis sur pied des règlements pour garantir l'investissement initial. Une force armée était créée pour protéger cet investissement en réprimant sauvagement les autochtones et les travailleurs attachés aux besoins de ce placement. Avec le fouet et les paroles sournoises de certains intéressés comme les hommes de l'église chrétienne (les soldats du Christ), les cultivateurs enchaînés devaient accepter leur soumission et leur infériorité jusqu'à faire de ces doctrines des éléments essentiels de leur réalité d'êtres humains et surtout de leur quotidien. Le travail pénible de cette force de travail opprimée stabilisait le mouvement de la monnaie des monarchies européennes esclavagistes. Économiquement et politiquement, la vie quotidienne des citoyens de l'Europe reflétait une fausse sécurité sociale. La production agricole et surtout le surplus étaient envisagés dans un souci de profit maximum pour l'Europe afin de faire ressortir la présence et le rôle d'individus *supérieurs* qu'ils voulaient jouer sur l'île.

L'agriculture, à l'intérieur du système économique basé sur l'esclavage, était donc *florissante* pour la métropole et pour l'Europe. Il n'y avait aucune préoccupation morale car les règles et les lois manipulées par les propriétaires du capital ne voulaient pas de solution humaine sur le plan de l'expérience concrète pour le travailleur agricole. L'homme social européen (chrétien, civilisé et armé) était la force *pensante* qui agissait sur toutes les transactions monétaires. L'esclave n'était pas seulement une propriété physique, inerte appartenant à un maître abusif, il était aussi un bien opprimé et enchaîné qui avait une valeur monétaire. Il était soumis, fouetté et torturé pour produire un bien profitable à un autre être humain. Sa production était vendue sur le marché. Comme il faisait partie d'une ethnie non chrétienne, il n'avait que des bras robustes. Son humanité n'était ni reconnue ni acceptée. Il devait rester cloué sur la plantation esclavagiste pour satisfaire un système de travail organisé, efficace et rentable pour le colon, pour la France esclavagiste et pour l'Europe chrétienne. Le maintien de ces activités sur l'ile conquise était accompagné d'un renouvellement systématique de la force de travail dans le but d'augmenter la production, de remplacer les cultivateurs assassinés et de satisfaire l'accroissement de la consommation sur le continent européen. La monnaie devait circuler pour être accumulée.

Il était facile de confirmer un certain enthousiasme à financer et aussi à développer d'autres politiques pour un meilleur rapport monétaire capable de produire de formidables richesses. La guerre, la violence, les massacres, le plus souvent, garantissaient les privilèges énormes de l'investissement. Tous ces mouvements étaient liés au besoin de capital, à son accumulation dans le but de dominer les populations faiblement armées ayant une vision économique et politique différente.

Après les ravages occasionnés par les cultivateurs rebelles depuis 1791, après le décret d'abolition de l'esclavage de février 1794, après l'appel aux forces militaires dirigées par Toussaint Louverture soumises aux esclavagistes espagnols dans la partie Est, l'administration de la colonie ainsi que le commissaire girondin avaient un grand besoin de redémarrer l'agriculture coloniale toujours au profit des colons et de la France. Il fallait mater les cultivateurs rebelles (les hors la loi ainsi connus) pour continuer le pacte colonial malgré le *quart* de la production qui devait être payé aux cultivateurs besognant sur les habitations selon la Proclamation de la Liberté Générale.

La France esclavagiste avait trouvé en Toussaint et les groupes armés qu'il commandait la solution *idéale* pour garder Saint Domingue comme fait français. Le général Étienne Laveaux, dans sa correspondance avec Toussaint Louverture, avait bien expliqué le désir de l'administration de reconsidérer la présence des anciens *ennemis* de la France esclavagiste dans la partie Ouest de l'île. Leur retour planifié était indispensable à l'économie française. Les Espagnols convoitaient un morceau de cette *perle des Antilles.* Les Anglais cherchaient à réduire la prépondérance des Français dans la Caraïbe. Il fallait des êtres humains aguerris (de vrais soldats) capables de les chasser de la colonie laquelle n'était qu'un simple pion sur l'échiquier géopolitique.

En Europe, la France était exténuée militairement. Les dirigeants avaient compris le besoin de publier des lois concernant la présence de *ces nègres* dans l'armée française. Les Jacobins savaient qu'ils mentaient quand ils s'appuyaient sur la couleur de la peau pour conserver la dépendance économique et politique de la colonie. *Vous n'avez pas à délibérer s'il est prudent d'armer les nègres, ils sont armés, s'il est possible de les aguerrir, ils sont en guerre. S'il est possible de les retenir dans la discipline, ils sont disciplinés, si on peut en tirer avantage, les avantages retirés répondent affirmativement.* (88) Bonaparte avait bien compris qu'il fallait manipuler ces anciens esclaves, ces *animaux* de la jungle africaine, dans le but de les utiliser dans la défense de la France coloniale et esclavagiste afin de reprendre la culture au profit des colons et de l'investissement français. La Proclamation et encore le Décret d'abolition des esclaves en 1794 n'étaient que des subterfuges indécents pour continuer l'exploitation sauvage et honteuse des êtres humains.

Toussaint Louverture l'avait-il compris ?

Les Africains d'origine (*ces choses ou ces animaux*) allaient-ils recevoir des avantages économiques et politiques?

Cette nouvelle armée, à son arrivée dans la partie Ouest, avait, en plus de son importance militaire, un caractère politique et social très efficace pour le maintien de la colonie comme fait français. La métropole, encore puissante à Saint Domingue, avait trouvé des hommes expérimentés qui allaient se mettre au service de la France. Ils allaient faire la promotion de la culture française et de la civilisation occidentale. Ils allaient aussi imposer le christianisme catholique. Ils allaient défendre l'économie de dépendance. Ils allaient s'assurer du maintien du concept du travail en application depuis l'arrivée des colons de l'occident chrétien sur l'ile Kiskeya. Les *anciens chefs* des cultivateurs rebelles (les Congos) dans cette avantageuse volte-face politique devaient être totalement liés et dévoués aux institutions coloniales et surtout à la France pour repousser les agents étrangers hors des limites de la colonie. Ils allaient jurer de s'attaquer aux révoltés d'août 1791 pour empêcher la déstabilisation de l'administration coloniale et surtout pour rendre impossible d'autres *concessions* de la Convention Nationale Française. La métropole avait besoin de cette force pour déguiser l'extraordinaire décret d'abolition de l'esclavage en un irréel *décret d'émancipation des noirs* afin de mieux manipuler les cultivateurs. Ceux-là besognant encore sur les plantations allaient rester soumis aux besoins de la France et des colons malgré l'insurrection de 1791.

Cette force de travail était-elle heureuse de retourner sur les plantations avec d'autres commandeurs qui gesticulaient sans conviction au nom de l'émancipation des noirs ?

Le choix de ces anciens rebelles, de même teinte épidermique que les cultivateurs soumis sur les plantations, pour protéger l'investissement français, n'était pas un hasard. Il était bien calculé par Polvérel et Laveaux. Il était indispensable de faire avaler cette politique de la teinte épidermique dans le but de satisfaire les énormes besoins du capital des hommes de la finance, des prédateurs, des propriétaires et non pour satisfaire les cultivateurs rebelles et la force de travail opprimée.

Depuis l'avènement du général Toussaint Louverture, la *colonie,* pour se remettre et devenir profitable durant les hostilités, devait dépendre de l'agriculture, des grandes plantations et aussi de travailleurs asservis. Le régime foncier établi par les esclavagistes européens devait rester intacte et profitable à l'administration coloniale, aux colons et aux propriétaires de plantation. C'était le même mot d'ordre avec le *caporalisme agraire* (les rapports de production et les rapports sociaux n'avaient nullement changé) car le gouverneur Toussaint travaillait à la stabilité politique pour maintenir le fait français (89) et pour assurer son désir de s'auto proclamer le *Premier des Noirs (le Roi)*. Les mêmes contraintes politiques pratiquées par les esclavagistes européens étaient encore en vigueur durant l'administration du gouverneur Louverture. (90) Ce programme avait été planifié par les décideurs de l'institution esclavagiste. Il fut maintenu avec force pendant la guerre d'indépendance. Et après 1804, les chefs militaires avaient continué cet emploi du temps des travailleurs comme un idéal *national*. (91)

En fait, le concept du travail imposé ne visait pas l'épanouissement du travailleur agricole. Il était mis en pratique pour manipuler la force de travail mais, dans la réalité, pour enrichir les prédateurs, les propriétaires de plantation et les entrepreneurs de l'Europe occidentale esclavagiste. Des miettes étaient abandonnées aux chefs militaires non européens. Après la débâcle humiliante de l'armée expéditionnaire française et, aussi, après la Déclaration d'Indépendance, l'organisation du travail et de l'agriculture n'était pas repensée en fonction des besoins de l'homme social devenu citoyen. Aucune loi n'était promulguée pour remplacer le concept de travail imposé par l'occident chrétien. Comme les prédateurs européens n'étaient plus présents physiquement sur le territoire, ils n'avaient pas le contrôle direct de la production. Pourtant leurs agents dictaient leurs lois. Les nouveaux barons du territoire indépendant, propriétaires des habitations, allaient imiter les colons européens et bénéficier de ce concept de travail qui asphyxiait les travailleurs.

L'une des principales revendications des insurgés d'aout 1791 était le besoin d'un lopin de terre libre de toute contrainte physique. Les forces rebelles devaient s'attendre, après le décret abolissant l'esclavage sur le territoire, à une distribution bien pensée des terres à leur intention. Ils ne se doutaient pas qu'ils allaient être les victimes de cette manœuvre impitoyable et déloyale de transformer aussi vite ce décret d'abolition de l'esclavage en décret d'*Émancipation des Noirs* pour les humilier. Le général ou mieux le gouverneur Toussaint Louverture et son équipe n'avaient pas planifié des objectifs de croissance et de transformation de la production pour le bonheur de la population. Avec la victoire puis avec l'indépendance, la société de 1804 n'avait donc pas connu de rupture avec le système économique sur lequel s'appuyaient les colons européens pour offenser et massacrer les travailleurs ou mieux l'homme social en général. Les dirigeants militaires n'avaient pas répondu aux besoins de la force de travail. Le concept de travail mis en pratique par le leader des Nouveaux Libres, le Caporalisme Agraire, fut une aubaine pour les dirigeants de la nation indépendante. Ils étaient presque tous des subalternes soumis au général Toussaint Louverture Ils offraient aux citoyens un concept de travail déjà en application quand le général Dessalines était responsable de la culture sous le gouvernement de Toussaint Louverture. Ce système était déjà apprécié par les dirigeants militaires qui avaient reçu des avantages économiques, politiques et sociaux depuis leur volte-face et depuis leur promotion en 1795.

En 1804, les prédateurs de l'occident chrétien étaient battus puis ils furent massacrés. Les dirigeants devaient penser aux revendications des cultivateurs rebelles au lieu de les dénigrer en les appelant Africains ou Congos ou hors la loi. Les chefs militaires avaient une connaissance parfaite des besoins des cultivateurs. Ils devaient pouvoir satisfaire leurs demandes et redistribuer les terres libres pour rendre légal un lopin de terre mérité. La petite propriété agricole devait être reconnue utile au développement durable. Les propriétés et les moyens de production devaient être repensés dans le sens de l'indépendance, de la dignité et de la souveraineté. De toute façon, il était presqu'impossible de se soumettre à des financiers externes pour rendre la production profitable aux citoyens, à leur alimentation et à la nation. Le grand défi était d'abord l'alimentation de la population et ensuite la réorganisation efficace de l'exportation des denrées vers les métropoles esclavagistes. Le marché vers ces centres d'achat existait encore malgré la déclaration d'indépendance. (92)

Avec le Déclaration du 9 avril 1804 lors de son passage au département du Nord avant le *massacre des Blancs,* Dessalines *avait expressément défendu aux officiers de s'associer avec les cultivateurs des Habitations.* (93) Il était évident que les travailleurs agricoles n'étaient nullement considérés comme des citoyens par le pouvoir dirigeant. Ils allaient vivre pendant longtemps sans état civil. La croissance économique devait être un moyen de défense de cette liberté brutalement acquise. Le rôle de l'agriculture devait être lié à l'indépendance et au respect du citoyen. Les attributions des cultivateurs étaient plutôt essentielles à la stabilité politique de la nouvelle nation. L'urgence était claire. Les moyens techniques devraient être étudiés pour agir sur les besoins et dans les intérêts de la nation. Cette activité devait accompagner la naissance de la patrie afin de promouvoir une productivité à la portée de l'homme social afin d'éviter une main mise sur l'économie du pays par le pouvoir absolu de certains individus.

Au départ, la nation nouvellement créée était affaissée. La terreur contre les travailleurs agricoles n'avait pas cessé, au contraire. Le maintien des règlements du concept de travail établi par le gouverneur Louverture par rapport au développement bloquait l'homme social, devenu citoyen, à tous les niveaux. Un comportement fictif qui semblait se reposer sur des faits réels cherchait plutôt une certaine loyauté aux chefs pour justifier le travail forcé et son accomplissement en vue d'être prêt à un retour des forces militaires françaises. *Les mauvais traitements que les hommes et les femmes de toutes conditions essuyaient en travaillant aux fortifications de La Ferrière excitaient des murmures. Les jeunes cultivatrices, mêmes les plus délicates, étaient contraintes de porter sur la tête des pierres et des boulets, et les soldats grossiers les contraignaient au travail à coup de verges et de lianes. On se demandait : pourquoi ce travail forcé ? Avons-nous refusé disaient les femmes, en leur langage créole, de porter des munitions sous le feu de l'ennemi lorsque nos frères, nos époux combattaient les Français ? Si la patrie en danger commandait l'emploi de tels moyens nous nous livrerions avec ardeur mais nos oppresseurs ont été chassés à jamais ; le temps de la légalité est arrivé.* (94)

La construction des forts pour défendre le territoire n'empêchait pas un nouveau concept de travail dans l'agriculture pour une souveraineté alimentaire. Des déclarations des plus mensongères justifiaient aisément et faussement les rapports de travail des plus pauvres et des plus vulnérables comme l'invasion imminente de l'armée française et le soi-disant bonheur de la population travailleuse.

La base du pouvoir des dirigeants n'était-elle pas l'intérêt des citoyens et leur bonheur ?

Les dirigeants du nouveau pays avaient-ils apprécié les *idéaux* de la révolte de 1791 ? Les avaient-ils trahis par la suite ?

Où existait-il vraiment, durant la guerre, un idéal basé sur une identité culturelle *même en gestation* entre les années 1794 et l'année 1803 ?

L'homme social se mesurait-il à partir des rapports de production ou se mesurait-il à partir de sa teinte épidermique?

Les couches sociales en présence surtout la classe dominante des chefs militaires propriétaires de plantation ne pouvaient pas se séparer de leur situation économique et sociale. Elles la vivaient au quotidien. Elles avaient le pouvoir absolu. Au milieu de tous ces événements, elles voulaient rester attachées à ce qu'elles désiraient être et représenter dans le cadre d'une quelconque démarche pour leur seul bien-être.

Comment envisageaient-elles ce bien-être après la victoire militaire?

Comment concevaient-elles leur bonheur dans ce concept de travail et dans ces rapports de production de l'après colonie?

Le refus d'une distribution d'un espace agricole aux cultivateurs pour repenser le travail de l'agriculture devait contrarier la stabilité politique et le concept de souveraineté. En chassant les prédateurs de l'occident chrétien, les dirigeants avaient accaparé les meilleures terres sans aucun processus légal pour être maîtres des moyens de production (la terre, les instruments de travail, la main d'œuvre). Dans cette réalité, les rapports de production restaient en leur faveur. Les dirigeants militaires, à ce moment de leur prise du pouvoir et de leur mainmise sur les affaires économiques, politiques et sociales du territoire, n'avaient pas planifié des objectifs de transformation de la production agricole, encore moins une vision de croissance économique pour]e bonheur de la population dans le sens de la souveraineté alimentaire.

Avec cette indépendance acquise dans le sang, il était presqu'impossible de se soumettre aux bailleurs de fonds qui finançaient l'agriculture durant l'époque coloniale. Le développement agricole de la nouvelle nation indépendante exigeait d'autres formules pour l'épanouissement des citoyens. Durant la colonie, la production des denrées locales pour l'alimentation était livrée sans assistance financière, sans encadrement technique parce que les hommes et femmes qui la pratiquaient étaient des êtres déchus, des *gens* qui devaient vivre en marge de la société coloniale. Ils avaient connu l'esclavage. Ils devaient rester esclaves.

Toussaint, dans un message adressé aux habitants de la partie Est le 8 février 1801, avait prohibé *la culture des ignames, des patates, des bananes, objets de nulle valeur pour l'exportation...* plus loin, il avait permis *l'importation de la farine, des salaisons, des biscuits moyennant le paiement d'un droit de 6%.* (95) Le droit des cultivateurs à un espace agricole avait définitivement échoué. Le groupe social militairement, économiquement et politiquement dominant avait étranglé à jamais toutes les revendications des cultivateurs rebelles.

Après l'indépendance ce décret fut maintenu. La population était forcée de vivre cette discrimination alimentaire. Elle devait se nourrir loin du quotidien des chefs. Les citoyens étaient divisés. D'un côté, ceux qui avaient les moyens de faire l'acquisition de produits importés et d'un autre côté ceux qui s'approvisionnaient au bord des routes sans aucune forme de protection hygiénique et sociale. Or les denrées indispensables à l'alimentation des citoyens étaient un moyen de protection de cette liberté collective. Le rôle de l'agriculture devait être lié au bonheur des citoyens sur tout le territoire. L'agriculture pour le marché local devait accompagner la naissance de la nation afin de promouvoir une alimentation à la portée de l'homme social libre et indépendant. Les lois devaient être étudiées selon les besoins de la population et selon le devenir de la nation.

L'agriculture devait être repensée pour faciliter la consommation des produits locaux. Cependant la volonté des dirigeants pour une croissance économique durable était inexistante. Aucun effort n'était organisé pour la réflexion et une mise en pratique d'un tel objectif. Cette productivité dite anarchique restait handicapée et complètement dédaignée par les hommes au pouvoir. Les cultivateurs étaient encore opprimés par les hommes en uniforme surtout les insurgés qui avaient acculé Sonthonax jusqu'à la proclamation de la liberté générale. Ils étaient toujours poursuivis par les soldats de l'ancienne armée coloniale. Ils étaient encore coincés loin du mouvement de la monnaie. Ils continuaient à vivre misérablement. Il n'y avait aucun logement décent pour les protéger du soleil et de la pluie. Leurs activités d'une agriculture d'autosuffisance auraient pu être améliorées pour être transformées en une agriculture efficace et rentable.

L'agriculture, pour la consommation locale et l'épanouissement des êtres humains, était donc prépondérante pour défendre et garantir cette indépendance. Au centre de cette dynamique économique et sociale, l'épineux problème de la consommation des produits de la terre devait être résolu. Une décision politique difficile mais nécessaire s'imposait. Toussaint Louverture avait déjà interdit par décret la culture de certains produits agricoles pour forcer les cultivateurs à travailler les denrées exportables au profit des propriétaires d'habitations et au profit de la France esclavagiste. Les cultivateurs étaient restés vulnérables. Pour le général, l'importation de produits alimentaires était préférable aux produits locaux, les racines par exemple. Cette décision fut appréciée par certains et détestée par d'autres. De toute façon, les dirigeants de la nouvelle nation habitués aux fêtes données par les prédateurs français s'approvisionnaient surtout en produits importés pour suivre les mœurs de la classe dominante européenne dans le but de se croire supérieurs afin de mieux s'adapter à la civilisation occidentale. *Les denrées étaient vendues aux Anglais dont les navires remplissaient nos ports. Ils apportaient aux Haïtiens de belles toiles, des draps fins, de magnifiques dentelles, des sabres d'une trempe supérieure, et de véritables madras dont nos femmes se coiffaient avec une grâce ravissante.* (96) De fait, l'importation de la farine et du hareng séché ainsi que la viande en provenance de la partie Est de l'île était essentielle aux dirigeants et au fonctionnement du nouvel Etat.

Les cultivateurs, en prenant l'initiative de la révolte en 1791, avaient redéfini le régime foncier esclavagiste en revendiquant leur lopin de terre. Cet espace agricole était la plus importante garantie de leur dignité en tant qu'être humain. Le *fusil ou la machette* étaient des accessoires pour aboutir à cette liberté mais ils n'étaient pas tout à fait essentiels pour intervenir sur les problèmes de l'homme social qui avait été réduit en esclavage. Il devait s'éloigner de toute servitude. Il luttait contre un système économique inhumain. Son objectif était peut-être limité mais était capable d'être amélioré puis d'être perfectionné. La lutte devait déboucher non seulement sur une abolition totale de l'esclavage comme il était écrit dans le décret mais aussi sur l'élimination directe et catégorique du régime foncier esclavagiste. La redistribution des terres aux cultivateurs était un devoir indispensable que les dirigeants devaient mettre en pratique pour repenser l'agriculture et son rôle dans le but de travailler vers le bonheur de la population. Ce droit à un espace agricole était indispensable et légitime mais il n'apparaissait pas dans les lois et dans les documents officiels. Même Dessalines avec son titre *de bon père de famille* n'avait évoqué la question du lopin de terre revendiqué par les cultivateurs. En imposant arbitrairement le *Caporalisme Agraire* ainsi formulé par le général *français* Toussaint Louverture, les chefs de la nouvelle nation avaient tué toute vision vers le progrès économique pour assurer le bonheur de tous les citoyens. En refusant d'organiser un véritable cadastre national pour permettre aux hommes et aux femmes d'occuper légalement les terres, les nouveaux barons de la gestion économique, politique et militaire du pays avaient volontairement manifesté le désir d'établir sur le territoire un désordre réel qui devait déboucher sur un chaos déconcertant.

La publication de la Constitution Impériale de 1805 avait mis fin aux vrais besoins des cultivateurs. Ils devaient retourner sur les plantations là où ils avaient souffert toutes sortes d'atrocités. La violence contre les plus vulnérables n'avait pas cessé. En fait, l'homme social, ancien esclave, ancien combattant, n'était pas libre. Il était manipulé pour servir les intérêts des chefs. L'éducation lui fut refusée. Il n'y avait pas d'école pour le cultivateur et sa famille. Les soins de santé n'arrivaient pas jusqu'à sa demeure. Il n'y avait pas d'hôpitaux pour le cultivateur et sa famille. Il était resté misérable, sale, abaissé à la merci des dirigeants militaires, propriétaires de plantation qui pillaient les caisses du nouvel État pour leurs besoins personnels. Ils étaient super intelligents et super débrouillards pour escroquer et s'enrichir, pour détruire et ruiner la nation. Ils avaient choisi de ne pas défendre la vérité de l'histoire en permanence. Cet idéal de vérité n'existait pas.

Le drame de l'affaissement

Avant et pendant les moments d'hostilités, les êtres humains qui avaient vécu misérablement durant la période esclavagiste avaient-ils lutté pour un changement ?

Avaient-ils connu un état de satisfaction totale en cessant d'être les esclaves des conquérants venus de l'Europe chrétienne occidentale avec le décret d'abolition de l'esclavage ?

Se croyaient-ils officiellement des citoyens libres à partir de 1794?

Était-ce l'effet d'une simple illusion?

Pour Léger Sonthonax, le vibrant commissaire civil, les hostilités dans la colonie devaient être solutionnées en opposant les êtres humains par la couleur de leur peau. En jouant cette carte, il avait, avec le concours de Laveaux et de certains intermédiaires, recruté le *chef Africain*,

Toussaint Louverture, pour servir la cause esclavagiste des Français. Il avait besoin d'une armée expérimentée pour organiser la défense de la colonie au nom de la France. Et comme récompense, il fut assassiné.

Les Noirs, ces *Nouveaux-Libres,* avec à leur tête le général Toussaint Louverture, s'étaient battus pour la France des Jacobins. Beaucoup de soldats noirs avaient trouvé la mort en luttant contre les esclavagistes anglais et contre les esclavagistes espagnols. Ils servaient le fait français. Ils avaient perdu la vie pour le bonheur de la France Cette armée était utilisée aussi contre des Noirs, les cultivateurs rebelles, qui réclamaient leur liberté. Après avoir écrasé les Anglais avec la participation du général André Rigaud et son armée d'*Anciens Libres*, après avoir chassé les esclavagistes espagnols de la partie ouest de l'île, Toussaint devait prendre le contrôle de la colonie française.

Hédouville avait tout essayé pour remettre sur pied cette division à partir de la couleur de la peau en créant une hostilité ouverte entre les Anciens-Libres et les Nouveaux-Libres dans le but de camper son autorité pour sauver la colonie au nom de la France esclavagiste. Il avait dû prendre la fuite car Toussaint avait compris son jeu. Il en avait profité pour détruire les forces de Rigaud et de proclamer sa seule autorité dans la colonie. Napoléon Bonaparte l'avait remercié d'avoir apaisé la colonie et de reprendre l'agriculture pour soutenir le fait français, pour rassurer les financiers et pour calmer les négociants. Le commerce avait repris. Napoléon Bonaparte s'était félicité d'avoir trouvé en ce général providentiel le défenseur des intérêts de la France.

Le mouvement de la monnaie fut sauvé. Polvérel avait raison de dire que le Chef Africain, lors de son revirement, avait compris quels étaient ses intérêts. La France avait besoin de ces Noirs pour soutenir sa politique de rapines, l'institution esclavagiste, le pacte colonial. Les Noirs, sous le commandement de Toussaint, ne s'étaient pas battus pour leur propre épanouissement, pour avoir des hôpitaux, des maisons décentes, des écoles. Ils n'avaient pas lutté pour eux-mêmes. Ils s'étaient sacrifiés pour enrichir la France esclavagiste. Sonthonax et Laveaux avaient recruté Toussaint Louverture et son armée pour tuer des Noirs (des bandits) qui s'étaient révoltés contre le système esclavagiste. Les intérêts de l'occident seuls comptaient. Les Français n'avaient pas été massacrés pour défendre les intérêts des Africains d'origine. D'ailleurs, d'après l'occident, ils n'avaient pas de besoins encore moins des intérêts.

Après avoir rétabli l'ordre dans la colonie, Toussaint Louverture avait fait de la France un véritable pilier dans la Caraïbe. Napoléon Bonaparte, obsédé par sa haine des Africains, l'avait compris trop tard. Quand il allait mourir sur l'île de Sainte Hélène, il avait fait un aveu. Il devait se servir de Toussaint car c'était le commerce qui était important. La France aurait gardé la Louisiane.

Toussaint était exilé puis assassiné en 1803, les dirigeants étaient muets comme si Toussaint n'avait pas existé. Sur le territoire, l'homme social se croyait libre. Pourtant il continuait à *tourner en rond* sans se rendre compte qu'il s'entourait d'une triste réalité plutôt nauséabonde. À cette phase de totale jouissance, le dialogue n'existait pas pour repenser le quotidien des hommes et des femmes au lendemain du Ier janvier 1804. Il y avait une sorte d'absence de toute pratique, de toute participation et de toute collaboration pour changer la structure économique, politique et sociale de la nouvelle nation. L'effet de cette omission volontaire était particulièrement éloquent et parfois même meurtrier.

Il était éloquent parce qu'il permettait aux hommes qui avaient usurpé le privilège de la victoire d'échapper à tout contrôle de la population. Ils n'avaient de compte à rendre à aucun *citoyen*. Ils avaient la force. Le système économique et social basé sur la violence contre les cultivateurs et sur les inégalités économiques était maintenu. La population encore passive, apparemment insouciante et toujours soumise aux chefs, vivait dans l'impossibilité de construire une véritable personnalité culturelle pour son bien-être. Elle avait encouragé, peut-être, sans le savoir, cette débauche insensée et burlesque. Ces hommes au pouvoir et plus tard du contrepouvoir qui s'affichaient uniquement pour s'accaparer du pouvoir politique préféraient piétiner sur place en s'entourant de montagnes de déchets et s'en réjouir pleinement en accusant les plus pauvres d'aimer la saleté et de vivre dans la saleté.

Il était meurtrier parce que le mépris du droit au travail, le mépris de la force de travail et le mépris de l'humanité des petits soldats et des cultivateurs surtout avaient détruit la bonne volonté de l'homme social haïtien bloqué dans ses aventures quotidiennes. En fait, cet être humain traînait dans une totale incohérence sans aucune perspective d'une amélioration de ses journées de travail en dépit d'une position politique, économique et sociale qui devrait être dynamique, positive et surtout efficace en vue d'aider au développement du pays. Il était comme tout membre de la population sur le territoire un sujet politique.

La France esclavagiste était-elle encore présente sur le territoire ?

La *nation* faisait son apparition après une période de guerre violente quand *le peuple de l'armée* avait inventé le besoin d'organiser le pays probablement en prévision d'un autre affrontement militaire. Les chefs militaires avaient donc accaparé la gestion du territoire pour *se préparer d'abord* à un retour immédiat des Français, sous le prétexte d'une guerre imminente, et pour continuer la violence physique contre la population dans le but de satisfaire leurs intérêts économiques et de justifier leur pouvoir absolu. Déjà, ils mettaient en pratique leur toute-puissance depuis leur nomination intéressée par l'administration esclavagiste en 1795. Comme membres de l'armée coloniale, ils avaient défendu, à cette époque, le fait français et le concept du travail établi par les colons et par l'administration coloniale française à Saint Domingue. Vers la fin de 1802, ils avaient abandonné l'armée coloniale associée aux nouveaux soldats de l'armée expéditionnaire pour inventer l'armée dite *indigène.*

En 1804, ils étaient l'autorité suprême indispensable, dûment acceptée pour défendre le territoire physiquement et politiquement. La *nation* nouvellement créée était donc *le reflet* des intérêts immédiats de ces militaires transfuges.

L'État et le gouvernement se confondaient-ils?

Où était l'État ? Où était le gouvernement ?

Un concept d'État n'existait pas en 1804 au moment de la Déclaration d'indépendance. La présence d'un État Indépendant devait inviter les dirigeants et la population à se soumettre au travail pour la satisfaction des besoins les plus élémentaires dans le but de rendre le pays moins vulnérable. Les dirigeants et la population avaient l'obligation d'un franc parler dans le but de poser les fondements de ce nouvel État.

En fait, les généraux qui *représentaient le peuple de l'armée* avaient nommé le général, Jean Jacques Dessalines, *Gouverneur Général à vie* avec le droit de nommer son successeur. Il n'avait pas le titre d'un chef d'État ni le chef d'une nation indépendante. Cependant, dans la réalité, le Gouverneur Général à vie était considéré comme un chef d'État ou comme le chef d'une nation. Il avait le pouvoir de décider de tout à travers ses diverses proclamations. Il avait un pouvoir absolu sur les hommes, sur les biens et sur les choses.

Une définition de l'État, pour accompagner cette détermination farouche d'être libre et souverain n'était pas présentée à la population pour asseoir cette indépendance. Le territoire avec son drapeau, la population qui y habitait et la culture propre à cet environnement étaient les éléments essentiels pour définir, camper et défendre ce nouvel État. Un concept de l'État pour aimer et protéger ce territoire, la population en général et sa langue de combat n'était pas discuté avec la participation de tous les citoyens. La vie sur le territoire dépendait uniquement des militaires qui avaient usurpé la gloire de cette victoire contre la France coloniale et esclavagiste. La réalité de ce combat violent devait être analysée comme l'une des principales valeurs qui devait animer le nouveau citoyen. Il devait être enseigné à tous les niveaux pour l'enflammer et non pour falsifier l'histoire. L'homme social était devenu *libre* parce qu'il avait lutté bravement, parce qu'il s'était sacrifié. Malheureusement sa liberté fut limitée. Lesdites *valeurs* de l'occident chrétien furent imposées à la population.

La Constitution de 1805 allait bloquer cette *liberté*. L'homme social était libre certes. Il pouvait se venger, *massacrer* ses anciens maîtres mais il n'arrivait pas à se suffire économiquement. Il était resté dépendant de produits importés. Il n'avait aucune perspective pour rassembler tous les éléments nécessaires dans le sens du développement durable et de la stabilité politique. L'État fut affaibli car il fut livré à la rapacité des leaders. L'indépendance était donc aliénée par ce concept de liberté *à l'occidentale*. Sa subordination à de nouveaux maîtres omnipotents avait déjà été inscrite depuis l'assassinat des leaders de l'insurrection en 1802. Dans la réalité, il ne pouvait pas s'assumer. Il était encore vulnérable. Il était encore misérable. Il avait lutté pour son propre lopin de terre. Il ne l'avait jamais possédé ni reçu. Il ne pouvait pas rompre facilement avec cette nouvelle tutelle politique et économique. Il fallait, en fait, une nouvelle insurrection. Dans la réalité, les pays esclavagistes brassaient encore les besoins primaires des dirigeants militaires en produits manufacturés sur leur continent. Ces chefs, depuis Toussaint, adoraient ces produits tout en dénigrant la production locale. La vie économique du pays nouveau était à la merci des affairistes étrangers. Ils contrôlaient les importations et toutes les exportations. Ils fixaient les prix de toutes les marchandises comme au temps de l'esclavage.

Comme le pays était né sans lois écrites dans le but de plaider pour cette rupture, la création d'un concept de l'État était, au départ, handicapée. La liberté restait sacrée mais l'indépendance économique n'avait aucune importance pour les dirigeants militaires malgré les revendications des cultivateurs. La continuité du système économique imposé par l'occident était plus importante pour leur pouvoir absolu. Il avait fallu attendre la publication de la Constitution de 1805 pour situer le mépris ouvert de la classe dirigeante par rapport à la participation des cultivateurs au combat pour une totale liberté. Et, là encore, à ce niveau, le concept de l'État était condamné par les habitudes du pouvoir absolu du général en chef et de son Etat-Major.

En effet, dans la même rubrique- Du Gouvernement- de la Constitution de 1805, il était écrit dans l'article 19: *Le gouvernement est confié à un premier magistrat...* et dans l'article 22, *L'État accordera un traitement fixe...* ce que confirmait l'article 37 de cette même rubrique qui se terminait comme suit: *L'Empereur Ier d'Haïti et Chef Suprême de l'armée par la grâce de Dieu et de la loi constitutionnelle de l'État.*

Pourquoi pas une rubrique: De l'État?

La religion qui avait regroupé les insurgés de1791 dans le but d'atteindre l'un de ses objectifs (la Proclamation de la Liberté Générale) fut mortellement blessée, fut particulièrement vilipendée. Le Dieu des chrétiens avait couronné l'Empereur Ier d'Haïti.

À la page 140 de son troisième tome, Madiou eut à écrire: *La nation secondera puissamment Dessalines tant qu'elle le verra employer sa toute-puissance à la prospérité de la patrie. Mais, après avoir établi les fondements d'un nouvel État, le général se constituera le maître absolu des hommes et des choses.* L'État souverain était la propriété du chef suprême. Il avait fondé l'État *dessalinien*, L'État d'Haïti était absent. Le général, chef de l'armée indigène, était un homme providentiel, un envoyé du dieu des chrétiens. L'Être Suprême l'avait nommé Empereur. Les loas n'avaient pas ce pouvoir. L'État *dessalinien* n'a pas survécu après l'assassinat de l'Empereur.

Quels étaient les fondements du *nouvel État?*

De la soumission totale à l'indépendance *même progressive* où était la rupture?

La liberté de l'homme social, devenu citoyen du nouvel État, en fait, n'existait pas. Le chef suprême se donnait le droit de décider de sa vie ou de sa mort. Au départ, la nation était née dans les bras d'une violence politique entre citoyens qui avaient lutté contre des forces esclavagistes pour libérer le territoire et non leur humanité. La Constitution de 1805 pour une meilleure vision de gouvernance n'exprimait pas cette volonté. Apparemment, tous les dirigeants pensaient protéger militairement la nation contre les menaces peu *évidentes ou imminentes* des anciens prédateurs européens alors que l'économie était sous le contrôle des agioteurs de l'Europe occidentale et ceux des États-Unis d'Amérique du Nord. Les chefs allaient s'adapter à cette situation de dépendance pour garder le pouvoir.

Ne le savaient-ils pas ?

Les revendications indispensables de la population travailleuse étaient mises de côté. Les mesures politiques prises par l'autorité militaire qui gouvernait n'étaient pas conformes à un réel État de droit, au droit à l'indépendance, à cette satisfaction des besoins essentiels et à la liberté individuelle. Les décisions, les variations d'humeur du Chef Suprême servaient de lois et de règlements puisqu'il n'existait pas de charte fondamentale en janvier 1804. En fait, l'autorité politique était surtout émotionnelle. Les jugements n'étaient pas tout à fait liés à la raison mais plutôt aux intérêts individuels du chef et des autres chefs.

L'absence totale d'un différend concept de travail dans cette nouvelle ambiance politique avait institué un chômage délibéré pour maintenir les plus vulnérables dans une déchéance totale. Le quotidien post colonial ne pouvait donc pas favoriser le développement durable par le travail pour l'épanouissement de la population. Les dirigeants ne manifestaient aucun enthousiasme, aucune détermination pour changer les coriaces comportements vécus durant l'administration du territoire par le pouvoir colonial. Ils ne considéraient pas l'indispensabilité d'une vision, d'une marche à suivre capable de freiner les caprices d'un corps social confus et désorganisé après une guerre aussi affreuse. Dans ce jeu fraudeur, il fallait justifier l'irresponsabilité de tout un chacun, surtout des chefs. Il fallait cacher le temps pour tromper particulièrement l'homme social dépendant dans une sorte de refus de le révéler dans son environnement. Cette arrogance empêchait au citoyen de la nouvelle classe sociale au pouvoir de s'adapter à d'autres exigences, de se regarder et de regarder cet être humain qui naissait, qui passait, qui mourait à ses côtés. Il lui était difficile de s'évaluer, de faire un vrai choix, d'harmoniser les éléments productifs, d'admettre son ombre, de se confier à la parole sous forme de monologue ou de dialogue.

Avait-il accepté depuis le continent africain son affreuse capture comme un bienfait comme les missionnaires chrétiens le proclamaient?

Avait-il compris et gardé l'identité culturelle de sa communauté ou de son milieu social avant sa délocalisation ou avant son enchaînement?

Ou avait-il rejeté mentalement et physiquement son identité culturelle et historique à cause de l'oppression des prédateurs européens?

Avaient-ils renié volontairement sa famille et son passé?

Était-il encore porteur de ce germe de la soumission?

Était-il dépendant, muet, irresponsable par choix ou par éducation?

Ou était-il simplement exclu par force?

Ou se sentait-il encore menacé par l'homme qui débarquait sur son sol avec ou sans croix, armé d'instruments pour tuer ou armé de valises pleines de promesse ou de fantômes dans le but de le tromper et de le ridiculiser?

Se laissait-t-il manipuler à cause de son attitude de soumis ou à cause de certains intérêts cachés?

Les institutions esclavagistes n'étaient pas transformées pour être mises au service de l'État indépendant. Elles étaient maintenues et même renforcées pour servir les intérêts cachés des dirigeants. L'État au départ était affaissé. Il n'était pas du tout analysé en fonction des intérêts de l'homme social. Il se dégradait sans prendre forme car les généraux, au nom du peuple de l'armée, avaient *juré d'obéir aveuglement aux lois émanées de son autorité* (de l'autorité du Chef Suprême). Les signataires de l'Acte de l'Indépendance lui avaient donné un pouvoir absolu. La participation de la population pour confirmer ce pouvoir absolu ou cette indépendance n'existait pas. Les signataires avaient choisi de conspirer contre la personne du chef jusqu'à son assassinat.

Un mouvement d'idées capable de rechercher les possibilités de tout changement et d'épanouissement pour une société respectueuse de l'homme social ne pouvait pas exister dans cette atmosphère politique. Or la mentalité de l'esclave (du soumis) existait encore tout comme la mentalité des prédateurs européens qui était constamment pratiquée par les nouveaux barons de la *nation*. Le maintien de ces comportements sauvages n'était pas questionnable. Ils étaient donc inviolables mêmes indiscutables. Les soumis d'hier se montraient incapables de se défaire de ces contraintes surannées tant l'empreinte était barbare. Ils étaient dans l'impossibilité de rejeter tous les conflits qui pesaient sur leur conscience contre leur bien-être et contre leur volonté d'épanouissement. Ils ne pouvaient pas s'engager dans le but de se libérer de cette absence d'identité culturelle. Probablement la recherche et la connaissance de cet élément faciliteraient leur libération.

D'ailleurs, les cultivateurs continuaient de se débattre avec la nature et de remuer la terre dans le but de satisfaire leurs maigres besoins et les besoins de ceux qui avaient obtenu leur gloire sur les champs de bataille. Ils devaient rester muets, soumis. L'espace sur lequel les cultivateurs besognaient n'était pas un lieu privilégié où s'établissait leur identité, où s'exprimait leur personnalité, où ils devaient s'instruire ou être instruits. Ils ne bénéficiaient pas de cet espace sur la plantation ou dans les alentours. Cette place était un lieu d'hostilité et de répression où il leur était difficile de prendre conscience d'eux-mêmes en tant qu'homme social libre tant cet étouffement les détruisait. Le travail conçu par les nouveaux propriétaires ne leur permettait pas d'assurer leur quotidien. Ils étaient forcés de survivre selon l'humeur des nouveaux chefs qui avaient tout confisqué : la terre, les moyens de production, le commerce, les armes et les munitions.

La lutte collective, menée par les cultivateurs de 1791 à 1793, qui avait abouti à la proclamation de la liberté générale, avait été condamnée par les militaires non européens de l'armée coloniale. La décision de cette armée de transfuges de combattre les insurgés de 1791 sur la demande de l'administration coloniale expliquait clairement le mépris que Toussaint et ses soldats avaient pour ces êtres humains. Il fallait les anéantir. Ils étaient des esclaves sans histoire. À partir de 1795, une lutte individuelle affreuse pour le pouvoir absolu avait volontairement détruit les véritables aspirations des cultivateurs rebelles. Tout un montage politique fut élaboré pour faire du général Toussaint Louverture le champion de la liberté. Sa percée *dite révolutionnaire* fut révélée pour imposer des mensonges, pour organiser un processus d'émancipation et pour dénigrer le combat acharné que les insurgés de 1791 avaient mené contre les colons prédateurs de l'occident chrétien.

Les rebelles étaient des anciens esclaves. Ils n'étaient pas les *Nouveaux-Libres* qui accompagnaient toussaint Louverture. L'occident chrétien avait, sans aucun scrupule, renversé ses propres valeurs. *La constitution française du 24 juin 1793 en son article 3 proclamait que tous les hommes sont égaux par la nature et devant la loi.* Ces mêmes esclavagistes qui avaient écrit cette constitution avaient envoyé des commissaires pour faire appliquer la loi du 4 avril 1792. Ces êtres humains (*les blancs et les hommes de couleur*) n'étaient pas *égaux par nature et devant la loi.* Leur constitution n'était pas applicable dans leurs colonies. Les colonisés et les esclaves n'étaient pas encore des êtres humains. Il était difficile pour la France de reconnaître la victoire des cultivateurs rebelles. Ils allaient inventer ce décret d'abolition comme la victoire idéologique des républicains de la France révolutionnaire. Les prédateurs chrétiens civilisés ne pouvaient pas dire que ces Africains d'origine avaient acculé le commissaire civil Félicité Sonthonax. Ils ne pouvaient pas admettre que ces *sous-humains* avaient gagné une grosse bataille qui fut détournée par la Convention Nationale Française.

Ils avaient donc falsifié ce décret d'abolition de l'esclavage pour en faire un décret d'émancipation des noirs. Ils allaient diaboliser les insurgés de1791 et les traquer avec la présence du général Toussaint Louverture et son armée. Ils avaient violé leur propre décision. La France allait inventer le général puis le gouverneur puis le premier des Noirs qui avait maintenu la colonie comme fait français. En même temps la société dominante coloniale lui donnait la gloire d'avoir libéré les esclaves, libres depuis 1793. Finalement le premier des *blancs* faisait lâchement assassiner le premier des *noirs* comme un traître à la France.

Les généraux non européens de l'armée coloniale avaient-ils abandonné le gouverneur Toussaint Louverture ou l'avaient-ils trahi au moment de sa *trop facile* arrestation par les militaires français de cette même armée coloniale ?

L'obsession du pouvoir et de la monnaie

À Saint Domingue, les cultivateurs étaient *obligés, à cause du fouet,* de se conformer à l'oppression des propriétaires européens jusqu'à leur abrutissement. Dans le nouvel État Indépendant, ils subissaient encore de terribles moments de violence et d'humiliations sur les habitations appartenant aux nouveaux barons, chefs de l'armée *haïtienne*. Ils avaient gardé leur fonction de bras *robustes*. Ils étaient de simples instruments de production. Ils ruinaient leur humanité et leur quotidien. Ils avaient en face d'eux la question du droit de propriété : le monopole inviolable et illégal des hommes au pouvoir et du contre-pouvoir depuis l'époque coloniale. Le gouvernement que ces dirigeants avaient créé avait pour mission de protéger par tous les moyens ce droit de propriété et leurs privilèges reçus des esclavagistes français de façon contestable. Les chefs en profitaient. Il était donc difficile de définir une norme claire de justice et surtout d'équilibre social pour une stabilité politique. Pour justifier ces avantages, ces militaires devaient établir une violence dite *légitime*. Ils étaient l'*État.*

Les cultivateurs n'avançaient pas vers leur dignité. Ils étaient freinés et paralysés par la terreur mise en pratique par les hommes qui contrôlaient le pouvoir administratif, politique, juridique et même économique. Et ils continuaient à être exclus comme acteurs libres de la vie nationale. Ils ne pouvaient donc pas être autonomes pour se suffire. Ils ne pouvaient pas être compétitifs sur le marché du travail. Ils ne pouvaient pas assurer leur quotidien et leur avenir sans être remorqués par ceux qui avaient participé au plus haut niveau à la guerre dite de l'indépendance. Ces dirigeants avaient tous les honneurs.

L'esclavage n'était-il pas l'un des moyens le plus sûr pour arriver à l'accumulation de la monnaie ?

Devenus libres après une guerre sanglante, les cultivateurs devaient-ils être humiliés et terrorisés par de nouveaux maîtres?

La société dominante post-coloniale avait-elle gardé et mis en pratique les concepts esclavagistes des prédateurs français ?

Combien de temps il faudrait aux nouveaux citoyens pour devenir libres, indépendants et pour être respectés par des lois?

N'avaient-ils pas le droit de participer à la chose publique ?

Les travailleurs opprimés mais indépendants étaient restés misérables économiquement, socialement et spirituellement après toutes ces années de lutte marquée par la violence. Ils étaient sauvagement contrôlés par le même système économique basé sur le profit, sur la discrimination et sur l'accumulation individuelle des richesses. Les rapports de travail et de production n'avaient pas du tout changé. Les inégalités économiques et sociales étaient aussi évidentes. Ils n'avaient aucune perspective pour ne pas patauger dans la pauvreté, dans la déchéance, dans la saleté. Et, surtout, ils restaient sans espoir sur un territoire *faussement* souverain, *faussement* indépendant. Aucune décision pour de nouveaux rapports d'homme à homme n'animait la conscience des dirigeants dans le but d'agir sur leur comportement. Leur conduite montrait clairement qu'ils avaient travaillé pour renverser les acquis de la rébellion de la force de travail. La répression contre les plus vulnérables était toujours sanglante.

Le territoire des Tainos était-il toujours à la dérive même avec le décret d'abolition de l'esclavage en février 1794 ?

Tout semblait inchangé depuis la fin des hostilités sauf que le fondateur de la patrie et sa suite avaient pu *publier une Constitution en 1805* plus d'un an après la Déclaration d'Indépendance de 1804.

Était-ce une anomalie politique?

Était-ce une erreur juridique?

Les dirigeants maîtrisaient-ils les aspects économiques, juridiques et politiques d'une nouvelle nation ?

Y avait-il une proposition de monnaie nationale circulant sur le territoire pour toutes les transactions commerciales et financières ?

Pourtant il fallait bien une charte fondamentale pour tous les Haïtiens quelle que fut leur condition économique et sociale.

Le général en chef avait déjà un pouvoir absolu. Il était déjà identifié à la nation. La *société civile* n'était pas en sécurité. Elle n'était pas protégée par des lois, sauf par l'humeur du chef. Elle était muette. Elle acceptait en silence et applaudissait pour manifester son impuissance. Elle était libre officiellement mais elle ne vivait pas dans un pays indépendant. Les cultivateurs étaient encore opprimés. La souveraineté alimentaire n'était pas recherchée. Les petits soldats circulaient encore en haillon. Personne ne protestait. Les citoyens étaient toujours silencieux. Le droit á la propriété était interdit aux misérables. Le *peuple de l'armée* (les chefs militaires) avait tous les pouvoirs. Les dirigeants avaient le monopole de la force sans aucune vision d'indépendance économique.

Ce corps apparemment uni qui portait l'uniforme était bien organisé pour s'accaparer de tous les honneurs que les propriétaires de plantation et d'esclaves avaient reçu de leur église et de leur souverain. Il avait l'obligation d'obéir aux ordres parfois émotionnels du chef suprême car la charte fondamentale n'existait pas. La guerre contre les esclavagistes français était terminée. Cet acquis de liberté était indispensable pour repenser les valeurs. Les vengeances commanditées par le chef suprême étaient ouvertement exécutées. Les enfants et les vieillards n'étaient pas exclus. L'impunité était totale. Les nouveaux citoyens étaient libres pourtant le pays n'était pas indépendant.

L'ordre, pendant ces jours de carnage, régnait de tous côtés; on procédait à ces immolations avec calme, méthode et discipline... La fureur des Haïtiens était presque générale. La soif de la vengeance était vivement éprouvée par la plupart d'entre eux.

Les lois n'existaient pas. Les dégâts étaient énormes. Ces massacres trouvaient une explication dans la Proclamation du 28 avril 1804.

Des forfaits jusqu'alors inouïs faisaient frémir la nature, la mesure était à son comble.

Enfin l'heure de la vengeance a sonné, et les implacables ennemis des droits de l'homme ont subi le châtiment dû à leurs crimes.

Et, en même temps, dans cette même proclamation, le fondateur de la nation proposait une *feuille de route* aux citoyens:

J'ai vu deux classes d'hommes nés pour s'aimer, s'entraider, se secourir, mêlées enfin et confondues, courir à la vengeance, se disputer l'honneur des premiers coups. Noirs et Jaunes que la duplicité raffinée des Européens à chercher si longtemps à diviser, vous qui ne faîtes aujourd'hui qu'un seul tout, qu'une seule famille, n'en doutez pas, votre parfaite réconciliation avait besoin d'être scellée du sang de nos bourreaux. Mêmes calamités ont pesé sur vos têtes proscrites, même ardeur à frapper vos ennemis vous a signalés, même sort vous est réservé, mêmes intérêts doivent donc vous rendre à jamais unis, indivisibles et inséparables. Maintenant votre précieuse concorde, cette heureuse harmonie parmi vous; c'est le gage de votre bonheur, de votre salut, de vos succès c'est le secret d'être invincibles. (97)

Qui avait l'honneur des premiers coups ?

Une alliance basée sur la teinte épidermique de ceux qui convoitaient le pouvoir politique pouvait-elle créer l'État Haïtien ?

Cette union, *le gage de votre bonheur,* était-elle le secret de leur force pour faire fonctionner un État de droit ?

Une nation nouvellement indépendante qui avait militairement chassé l'armée coloniale française commandée par les esclavagistes chrétiens de l'Europe était gouvernée sans aucune loi propre pendant plus d'un an.

Les lois coloniales étaient-elles toujours en vigueur après cette rupture violente avec le colonialisme, avec l'esclavage?

L'Empereur fut assassiné un an et quelques mois après la publication de la première charte fondamentale par ceux qui l'avaient acclamé comme gouverneur à vie avec un pouvoir absolu: *Maître des biens et des choses avec le droit de vie et de mort.*

Le *Fondateur d'une patrie nouvellement indépendante* méritait-Il d'être assassiné?

Dans quel but ce crime avait-il été commis?

Y avait-il un jugement pour trouver le ou les coupables ?

Quelle interprétation claire basée sur des faits documentés pouvait être donnée à cet acte obscure?

Le territoire eut à *posséder un drapeau,* d'ailleurs toujours souillé, jamais respecté. Ce drapeau était un symbole de souveraineté et imposait l'indépendance du territoire face aux autres nations encore esclavagistes et surtout comme État indépendant. Cette ouverture sur le monde ne fut pas adressée dans le sens de la responsabilité citoyenne puisqu'il n'y avait pas de rupture avec les mécanismes des transactions commerciales existant durant l'époque coloniale. La majorité de la population ignorait presque totalement les enjeux économiques de cette nouvelle étape politique. Le mouvement contre les prédateurs français manquait de clarté. Il n'était pas expliqué à la population dans le sens d'un combat vers un épanouissement économique et social, vers le bonheur des citoyens. Les dirigeants militaires avaient séquestré cette orientation politique et militaire pour défendre une souveraineté personnelle, leurs intérêts immédiats. Les dirigeants haïtiens n'étaient donc pas des acteurs politiques conscients qui avaient l'intention de contrôler la marche de leur propre histoire.

Fallait-il mentir pour avoir le mérite du pouvoir absolu, le mérite des privilèges, le monopole de la propriété privée et des biens, le monopole de la distribution sélective des faveurs ?

Étaient-ils inconscients ?

Connaissaient-ils leur histoire d'ailleurs?

N'étaient-ils pas instruits pour défendre et aimer le fait français, pour *s'approprier les valeurs occidentales comme gage de leur bonheur* ?

N'avaient-ils pas renié leur propre identité historique afin de mépriser les plus vulnérables ?

Ils répondaient à une sorte d'humeur sans prendre possession de leur propre destin. Ils étaient à la remorque de certains clans privilégiés pour *se débrouiller* contre leur destin et contre leurs droits. Les dirigeants militaires et politiques qui avaient *créé ce drapeau bleu et rouge* étaient de *mauvais représentants* de l'affrontement mené par les cultivateurs contre l'esclavage puisque les inégalités économiques et sociales du système esclavagiste étaient encore volontairement mises en pratique. Ils avaient pris la direction de la lutte contre l'armée coloniale et l'armée expéditionnaire françaises officiellement en mai 1803 sans pour autant apprécier le droit des cultivateurs de revendiquer leur espace agricole et leur désir de n'être plus des bras robustes au service de l'occident chrétien et des colons propriétaires de plantation. Ces chefs militaires n'envisageaient que la protection de leurs privilèges en éliminant les chefs rebelles qui avaient fait capituler Sonthonax en 1793.

Le système esclavagiste appliqué sur l'île d'Ayiti fut, à peine, considéré comme un crime contre des êtres humains sauf dans la Proclamation du 28 avril 1804. (Il fallait attendre la loi Taubira pour que la France accepte de reconnaître que la traite et l'esclavage étaient un crime contre l'humanité.) Et encore ! (98) Les souffrances causées par cette guerre contre les cultivateurs réduits en esclavage et contre l'homme social autrefois libre dans sa communauté d'origine avaient tout simplement été ignorées et parfois mêmes ridiculisées par les hommes au pouvoir et même par le contre-pouvoir permanent. Les militaires étaient des anciens membres de l'armée esclavagiste française. En fait, ils étaient des êtres obéissants et l'administration coloniale les avait divisés par des questions de teinte épidermique. Ils ne convoitaient que le droit de propriété colonial pour imiter et satisfaire la suprématie commerciale des *colons blancs*. Ils allaient défendre le statut foncier colonial. Ils étaient des accapareurs-propriétaires de grands domaines tout comme les prédateurs français sans se soucier de l'espace agricole que réclamaient les cultivateurs. Ils maniaient le fouet comme les colons pour faire travailler dans leur intérêt les cultivateurs-esclaves. Ils avaient combattu, au nom de la France, les rebelles qui cherchaient leur liberté et qui insistaient pour avoir leur lopin de terre. Ils les avaient traqués sans succès. Ils furent eux aussi acculés. Cependant ils avaient trouvé astucieusement une solution encore basée sur la question de couleur pour manipuler les cultivateurs rebelles. Au début, ces insurgés avaient été méfiants. Leur hésitation était justifiée. Pourtant ils avaient accepté de collaborer avec ces militaires transfuges. Cette association avait occasionné leur malheur.

Leur volteface et leur union, après le retour de ceux qui avaient lutté aux côtés de Rigaud contre le général Toussaint Louverture, avaient bloqué le mouvement anti esclavagiste des rebelles. En fait, ces chefs militaires omnipotents n'avaient jamais pris *possession* du territoire au lendemain de cette grande victoire pour le gérer dans le sens du progrès. Ces chefs décorés, après la déclaration d'indépendance, avaient abandonné et le territoire et la force de travail et les combattants aux magouilleurs et aux meneurs étrangers dans le but de prendre possession du trésor public. C'était leur seul intérêt. En refusant de changer le statut foncier colonial et en refusant de libérer l'instruction au profit des plus vulnérables, ils avaient instrumentalisé la jouissance des anciennes propriétés coloniales en leur faveur tout en monopolisant l'information et le pouvoir. Ils avaient organisé la suprématie de l'occident chrétien dans le but de bloquer l'épanouissement de la masse des cultivateurs misérables

La nation nouvelle était-elle à la dérive?

En initiant cette nouvelle étape de leur existence de peuple *libre et indépendant*, les Haïtiens pouvaient-ils écrire leur propre histoire?

Devaient-ils l'écrire à partir de leur expérience dans leur communauté d'origine en Afrique ou à partir de leur propre connaissance de leur histoire sur l'île où fut détruite la civilisation taino et les valeurs transportées par les esclaves d'origine africaine ?

De simples lectures proposées par les civilisés de l'occident chrétien sur la présence des esclavagistes européens suffisaient-elles pour donner à la population nouvellement libre un sentiment d'appartenance sur l'île?

Certes il y eut des révoltes suivies de gros massacres; certes il y eut des convoitises politiques écœurantes suivies d'horribles hostilités; certes il y eut des protestations suivies de répressions sanglantes. Toutes ces démonstrations étaient plutôt limitées. Elles étaient surtout dominées par l'appropriation individuelle des biens et des richesses puisqu'elles ne produisaient pas le changement espéré que la population travailleuse et que les combattants qui résistaient à l'oppression réclamaient. Pourtant, ils avaient lutté pour l'obtenir.

Le système économique basé sur le maintien de la propriété foncière esclavagiste, sur la discrimination, sur le profit et sur l'accumulation des biens contrôlait la vie et les destinées du nouveau pays. La vision d'un développement durable au profit du territoire et de la population en général n'apparaissait pas. Les chefs militaires étaient fiers d'appliquer la politique économique coloniale puisqu'ils avaient remplacé les colons et les administrateurs coloniaux pour satisfaire leurs ambitions sociales et économiques. Le concept de la *société civile et le concept de l'État* n'étaient pas analysés dans le contexte de la solidarité citoyenne et de la nouvelle indépendance. L'armée était la seule institution qui contrôlait et qui défendait le nouvel État. Et elle ne partageait pas son pouvoir de décision et son pouvoir de contrôle.

Ce départ s'inspirait des relations d'alliance et de trahison parmi les dirigeants au moment des périodes politiques *tranquilles ou chaudes.* Ces actions menées par un homme ou par plusieurs êtres humains contre un autre homme ou contre d'autres individus (compétiteurs face au pouvoir politique), tout simplement, n'expliquaient pas le mouvement de la monnaie mais activait le bouleversement politique: la crise au profit des métropoles esclavagistes. La destruction physique du territoire souverain s'ensuivait et le maintien du système économique et politique basé sur la dépendance tel que le territoire l'avait connue durant les années infernales de l'institution esclavagiste s'imposait grâce aux attitudes souterraines et hypocrites de faux politiciens, de faux dirigeants et de faux prophètes. Tous, de vrais prédateurs, de vils assassins et des accapareurs de biens.

Dans ce branle-bas général, l'absence de raisons morales, l'absence d'un besoin d'hygiène mentale (à l'échelle nationale), l'absence d'une vision économique, l'absence d'une productivité adéquate pour l'alimentation de la population ne préoccupaient ni les privilégiés au pouvoir ni les privilégiés du contre-pouvoir ni ceux qui ignoraient le pouvoir encore moins ceux qui *vivaient sans intelligence* (comme disait Aristote) ou sans histoire, complices du pouvoir et du contre-pouvoir et ceux qui se traînaient sans pourvoir pour leur survie dans la misère, dans l'abandon et dans la mendicité (sur *le béton comme avait dit Claude C. Pierre*).

L'horreur de ces poubelles nues, conditionnées à chaque carrefour, où chiens, cabris et êtres humains devaient s'accoler tous les jours ne dérangeait aucun passant. S'organiser n'importe comment pour satisfaire ses besoins primaires n'étonnait pas les voisins. Dans *Les causes de nos malheurs,* Edmond Paul avait décrit brillamment cette situation. Il fut assassiné.

Certaines décisions prises du haut de la tribune n'estomaquaient pas la société civile et ne choquaient pas les plus vulnérables livrés à écouter ce langage tordu, vicieux. Aliénés dans ces insignifiants discours pleins de contradictions, ces détenteurs du pouvoir absolu *vivaient* heureux dans la saleté, le mensonge et l'hypocrisie accompagnés d'une violence dite *légitime.* Ils accusaient les plus défavorisés parce qu'ils faisaient croire qu'ils étaient des victimes du système politique qu'ils défendaient. Puis ils plaidaient leur cause sans aucune gêne. L'absence de vision politique indiquait qu'il n'y avait aucun amour pour le pays. Une simple analyse de leur devoir de citoyen ne justifiait pas la dimension de leurs actions. Celles-ci, entre autres, n'étaient pas en harmonie avec leurs discours qui embrouillaient l'urgence d'un État de droit dans le but de mettre sur pied les éléments décisifs pour un développement durable au bénéfice de tous.

Le *foulard couleur de sang et la machette* (99) s'exhibaient dans tous les couloirs du pouvoir et du *contre-pouvoir* d'où l'aversion que ce pouvoir (cet alléchant *besoin*) suscitait parmi la population (l'ensemble des citoyens riches ou pauvres) qui bougeait difficilement à leurs appels sauf si elle recevait un petit salaire pour se lancer gaiement et fièrement dans les rues en brisant tout sur leur passage et en scandant des mots obscènes aux adversaires de leurs petits chefs ou de leurs meneurs malchanceux. Ces éléments soi-disant dirigeants, dominant la scène politique et militaire, s'accrochaient à une aberrante perversion de l'activité créatrice pour une croissance économique et pour la stabilité politique.

Le comportement humain de ces cadres dirigeants restait lamentable et décevant face au mouvement de la monnaie et à son utilisation comme pouvoir d'accumulation et comme pouvoir d'achat. Cette attitude était détestable parce que ce mouvement n'était pas considéré comme une voie primordiale à la stabilité politique et sociale et comme un important moyen de transactions financières pour tous les citoyens.

Si le travail devait permettre à l'homme social d'assurer son quotidien et celui de sa famille, la réalité était attachée au désir et au bonheur du chef dans le contexte politique de la nouvelle nation. Or l'application au travail devrait permettre à l'homme social d'exprimer son intelligence et sa volonté de bien faire pour enrichir la société en général.

Malheureusement, le christianisme et le système économique basé sur le profit, sur des inégalités et sur l'accumulation des richesses introduits dans la colonie et, bien sûr, plus tard dans la société post coloniale avaient engendré la peur du lendemain, l'insécurité alimentaire, l'anxiété dans les relations sociales afin d'introduire un système corrompu basé sur la distribution de faveurs, sur le *don* et sur la *charité*.

Ces individus se contredisaient et s'embarrassaient sur un terrain surtout méprisé et volontairement mal adressé. Ils se détournaient de toute *idée réaliste* de leur être et s'opposaient le plus souvent à leur propre conscience. Ils dirigeaient un *État* inexistant en *chefs omnipotents* et en même temps ils étaient fiers de se projeter sur la scène politique en sujets dépendants. Ils défendaient depuis 1795 une administration en dérive et une économie de dépendance moribonde qui *honorait* tous les citoyens soumis du pays laquelle enrichissait une petite clique toujours renouvelée au pouvoir et surtout la société internationale européenne chrétienne.

D'un côté, ils étaient arrogants et violents mais médiocres et d'un autre côté ils cédaient leur *dignité* à un autre plus puissant économiquement et politiquement. Ils vivaient une énigme peu compliquée. Ils étaient les maîtres, les chefs d'une société civile vulnérable (riche ou pauvre) et aussi ils étaient les esclaves d'un système basé sur l'exploitation d'êtres humains et sur le profit: des êtres humains qui ne se possédaient pas économiquement. Ils n'avaient qu'une seule attache: les fonds du trésor public volés qui leur donnaient un bonheur sans dignité et un pouvoir absolu mais éphémère. En fait, ils ruinaient leur propre *petit* bonheur. Leur attitude de soumis les empêchait d'admettre la parole d'autrui sauf de celui qui les avait oppressés depuis des centaines d'année et qui les oppressait encore économiquement et mentalement. Ils vivaient un état permanent d'asservissement.

Ils étaient le plus souvent fossoyés par ceux qui les accablaient hier au moment de leur esclavage et ridiculisés par ceux qui décrivaient leur déchéance pour s'amuser.

Tout était pratiquement et précieusement confus, mélangé, une véritable décadence intentionnelle. Pour rester en équilibre au haut de l'échelle politique, ils avaient appris à barboter dans toute sorte de miasmes. Cette *société (dite civile)*, formée de clans privilégiés qui contrôlaient les gouvernements, les ressources physiques et la population besogneuse et pitoyable, pouvait se faufiler (même en uniforme) pour tout accaparer mais ces groupes sociaux qui la formaient étaient incapables de se constituer dans ce système juridique et politique en véritable classe sociale dominante face aux cliques misérables jetées sur le béton: ce monde vulnérable, délabré, mal organisé, tout aussi inapte de penser comme une classe sociale cohérente à cause de prophètes vaniteux et incompétents, de leaders corrompus, arrogants et criminels prêts à se laisser acheter par n'importe quel pouvoir et surtout par les esclavagistes de la société internationale européenne chrétienne.

Les questions dites *raciales* étaient dressées comme de *vrais rapports de classe* pour falsifier les confrontations économiques et sociales et même spirituelles. La discrimination dite *raciale* mais fictive depuis l'arrivée des conquérants devenait le moteur des tensions économiques, politiques et surtout sociales: (les petits noirs contre les petits rouges ou vice versa). *Infernale bêtise, démentielle médiocrité* des hommes de la *classe politique* comme avait dit Claude C. Pierre. Les nouveaux colons, les anciens colons, vêtus de l'uniforme militaire de l'armée coloniale, chefs de la nouvelle nation, étaient, tous, les bénéficiaires de l'application de ce concept de *classe économique, politique et sociale* basée sur la teinte épidermique inventée par la civilisation occidentale chrétienne, imitée et imposée par la société dominante post coloniale au pouvoir et celle du contre-pouvoir toujours à l'affût du pouvoir.

Ils avaient œuvré pour ruiner la conscience des cultivateurs et des petits soldats. Pris dans cet enfer, ces derniers avaient fini par croire que la liberté acquise de haute lutte n'était pas faite pour leur bonheur. Elle n'était pas garantie par la loi encore moins par un espace agricole puisqu'ils étaient encore les victimes de la barbarie des nouveaux dirigeants-propriétaires des grandes habitations coloniales.

Le conflit

La pratique du pouvoir politique de ces bandits de l'occident chrétien était empreinte de ruse et de perfidie. Elle fut malheureusement imitée par les chefs militaires de ce territoire nouvellement indépendant. Les *révolutionnaires* de la Convention Nationale Française étaient persuadés que ce fameux décret d'abolition des esclaves n'allait pas être appliqué. La société économiquement dominante ne pouvait pas l'accepter à cause de ses intérêts personnels et à cause de leur passion sociale, spirituelle et surtout *raciale*. En fait, ils avaient volontairement *oublié* l'article 35 de la Constitution de 1793 qu'ils avaient publiée : *quand le gouvernement viole les droits du peuple, l'insurrection est, pour le peuple, et pour chaque portion du peuple, le plus sacré des droits et le plus indispensable des devoirs.* Les *révolutionnaires* de la Convention Nationale Française violaient leur propre décision.

Comment inventer un État de droit avec ces valeurs d'emprunt ?

Pour faire gober ce mensonge, ils ont camouflé les vraies origines de ce conflit, faussé la vraie nature de ces agressions et maquillé la vraie identité des agresseurs et celle de leurs alliés... (100) Le mensonge était une construction sociale importante défendant une grossière réalité pour mieux manipuler, pour mieux exploiter et pour mieux voler. Le passé esclavagiste pour ces chefs militaires n'était pas une leçon à méditer et à questionner. Ils n'avaient apparemment rien appris. Pourtant, ils avaient bien compris que les principales revendications des cultivateurs étaient déjà enterrées depuis l'assassinat du général Moise, ledit neveu de Toussaint Louverture.

La société économiquement et socialement dominante allait ainsi forger son pouvoir absolu. La bêtise allait se répandre à toute allure. *Les commandeurs des principaux ateliers étaient tout désignés au choix de Toussaint. D'autant plus que, par leurs fonctions de prêtres, ils exerçaient, pour la plupart, un grand ascendant sur l'esprit naïf des esclaves...Il fallait ensuite une mise en scène pour frapper l'imagination des nègres, impressionner leur esprit superstitieux.* (101) Ils avaient bien imité leurs maîtres. Ils avaient compris l'importance du mensonge lié à la force. Ils savaient qu'ils les manipulaient. Il fallait empêcher aux cultivateurs de nuire aux privilèges et aux intérêts économiques des propriétaires de plantation (nouveaux et anciens) et des négociants. L'ignoble concept du travail avait été imposé par l'occident chrétien. Il fut maintenu. Les hommes au pouvoir s'enrichissaient.

Les chrétiens occidentaux allaient réfléchir jusqu'à trouver une solution pour nier à ces travailleurs agricoles en rébellion depuis 1791 cette dite abolition dans le but de miner leurs revendications et surtout de bloquer leur mouvement social. Une formidable stratégie du mensonge était élaborée pour justifier le déni des repères de la force de travail. En utilisant ces manœuvres, ils manipulaient leur droit d'être libres, d'être dignes, de vivre sans les chaînes de l'humiliation. Un important mouvement de leur *évolution* en tant qu'êtres humains était planifié pour dissuader ceux qui utilisaient leurs bras robustes afin d'enrichir les individus supérieurs. Tout simplement, ils voulaient continuer à les dominer. Ces cultivateurs n'avaient qu'à attendre le *blanc* pour avoir le droit de dire qu'ils avaient des besoins.

Toussaint Louverture et ses soldats étaient des membres appréciés de l'armée des *blancs.* Ils s'identifiaient aux *blancs.* Ils s'accommodaient aux faveurs que leur donnaient les *blancs.* Ils légitimaient les actions des *blancs.* Cette ressource humaine qui venait de la partie Est de l'île était importante et efficace car elle servait de chair à canon lors des confrontations avec les autres armées esclavagistes. Elle constituait aussi un corps de mercenaires bien expérimentés. Elle était mobilisée pour combattre les armées des autres monarchies esclavagistes. Elle était engagée pour détruire le mouvement social des *sauvages* cultivateurs : ils n'étaient pas encore apprivoisés. Cette armée était formée de *bons soldats noirs,* les Nouveaux libres, afin de terroriser les *bandes de mauvais noirs.* : les Africains, les hors la loi. Il était clair que Sonthonax et Laveaux insistaient sur leur *fidélité aux blancs.*

Ces cultivateurs, libérés de leurs propres initiatives, avaient fait le serment de ne pas remettre les pieds sur une habitation esclavagiste. Ils avaient décidé de combattre le concept de travail introduit sur l'île Kiskeya par les conquérants de l'occident chrétien. Durant ces années d'esclavage, de terreur, de sauvagerie et de violence, l'homme social fouetté, humilié, opprimé et manipulé, d'origine taino et d'origine africaine, avait souffert des traumatismes terribles lesquels devaient les perturber pendant des générations. Des crimes sordides furent commis intentionnellement pour enrichir des êtres humains qui possédaient la force et qui prétendaient avoir reçu de leur Dieu le droit de tuer des êtres humains.

La bêtise ne devenait-elle pas envahissante ?

Comme il n'y avait pas de compétence pour juger un esclave avant de le fouetter, de le torturer, de le lyncher, de le massacrer, cette grande terreur durant des années satisfaisait l'arrogance du maître blanc et de ses collaborateurs non européens. Les colons, avait écrit Condorcet dans ses *Réflexions sur l'esclavage des nègres en 1781,* étaient fiers de leurs forfaits. Il avait dénoncé ces situations inhumaines. *Les blancs se permettaient de tuer les nègres marrons (les fugitifs) comme on tue des bêtes fauves... et non seulement, jamais une seule fois la tête d'un de ses monstres n'est tombée sous le fer de la loi, mais ces actions ne les déshonorent point entre eux, ils osent les avouer, ils s'en vantent et ils reviennent tranquillement en Europe parler d'humanité, d'honneur et de vertu.* (102) En fait, l'esclave ou le rebelle d'origine taino ou d'origine africaine, assassiné, ne valait pas plus qu'un animal. Cette tare était restée vivante même après l'indépendance.

Un tribunal contrôlé par la société européenne internationale chrétienne pour statuer sur le droit d'un peuple, d'une ethnie, ou d'un être humain n'existait pas encore. Tout, à cette époque, reposait sur le *droit de la force* avec pour arbitre intéressé : l'église chrétienne. Le mot *génocide* pour qualifier la sauvagerie de l'occident chrétien n'était pas encore employé à cet effet. La loi, publiée par les institutions occidentales, n'en parlait pas.

Le général Donatien Rochambeau n'avait jamais été appelé au tribunal pour avoir utilisé des chiens féroces dans le but de dévorer des êtres humains d'origine africaine qui étaient réduits en esclavage sur les habitations des colons chrétiens de l'Europe occidentale. Au contraire, il avait été applaudi par la société économiquement et politiquement dominante chrétienne. L'église chrétienne avait piaffé de contentement. Le général Donatien Rochambeau avait été honoré et décoré par les occidentaux. Il était un militaire plein de vertu, défenseur des valeurs du christianisme.

Un cafouillage politique, depuis l'insurrection de 1791, avait, en fait, désorganisé l'entreprise coloniale. L'usage sournois de la fiction de la teinte épidermique avait facilité une fausse alliance pour chasser du *sol taino* les bandits de l'occident chrétien dans le but d'inventer un pouvoir contrôlé par des non européens. Une souveraineté nouvelle devait naître.

Pouvait-elle survivre avec les contraintes internationales et surtout avec les menaces de la France ?

La France esclavagiste, humiliée par des non Européens face aux autres puissances esclavagistes, allait-elle abandonner ses privilèges, sa *perle,* sa florissante colonie dans la Caraïbe ?

La France esclavagiste pouvait-elle accepter officiellement sa défaite ?

D'un côté, Il y avait le besoin d'une nation occidentale, souveraine et forte dans le but de démanteler les ethnies faiblement armées qui n'acceptaient pas le *droit* de domination. D'un autre côté, il fallait priver au départ la nouvelle nation de sa souveraineté. Il fallait trouver un moyen de sauver la face, de se venger, de mettre cette petite nation (non occidentale) á genoux. Il fallait le concours des autres souverainetés esclavagistes pour bloquer ce mauvais exemple. Il fallait inventer des structures politiques de destruction pour justifier et pour imposer par la force l'hégémonie occidentale chrétienne.

La souveraineté est l'exercice de la volonté générale : la volonté du peuple par chacune de ses parties visant le bien de tous c'est-à-dire l'intérêt général...

Jean-Jacques Rousseau

Chapitre 5

La Souveraineté

Grâce à leur détermination, les cultivateurs rebelles, dans la violence du combat, n'avaient-ils pas décroché de la France esclavagiste le décret d'abolition de l'esclavage en 1794 ?

Ne devaient-ils pas avoir leur place dans ce moment historique ?

Les occidentaux s'étaient présentés sur l'île avec leur croix dans le but de signaler et de prescrire aux habitants la *vraie et seule religion :* leur christianisme catholique. Ils avaient planifié de l'imposer à d'autres ethnies depuis leur départ des côtes de l'Europe occidentale. Cette décision était un gros prétexte, un vilain mensonge. Ils avaient un plan global qu'ils camouflaient car, bien avant leur déplacement vers d'autres terres, ils avaient qualifié les êtres humains qu'ils allaient rencontrer de païens, de démons pour justifier leur conquête et pour les manipuler jusqu'à les réduire en esclavage. Ces qualificatifs allaient être répétés par leurs domestiques. Ils n'avaient pas été sur d'autres continents pour un dialogue ou pour des échanges sur des questions religieuses. Ils avaient voyagé pour imposer leurs croyances. D'autres occidentaux expérimentés dans l'art de la guerre avaient fait la traversée avec eux dans le but de terroriser des populations pour l'acceptation de leur pratique.

Ils avaient exhibé leur épée pour montrer qu'ils avaient la détermination afin d'exécuter leur projet. L'Europe chrétienne était en force au point de vue population expérimentée et armée. Son obsession d'agrandir son domaine (son empire) dépendait de ce rapport de force inconnu de leurs victimes. Et en plus, l'Europe était bien équipée militairement dans le but de mettre la main sur les ressources convoitées. L'île Kiskeya fut attaquée par surprise et par ruse. Les Européens savaient que leur intention était de prendre possession de ces terres. Ils s'étaient acharnés sur tous les continents puisque leur Dieu leur avait donné la clé dans le but de s'y installer.

L'illustre Victor Hugo, admiré dans tous les pays dits francophones, avait bien présenté dans son Discours sur l'Afrique la mission de l'occident chrétien à travers le temps : *Allez, Peuples ! Emparez-vous de cette terre. Prenez-la. A qui ? A personne., Prenez cette terre à Dieu. Dieu offre l'Afrique à l'Europe...* Il avait repris la thèse du pape Nicolas V. Ce serviteur des serviteurs de Dieu avait *légitimité la traite et l'esclavage des Africains et leurs descendants.* Il était impliqué dans *le partage des prédations négrières bénéficiant directement de la traite.* Le pape Nicolas V avait écrit la bulle pontificale, *Romanus Pontifex,* le 8 janvier 1454, autorisant le souverain du Portugal à réduire en esclavage les *nègres de Guinée et les païens.* La vente lucrative d'êtres humains était réalisée par des chrétiens de l'Europe et par les musulmans. La manufacture des armes et leur utilisation pour réduire des êtres humains en esclavage rapportaient beaucoup de richesses aux membres influents de l'église catholique chrétienne et aux adeptes de l'islam.

Cette église, par son représentant, l'évêque Fonseca, avec l'appui de la reine d'Espagne, fut la théoricienne et l'organisatrice du voyage de Christophe Colomb et de ses mercenaires dans les Antilles. L'occident chrétien avait laissé son continent volontairement pour se rendre sur d'autres terres. Il s'était déplacé avec des hommes aguerris dans le but d'assassiner tout système économique et politique mis en place par des êtres humains qu'ils avaient diabolisés avant même de les rencontrer physiquement. Dès les premiers jours de leur conquête, ils avaient observé l'île et ses *merveilles* pour organiser le spectacle épouvantable de leur projet économique, politique et militaire. La possession de tout territoire par des païens (des non chrétiens, des non occidentaux) était inconcevable.

La disparition de Kiskeya

L'anéantissement intentionnel des habitants de l'île sur laquelle ils avaient mis les pieds allait provoquer la perte des valeurs des membres de cette communauté. L'occident chrétien devait enterrer leur droit souverain sur le territoire. Ce crime avait été planifié depuis l'Europe et fut exécuté avec haine par des bandits. Ils furent recrutés par des membres de l'église chrétienne et par des terroristes contrôlant le mouvement de la monnaie.

En donnant à l'île le nom d'Hispaniola, les chrétiens espagnols avaient chanté avec l'usage abusif de leurs armes sophistiquées les funérailles du pouvoir économique, politique, social, spirituel et juridique de l'ethnie Taino sur l'île. La souveraineté Taino fut anéantie. Les Tainos, pour la plupart, étaient massacrés. Kiskeya n'existait plus. L'intérêt des membres de cette communauté devait disparaitre. L'occident chrétien devait détruire leurs valeurs pour s'installer en maître.

Hispaniola avait pris sa place et devait tout effacer pour inventer un autre territoire : une possession espagnole animée et contrôlée par des occidentaux. La capitulation et la soumission du dernier des Caciques (le Cacique Enriquillo) avait simplifié *avec force de lois* la présence des Espagnols sur l'île. Ils allaient satisfaire leurs besoins en contrôlant militairement, politiquement et juridiquement les survivants Tainos et surtout les ressources de l'île qui n'existaient pas sur leur continent. Le dernier des caciques en signant sa défaite avait facilité la mainmise des occidentaux sur les terres dans la Caraïbe et sur la *terre ferme*. Ils allaient anéantir sans aucun scrupule toute une ethnie pour s'accaparer de ce dont ils avaient besoin. Les chrétiens de l'Europe avaient imposé toutes les justifications développées à cet effet. Cet acte terroriste avait été planifié pour détruire la souveraineté des Tainos.

La souveraineté de l'Espagne

En 1494, par le traité de Tordesillas, le pape Alexandre VI, un débauché sexuel, avait partagé le monde en donnant au Portugal et à l'Espagne *un droit de souveraineté sur toutes les terres qui n'appartenaient pas à des chrétiens*. Ce partage fut légalisé grâce à un nouveau rapport de force. Cette décision était donc une fraude basée sur la religion chrétienne pour conquérir, humilier, exploiter et massacrer des ethnies non européennes. La religion chrétienne devait s'imposer en s'appuyant sur la force des armes comme le droit légal international. Un nouvel ordre mondial fut approuvé par les monarchies européennes chrétiennes sans une totale connaissance physique du monde et sans aucun respect pour les êtres humains qui y habitaient.

L'Espagne avait *légitimé sa souveraineté* par un droit de *chrétienté* très musclé. Les Espagnols avaient profité pour introduire leur langue et leurs mœurs comme éléments de domination. Les occidentaux avaient aussi raconté des histoires pour enseigner aux populations que les Tainos n'avaient pas la capacité de se gouverner parce qu'ils n'étaient pas nés chrétiens. Ils circulaient nus d'où leur infériorité. Ils étaient des sous humains. Ils n'avaient pas d'armes, donc ils étaient vulnérables. Pour justifier leur comportement criminel, ils avaient inventé le diable, le démon, l'anti-chrétien, l'anti-Dieu comme des *tares* à abattre. Ils en profitaient pour créer la *supériorité* de leur épiderme : la valeur sacrée du *blanc* : l'invention d'une race supérieure, la couleur blanche.

Cette souveraineté avait été établie par l'église catholique chrétienne avec ce nouveau rapport de force. Le droit *international* n'était pas encore formulé par l'occident pour être appliqué sur tous les continents. La *Cour internationale de Justice* n'était pas encore inventée par les occidentaux. Le droit de leur *justice* n'existait pas encore dans le but de dominer et de manipuler les êtres humains dans le monde. Cette vile possession de l'île Kiskeya s'installait grâce à la présence d'armements sophistiqués. L'occident chrétien avec sa force militaire et avec ses concepts frauduleux se donnait tous les droits. Les Espagnols avaient donc commis un crime. Il n'y avait aucune institution légale pour freiner leurs activités illégitimes. Cette souveraineté (de facto) fut acceptée sans questionnement par les autres monarchies chrétiennes de l'Europe. Elles allaient utiliser ce même procédé macabre pour se lancer à la conquête de ressources nécessaires à leur développement économique. L'occident chrétien, avec le pape comme chef, avait le droit de faire et de défaire.

Le pape de l'église chrétienne n'acceptait pas que chaque peuple devait être respecté parce qu'il devait être l'auteur de son propre destin. Le monde était à la merci du pape.

Kiskeya n'existait plus. Les Tainos étaient soumis, enchaînés et affamés. L'île devenait une possession espagnole. La souveraineté de l'Espagne fut applaudie par l'occident chrétien. Le crime était parfait. Hispaniola fut donc reconnue officiellement comme le nom de l'île.

L'ethnie taino, étant dépossédée de sa terre, de son habitat, de sa culture, ne pouvait plus se prendre en charge. Elle n'avait plus le contrôle de sa survie, de son quotidien et de sa vie spirituelle. Cette dépossession était un acte immoral, un acte terroriste. Les activités *diaboliques* des Tainos telles qu'inventées par les occidentaux n'allaient plus inquiéter l'Europe. Le diable qui protégeait Kiskeya fut assassiné par de fiers chrétiens. Hispaniola était protégée par le Dieu des chrétiens. Les survivants Tainos, suivant l'invention mensongère des occidentaux, ne pouvaient plus réclamer leur territoire. Ils n'avaient pas d'armes sophistiquées pour se défendre. L'île Kiskeya avait péri.

Le christianisme catholique allait se charger de changer *positivement* le quotidien des Tainos. En fait, ils allaient disparaître. En s'installant, les Espagnols planifiaient la totale dépendance de l'île. Les occidentaux allaient militairement prendre en charge tout ce qui pouvait faciliter leur enrichissement. Ils envisageaient de façon très rigoureuse de contrôler toutes les richesses du territoire. L'or, l'argent et les épices étaient d'abord très convoités. En même temps, ils allaient travailler la terre pour développer une agriculture selon leurs besoins tout en détruisant l'agriculture d'alimentation des natifs du territoire. Les Espagnols chrétiens allaient intentionnellement les affamer, les appauvrir et surtout les réduire en esclavage. L'occident chrétien avait commis un crime.

Les Espagnols avaient arraché les enfants de leurs parents sous prétexte qu'ils étaient incapables de les éduquer et de leur donner l'instruction religieuse qu'ils méritaient. En commettant ce crime, le *droit du sol* et même le *droit du sang* n'étaient plus applicables sur l'île, selon les occidentaux. Les Tainos avaient perdu leurs valeurs spirituelles ainsi que leur identité culturelle et leur façon de vivre. Ils n'avaient plus de lien historique avec Kiskeya. L'occident chrétien avait délibérément tout détruit. Ce plan macabre fut exécuté avec l'usage de la force dans le but d'enterrer la culture Taino. Les occidentaux, au départ, étaient des criminels. Une stratégie d'un faux semblant d'ordre fut établie pour organiser le chaos : une façon d'avoir le contrôle de la déstabilisation.

Les Espagnols prenaient possession de l'île entière et allaient la garder pendant des centaines d'années sans aucune explication. Ils n'avaient rien à dire à personne. Une véritable escroquerie s'installait dans les affaires du monde. Aucune institution internationale connue n'osait défier la prétention de l'église catholique chrétienne et de la monarchie espagnole. L'Espagne n'avait qu'une compétence sur l'île que celle de la force autorisée par l'église catholique chrétienne. L'ordre international était donc dominé, de fait, par les chrétiens. En fait, cette souveraineté s'imposait par le simple engagement de l'Espagne d'utiliser sa force, son désir de piller les ressources qu'elle ne possédait pas, sa soumission à l'église chrétienne, sa langue et ses mœurs pour occuper l'île. La prise de possession de l'île fut légalisée par un nouveau rapport de force. Les autochtones avaient perdu leur territoire. Là encore la souveraineté par la raison ou par le droit n'existait pas. La souveraineté de l'Espagne sur l'ile Kiskeya n'était pas l'exercice de la volonté générale. En fait, elle ne défendait pas l'homme social.

La souveraineté de la France sur le tiers de l'île Kiskeya appelée Hispaniola.

Apres deux cents ans de pratique souveraine incontestée officiellement sur l'île Kiskeya, l'Espagne acceptait de perdre ou de céder une partie de sa souveraineté sur l'île qu'elle avait nommée Hispaniola. La France, en 1697, obtenait le tiers de l'île par le traité de Riswyck. Hispaniola fut séparée en deux colonies contrôlées par deux souverainetés esclavagistes chrétiennes avec une frontière fictive : une source permanente de conflit. Les survivants tainos étaient entièrement ignorés. Les esclaves d'origine africaine n'avaient aucun mot sur cette dite possession. Un nouveau rapport de force avait légalisé cette frauduleuse souveraineté.

Les occidentaux avaient déjà inventé un autre groupe social inférieur à leur nature mais supérieur aux survivants tainos et à la force de travail importée. Les Espagnols avaient *sauté* sur les femmes Tainos tout comme les Français profitaient des Africaines pour assurer la survie et la poursuite de leur politique de domination et d'étranglement des êtres humains les plus méprisés. Les occidentaux avaient inventé une autre *race* basée sur la couleur de la peau pour mieux diviser la population et pour mieux l'exploiter. Ils devaient avoir l'assurance de bien défendre leurs intérêts économiques, politiques et sociaux.

Rapidement, l'occident avait encerclé le territoire. Il avait consolidé toutes ses forces pour empêcher la présence d'individus capables d'avoir des prétentions quant à sa possession. En fait, les Tainos n'avaient pas provoqué cette conquête. Cependant, depuis le Traité de Paix signé avec le cacique Enriquillo, les Espagnols avaient acquis le *droit* (la force) de défendre leur *souveraineté* sur le territoire. Le *droit du sol* et le *droit du sang* n'étaient pas applicables.

L'introduction et l'imposition du christianisme catholique sur la terre des Tainos étaient une prolongation de cette volonté de souveraineté. Il fallait détruire le *diable*, que les occidentaux avaient inventé, parmi les survivants pour parler d'hégémonie. La suppression de leurs valeurs spirituelles était donc naturelle mais nécessaire pour faire oublier Kiskeya. De toute façon, ils avaient vilipendé ces repères. Les fiers missionnaires étaient partout présents pour justifier la politique *salvatrice* du pouvoir des occidentaux. Ils devaient même, humainement parlant, affamer l'ethnie taino pour la faire avaler la *parole du Christ.* Il n'était pas facile de traquer les mensonges imposés à partir des valeurs et des décisions des occidentaux. D'ailleurs, l'occident avait tous les moyens pour ne pas respecter ses valeurs et ses décisions. En plus, il avait développé un concept de la peur pour humilier les victimes ; elles avaient signé leur défaite. L'occident avait gagné. Il avait la force.

Le territoire des Tainos fut repensé par l'occident chrétien pour satisfaire ses besoins économiques et pour concevoir leur abondance.

Pour remplacer les Tainos exterminés sur les plantations et dans les mines, l'esclavagiste Bartolomeo de Las Casas, missionnaire chrétien de profession, avait proposé l'esclavage des Africains. Il fallait continuer la décision du pape Nicholas V. Las Casas avait inventé et même vanté leur robustesse. Ils étaient mieux aptes à endurer la terreur exercée par les chrétiens de l'Europe. En fait, cette proposition était très rusée. Les Africains, réduits en esclavage, n'avaient pas la possibilité de réclamer aucun droit de possession sur le territoire. Ils n'étaient que des *bêtes de somme* enchaînées, déposées sur les plantations ou dans les mines pour faire *chanter leurs bras robustes* selon l'humeur et les caprices de l'occident chrétien. Ils étaient enseignés à coups de fouet de faire plaisir au *blanc,* au maître européen et à l'occident chrétien. Leurs domestiques allaient enseigner et répéter ces concepts avec fierté. Las Casas avait commis un acte terroriste pour satisfaire les intérêts des promoteurs occidentaux du mouvement de la monnaie.

Toute idée de souveraineté, de domination et de contrôle du territoire n'était pas l'affaire des Africains réduits en esclavage. Ils étaient en dehors de toute participation légitime à l'idée de possession de la terre. L'occident allait renforcer l'infériorité et l'abrutissement des Africains d'origine. Ils n'étaient pas nés sur cette terre. Ils avaient appris qu'ils avaient pris naissance dans l'espace et qu'ils n'avaient pas de terre. Cette propagande était très efficace ; elle était bien pensée pour bloquer toute tentative de croire en un *droit quelconque* ou de se mettre en tête que la terre qu'ils étaient obligés de travailler devait leur appartenir. Ils ne pouvaient pas croire à cette possibilité de possession. Le fouet devait les détourner de cette prétention. La peur du fouet était donc le moyen le plus efficace après leur soi-disant conversion au christianisme pour les réduire au silence. Les occidentaux avaient le *droit* de les fouetter, de les terroriser. D'ailleurs, ils n'étaient pas des occidentaux. Ils étaient des esclaves.

Les occidentaux, depuis l'Europe, avaient pour mission d'appauvrir toute population non chrétienne et non occidentale, les *diables*. Comme ils avaient toutes les connaissances, ils pouvaient imposer aux Tainos et aux Africains opprimés leurs opinions. Ils pouvaient faire comprendre à cette population humiliée qu'ils avaient le pouvoir de tout faire ou de défaire. Ils avaient aussi le droit de les confondre pour leur dire ce qu'ils devaient faire. Ils pouvaient écrire l'histoire des peuples qu'ils avaient vaincus et massacrés. Et comme acteurs de leur bien-être (ils étaient *supérieurs*), ils pouvaient exiger une obéissance absolue à ces êtres humains réduits en esclavage. L'occident chrétien était au-dessus de tout.

En prenant possession officiellement de l'île, Hispaniola avait *grandi*. Les pertes en vie humaine n'avaient pas dérangé les conquérants. Ils étaient déterminés à exécuter leur mission d'organiser la dépendance de leur possession. La colonisation était en branle. Une nouvelle étape dans la vie des populations humiliées avait commencé pour bloquer toute résistance aux occidentaux. Leur objectif de construire un empire en dehors de leur continent se concrétisait. Le produit des mines et des exploitations agricoles enrichissait déjà l'occident. L'île devait rester dépendante pour fournir à l'occident les produits dont il avait besoin et qu'il ne pouvait pas trouver sur son propre continent. Leur obsession de conquérir les ressources des autres était claire. La guerre était donc *juste* pour le monde *blanc*, occidental. Il se croyait le maître du monde.

Certains pays occidentaux, les plus forts militairement, étaient toujours en guerre. Ils voulaient dominer le monde. Ils recherchaient une vraie hégémonie. L'expansion territoriale, en dehors de leur continent pauvre en matières premières les appelait à la confrontation car chaque pays convoitait les appropriations illicites des autres pays. Les occidentaux s'entretuaient pour le sucre, pour les épices, pour les *métaux précieux* et surtout pour les territoires déjà conquis. Les habitants de ces territoires riches en matières premières payaient de leur vie pour le droit et l'enrichissement de l'occident chrétien. L'Afrique fut dépouillée de sa population et de ses ressources. Aidés des Musulmans, les occidentaux s'étaient jetés sur cette source de main d'œuvre pour la terroriser et l'enchaîner sous l'odieux prétexte de l'infériorité de la couleur de sa peau. Comme ils avaient détruit l'ethnie taino à cause de leur couleur et de leur méconnaissance du christianisme, ils allaient s'acharner contre les Africains à cause de leur *noirceur*. Ils allaient profiter pour inventer leur infériorité. En fait, ils avaient besoin de leurs bras robustes dans le but de construire le bien-être du monde occidental. Les occidentaux étaient des terroristes.

La traite, ce crime contre l'humanité, était odieuse. Les occidentaux ne respectaient pas leurs propres valeurs. Ils se contredisaient à chaque instant pour dévoiler leur hypocrisie. Avec cynisme et avec l'étroite collaboration de valets corrompus (*peau noire masque blanc*), ils proclamaient que les victimes africaines avaient choisi cette route pour devenir esclaves. Elles étaient bien responsables de leur avilissement, de leur déshonneur. Or la traite était un acte terroriste organisé par les musulmans et par les occidentaux pour humilier des êtres humains d'origine africaine afin de s'enrichir à leurs dépens. Il n'y avait pas de lois, encore moins un système légal inventé par les occidentaux pour questionner ce genre de crimes. Cependant, il y avait la force militaire, il y avait la croix pour justifier ce besoin de conquête et de domination mais surtout cette soif d'enrichissement en utilisant la *route de l'esclave*.

Hispaniola était une possession espagnole par la volonté du pape et par la décision des souverains espagnols et par l'armement sophistiqué des soldats du Christ. Saint Domingue, la partie ouest d'Hispaniola devenait plus tard une possession française après plusieurs invasions de corsaires, de flibustiers et de trafiquants français qui avaient profité de la faiblesse militaire espagnole en Europe. Un traité fut signé. La partie ouest de Kiskeya fut reconnue comme une possession française. La France allait organiser ses esclaves, ses plantations et sa colonie. Kiskeya était déjà morte. Il fallait connaitre la vérité de cette histoire d'injustice sociale pour regarder l'avenir, pour aller de l'avant le plus librement possible. Or, cette injustice sociale était toujours présente depuis 1492.

Y avait-il un problème politique, social ou militaire entre les Espagnols et les Français de l'occident chrétien et les Tainos de la Caraïbe ou les Africains de l'Afrique ?

La traite continuait. Des êtres humains étaient vendus comme de simples marchandises. Leurs bras robustes valaient beaucoup d'argent. Leurs *propriétaires*, sans aucun scrupule, les exposaient. L'occident chrétien était fier de ses prouesses et il s'enrichissait. L'agriculture, travaillée par des esclaves enchaînés, fouettés, opprimés devenait florissante. Saint Domingue, la partie ouest d'Hispaniola fut reconnue en très peu de temps comme la Perle des Antilles. Pour les esclavagistes et pour les terroristes de l'Europe chrétienne, l'île était une aubaine facilitant le mouvement de la monnaie. Le dos des esclaves saignait continuellement pour le plaisir du monde dit civilisé et blanc. Il fallait camper la souveraineté de la France et enrichir les occidentaux sans le *droit du sol* et sans le *droit du sang*. La volonté générale n'existait pas.

Le droit à l'insurrection

L'insurrection d'août 1791 était un choix politique intelligent quand la France trainait les pieds face aux difficultés politiques internationales et nationales. Ce moment politique était exceptionnel car il allait déranger la France, l'Europe occidentale et l'église chrétienne. La mise en œuvre de cette décision politique était aussi intelligente. Les insurgés allaient organiser une guerre d'usure dont l'objectif était simple : la liberté totale des esclaves opprimés accompagnée d'un espace agricole pour leur sécurité alimentaire. La décision des cultivateurs rebelles n'était pas bien reçue par les esclavagistes européens et non européens.

Était-ce un mouvement pour la souveraineté de l'île ou de la partie ouest de l'île ?

Les colons-prédateurs avaient exproprié l'humanité des Tainos et des esclaves d'origine africaine. Il y avait donc un besoin, en fait, une dimension politique et morale pour comprendre comment et pourquoi les occidentaux chrétiens s'étaient lancés dans une telle aventure. Ils avaient trop bien dissimulé leur volonté de prendre possession des terres appartenant à d'autres ethnies. Leur instinct criminel était déjà en exercice en Europe. Les occidentaux avaient toujours fait la guerre. Fuir la pauvreté, fuir l'instabilité étaient le résultat du quotidien des villes européennes. Les occidentaux, en arrivant sur les terres conquises, voulaient se faire passer pour des sauveurs, donc des êtres supérieurs. Pourtant, la lettre de Christophe Colomb à la reine d'Espagne prouvait tout à fait le contraire. Avec leur *croix*, avec leur *épée*, ils avaient décidé d'être les maîtres du monde.

Étaient-ils bien placés pour donner des leçons aux êtres humains non européens et non chrétiens ?

Les prédateurs de l'occident chrétien n'avaient aucun respect pour les droits individuels de l'homme social né sur un autre continent. Sa teinte épidermique et sa méconnaissance du christianisme faisaient de lui un animal, un être méprisable. Le comportement belliqueux et sauvage des chrétiens à partir de ces concepts n'était pas un accident de l'histoire. Comme ils étaient à la recherche d'espaces physiques nécessaires à leurs besoins économiques, ils allaient inventer une culture de destruction des valeurs que les peuples conquis mettaient en pratique chez eux pour leur bonheur. Les Européens allaient développer une *stratégie du mensonge* capable de justifier leur formidable terreur pour réduire l'homme social conquis en esclavage. Même sur leur propre continent, certains rois ou souverains catholiques n'avaient aucun scrupule pour opprimer les êtres humains qui avaient organisé leur vie tranquillement sur leurs terres. Devenus esclaves du capital européen et du christianisme, les opprimés allaient, sans leur consentement, subir un concept sauvage de travail qu'ils n'avaient jamais connu auparavant.

Malgré toute cette terreur sur les plantations, les insurgés d'août 1791 avaient pris les armes contre cette sauvagerie occidentale. Ils avaient gagné sur le champ de bataille leur première victoire en août 1793. Les Jacobins de la Convention Nationale Française devaient manipuler à l'avantage de la France le Décret d'abolition d'esclavage du 4 février 1794. Cette société dominante européenne avait mutilé la signification du mot abolition intentionnellement pour ne pas reconnaître le droit à la liberté des êtres humains réduits en esclavage. Elle avait utilisé le *Chef Africain,* le général Toussaint Louverture, pour administrer ce processus macabre d'émancipation.

Dans ce mouvement trompeur *d'émancipation des Noirs* pour satisfaire les exigences du système colonial, des rapports intimes s'établissaient entre les *Nouveaux Libres* et les familles des propriétaires d'habitations. Cette situation irritait les *Anciens Libres* déjà privilégiés dans ce milieu. L'exacerbation était à son comble quand le général Laveaux appelait le transfuge Toussaint Louverture, son fils.

Et Toussaint, le chef désigné des *Nouveaux Libres*, considérait Laveaux comme un père. Une interrogation devait s'imposer pour interpréter et comprendre les relations politiques qui se développaient entre Toussaint Louverture depuis son retour de la partie de l'Est et les responsables esclavagistes de la colonie.

Le concept du *papa en politique* avait-il été inauguré par le chef Africain Toussaint Louverture ou par Laveaux lui-même ?

Les Français esclavagistes avaient considéré Toussaint comme un vrai chef d'Etat qui avait la compétence d'obéir, de dialoguer puis de mater les représentants de la France. Cependant, ni l'occident chrétien ni les intellectuels post-coloniaux n'avaient parlé de la nécessité de formation académique de la population, de l'urgence alimentaire encore moins de soins médicaux pour la population. Le fameux concept de chef d'État se manifestait donc dans ses prouesses comme stratège militaire, comme détenteur de pouvoir absolu, comme tombeur intéressé mais *admiré de femmes blanches* et dans sa capacité de se faire voir comme le *premier des Noirs*.

Cherchait-il une vraie *souveraineté pour le territoire* ou un pouvoir absolu pour se justifier ?

Le principal but de ces membres de l'armée coloniale était de chasser les propriétaires *blancs* pour mieux les imiter. Les postes administratifs devenaient leurs biens personnels. Ils n'avaient aucune intention de changer l'organisation administrative de la nouvelle nation tandis que les cultivateurs rebelles, dès leur prise d'armes, s'attaquaient directement au régime foncier esclavagiste. Ils devaient lutter pour être propriétaires de leur lopin de terre. En outre, les fonctionnaires n'étaient pas nommés en fonction de leur compétence.

Ces militaires transfuges, au moment de leur victoire à Vertières en 1803, n'avaient pas du tout analysé la défaite de l'armée expéditionnaire française pour améliorer le système économique établi sur l'île. En fait, ils n'avaient pas constaté que la division de la force de travail imposée par les colons européens et maintenue par les colons non européens ne pouvait pas faire avancer humainement l'homme social sur le territoire même si les chefs n'arrêtaient pas de chanter leur liberté ou mieux leur mainmise sur les fonds publics. Ce nouveau rapport de force devait exiger une autre vision d'organisation économique et politique.

En fait, les nouveaux dirigeants s'amusaient et défendaient le statu quo colonial. Ils méprisaient ainsi les plus nécessiteux, les cultivateurs, les pauvres. Ils bloquaient ainsi leur participation volontaire comme acteurs dans le mouvement de la monnaie et dans la pratique du pouvoir pour leur bonheur.

Le mépris était aussi une construction sociale pour exclure les plus démunis de la chose publique, de la *richesse* de la nation et du bonheur personnel. *Se promenant un soir, ...accompagné des généraux Martial Besse, Bazelais, Guillaume Lafleur et d'Inginac... il* (Dessalines) *a demandé à ce dernier ce qu'il avait remarqué de saillant depuis qu'il avait commencé ses opérations de vérification, Inginac lui dit que les prévaricateurs n'avaient nul amour pour l'indépendance, qu'ils ne songeaient pas à transmettre une patrie à leurs descendants, qu'ils rêvaient qu'aux moyens de s'enrichir pour se retirer ensuite à l'étranger. Dessalines répondit : quel remède à tout ce mal ? J'écraserai les os à ces gens-là... qu'en pensez-vous messieurs ? N'est-ce pas la terreur seule qui les contiendra ?... Martial Besse et Bazelais lui dirent... qu'il vaudrait mieux moraliser le peuple, l'instruire, le porter à un travail régulier... Dessalines soutint que les indigènes ne comprendraient rien à toutes ces choses. ... Le général Lafleur lui dit : je ne contrarierai pas votre manière de voir, mais vos commères, vos amies, vos laquais s'engraissent tandis que vos pauvres soldats ont le ventre plat et sont tout nus. ... Dessalines lui déclara, qu'au premier janvier 1807, les abus de tous genres cesseraient, que les fonds publics ne seraient plus follement donnés aux courtisanes, qu'alors il habillerait l'armée, la paierait régulièrement et suivrait un tout autre système.* (104) Quel aveu !

Voilà comment Jacques Ier, Empereur d'Haïti et Chef Suprême de l'Armée par la Grâce de Dieu et la Loi Constitutionnelle de l'État considérait la gestion de la nouvelle nation. D'ailleurs les cultivateurs, ces *Indigènes*, ne comprendraient rien aux affaires du pays d'après le chef bien-aimé. Cette vision de la politique allait faire tache d'huile. Cette culture du mépris des citoyens pauvres devait s'installer dans les mœurs de la société dominante économiquement et politiquement. Même la *classe moyenne aisée* pratiquait cette espèce de dédain des plus pauvres. Les hommes au pouvoir et ceux du contre-pouvoir ainsi que les hommes de la société civile qui les manipulaient utilisaient ces mêmes concepts pour exercer un contrôle serré sur le régime foncier dans le but de s'accaparer des richesses du pays.

Aucun dirigeant n'était concerné pour combattre la terreur, la violence et l'injustice sur les plantations dans toutes les communes du pays. Le concept de travail n'était nullement questionné pour comprendre et pour combattre le système d'oppression des cultivateurs.

La gloire de cette victoire usurpée ne s'opposait-elle pas à la vérité ?

Les lois coloniales n'accusaient pas les colons de commettre des crimes contre les cultivateurs esclaves. Quand Dessalines et les chefs militaires avaient décidé de massacrer les colons européens qui avaient imposé un système de terreur sur les plantations, l'occident chrétien ne pouvait pas les juger car les lois contre ce genre de massacres n'existaient pas. Leur vengeance passait comme une activité naturelle probablement attendue par les chrétiens occidentaux.

Quand les Français avaient fui de façon désordonnée et surtout après leur massacre, les dirigeants militaires, jouissant de leur pouvoir absolu, s'accaparaient des habitations et des biens des colons français sans aucun besoin de titres légaux. Ils étaient chefs. L'essentiel était de s'installer tout bonnement sur une terre que les prédateurs avaient volée pour la travailler avec des bras non-salariés dans le but d'enrichir l'Europe. L'accaparement des habitations devenait grâce à leur pouvoir militaire et politique une institution *légale et même permanente.* Élevés dans la corruption par le système esclavagiste pour garder la colonie comme fait français, ils n'avaient rien fait pour ralentir ou freiner même progressivement cette corruption et cette violence contre des individus misérables et vulnérables.

La stratégie du mensonge n'avait-elle pas fait son chemin ?

La culture du mépris des plus pauvres n'était-elle pas sacrée ?

Le mépris des plus vulnérables

En janvier 1804, les cultivateurs rebelles ou non et les petits soldats étaient tout simplement mais avec violence mis à l'écart dans ce mouvement de contrôle et de gestion du territoire. Ils étaient méprisés. Ils étaient aussi exclus de la pratique de l'accumulation de la monnaie. Les cultivateurs et les soldats (ces honorables va-nu-pieds) avaient un besoin de citoyenneté dans le but de vivre libres et d'avoir une vie décente respectée comme tout être humain. Ils voulaient être maîtres de leur destin, un droit de souveraineté. Malgré leur participation à la lutte, ils furent exclus de la vie politique et sociale du nouveau pays. Les besoins et les priorités de l'homme social libre et indépendant exigeaient de nouvelles structures administratives pour le progrès économique du pays. Malheureusement, l'emploi des fonctionnaires publics relevait uniquement du général en chef, de l'Empereur ainsi que leur salaire. Il avait recherché plutôt une loyauté à sa personne et non une loyauté aux lois. Le service public était au départ souillé, corrompu. Les dirigeants allaient s'accaparer du trésor public sans prendre en charge la nation et sans inventer le développement du pays. Refoulés avec force sur les anciennes habitations esclavagistes, ces cultivateurs rebelles ou non devaient subir le même concept de travail car le régime foncier établi sur le territoire par les colons de l'occident chrétien fut maintenu au profit des nouveaux dirigeants de la nation.

N'imposaient-ils pas de façon rigoureuse le même système de contrôle : leur pouvoir absolu.

Ces chefs militaires n'étaient-ils reconnus d'avoir *libéré* le territoire du système esclavagiste ?

Ces militaires dirigeants ne s'étaient-ils pas donnés le titre de fondateurs de la nouvelle patrie ?

Le concept de société que les nouveaux *maîtres* du territoire avaient adopté depuis la Déclaration d'Indépendance en janvier1804 ne fut pas différent de celui imposé par les bandits de l'occident chrétien dans la colonie. L'administration du territoire fut dirigée par un gouverneur nommé par les signataires de l'Acte de l'Indépendance. La langue écrite fut celle qui faisait le délice de la société dominante quand elle imitait le colon-prédateur. Les officiers qui dirigeaient la nouvelle nation étaient encore vêtus de l'uniforme élégant et étincelant de l'armée coloniale. La religion chrétienne avait, depuis 1492, le contrôle spirituel du territoire et surtout des dirigeants. L'instruction académique leur fut refusée provoquant, au départ, la décadence de la nouvelle nation.

La société haïtienne était restée divisée suivant les concepts élaborés par la métropole esclavagiste. Tous ces éléments représentaient des atouts essentiels pour exclure la masse des cultivateurs déjà vulnérables : ces hors la loi, ces Africains, ces inadaptés, ces gens inférieurs, ces Congos.

Durant la première année, de 1804-805, Dessalines et son État-Major (ces représentants du *peuple de l'armée*) n'avaient pour précédent que l'administration coloniale gérée par des militaires de carrière. La gestion de la colonie de Saint Domingue était principalement militaire. Depuis 1795, la colonie était dirigée par des militaires européens et non européens. Les dirigeants non européens avaient choisi d'imiter leurs prédécesseurs, leurs chefs, leurs *supérieurs*. Il n'y avait pas de rigueur constitutionnelle, il y avait de simples décrets, des proclamations, des décisions arbitraires et surtout l'exercice de la terreur contre les insurgés et contre la force de travail.

En 1804, ils allaient faire croire à la population, surtout aux cultivateurs qu'il était de leur devoir d'*exécuter leur propre vengeance,* d'agir comme ils le voulaient puisqu'ils avaient pris *possession* de la terre des Tainos. Ils avaient déclaré l'indépendance du territoire. Ils pouvaient donc donner aux Français prédateurs *la monnaie de leur pièce.* La population avait manifesté un vrai contentement sans bien saisir l'intention véritable des anciens militaires de l'armée coloniale devenus chefs du territoire indépendant.

Agissaient-ils dans la perspective de l'abolition de l'esclavage et de la liberté générale ?

Ou opéraient-ils pour justifier le détournement des habitations vacantes à leur profit ?

Était-ce un exercice de *volonté populaire manipulée ?*

Où était la prise en charge du territoire pour un nouveau concept de travail, pour relever les défis de la gouvernance ?

Cette prise de possession du territoire allait-elle être garante des libertés individuelles de tous les citoyens ?

Comment allait-elle fonctionner par rapport au bonheur de la population en général ?

En effaçant le nom de Saint Domingue sur cette partie de l'île, le Chef de l'armée indigène et le haut Etat-Major avaient compris qu'il leur fallait retourner à la source. Il était nécessaire de reconquérir la terre de l'ethnie taino ainsi que leurs valeurs. Les citoyens devaient être informés de l'indispensabilité de cet acte de souveraineté dans le but de, peut-être, se souvenir des premiers habitants de l'île humiliés et assassinés par les conquérants de l'Europe chrétienne. L'histoire de l'injustice sociale était toujours présente depuis le moment de l'esclavage. L'économie dite coloniale imposée par les occidentaux devait être questionnée dans le but de créer un nouvel espace de travail. L'humanité du nouvel homme social méritait un autre engagement : une sorte de souci politique pour prendre totalement en charge le territoire et les ressources.

Un pouvoir affaibli à sa naissance

Cette merveille de rupture grâce à ce nouveau rapport de force avait abouti à la prise de possession du territoire puisque les Français avaient fui même s'ils n'avaient pas reconnu le nouvel État. Pourtant ils avaient signé leur défaite. Cette signature impliquait une reconnaissance tacite de la souveraineté des nouveaux citoyens sur la partie ouest de l'île. En fait, les occidentaux n'avaient pas accepté officiellement la Déclaration de l'Indépendance du 29 novembre 1803 ni celle du I er janvier 1804. Pourtant, l'occident chrétien avait reconnu l'Indépendance des États Unis promulguée en 1776 par le traité de Paris de 1783.

Face à ce refus d'admettre cette nouvelle présence non occidentale dans le monde des souverainetés, les dirigeants n'avaient pas beaucoup de choix dans leurs décisions à prendre. Ils devaient inventer une nation avec l'adhésion et la participation de tous les citoyens.

Cependant la division parmi les leaders militaires et politiques depuis 1795 était réellement profonde. La fiction de l'épiderme avait mis beaucoup de distance parmi les hommes qui avaient la charge de la gestion économique, militaire, politique et même administrative.

Ce déchirement faisait obstacle à toute construction sociale (une identité culturelle). Donc ces dirigeants militaires n'étaient pas prêts pour effacer cet esprit de soumission au *blanc*, de continuité et d'imitation : enfin la vieille tradition coloniale. Les plus vulnérables, les plus misérables, les non européens, les non chrétiens depuis la présence des chrétiens de l'Europe, étaient restés particulièrement éparpillés, vilipendés et aussi diabolisés même après leur éclatante participation à la guerre de l'indépendance et même après la victoire. Leur éloignement volontaire de la chose publique et leur refoulement oppressif sur les plantations coloniales empêchaient toute solidarité.

1804-1805 était une année de consolidation de la prise de possession du territoire avec cette vengeance bien planifiée. Cette année était aussi celle du renforcement du pouvoir absolu du Chef (maître des hommes, des choses et des biens) avec le droit de vie et de mort sur les citoyens. En fait, l'intégralité du territoire demeurait au centre des préoccupations des dirigeants. La constitution impériale allait consacrer la soumission à l'Être Suprême, le pouvoir absolu des chefs et la prise de possession du territoire. Le serment du Bwa Kayiman s'était évanoui.

En présence de l'Être Suprême, devant qui les mortels sont égaux ... Déclarons que la teneur de la présente Constitution est l'expression libre, spontanée et invariable de nos cœurs et de la volonté générale de nos Constituants. Dans la déclaration préliminaire, l'Acte Ier avait confirmé la lecture préalable des signataires et leur total accord avec la charte fondamentale. *Le peuple habitant l'île, ci-devant appelée St-Domingue convient ici de se former en état libre, souverain et indépendant de toutes autres personnes de l'univers, sous le nom d'Empire d'Haïti.*

Le 20 mai 1805, l'Empereur avait approuvé la constitution écrite par Boisrond Tonnerre et Juste Chanlatte. Le même jour, il avait confié le texte à un officier supérieur. Il était chargé de le faire signer dans chaque quartier, par les généraux de division et de brigade de l'empire, membres du conseil d'état. (105)

Tous les généraux avaient donc signé. Ils se considéraient comme les organes fidèles et les interprètes de la volonté du peuple d'Haïti. La manipulation était très claire. Les *petits soldats de l'armée et le peuple des cultivateurs* ignoraient le texte de la constitution. Ils n'avaient pas été consultés. D'ailleurs l'article Ier n'avait pas fait mention des petits soldats et des cultivateurs. Ils étaient ouvertement et volontairement ignorés.

Que signifiait donc le peuple de l'armée ?

L'article 14 était encore davantage beaucoup plus manipulateur *: Toute acceptation de couleur parmi les enfants d'une seule et même famille dont le Chef de l'État est le père, devant nécessairement cesser, les Haïtiens ne seront désormais connus que sous le nom générique de Noirs*. Le concept confus et manipulateur de *bon père* (Papa Dessalines) faisait officiellement son apparition pour détourner la population du rôle de la raison et de la loi dans la gestion des affaires de la nouvelle nation. L'humeur du chef devenait plus importante que la loi puisque l'homme social allait s'accommoder à une vraie loyauté à son *père* (le chef) au lieu de respecter la loi et d'agir suivant les lois du pays. L'Empereur était un *papa* au lieu d'être un chef d'Etat puisqu'il avait le droit de vie et de mort sur les enfants du pays (ses enfants). Il agissait en imposant ses caprices et ses décisions à la nation entière. Toute application de la loi était nulle. La constitution lui donnait un titre en toute impunité. Il était au-dessus de toutes les lois. L'Empereur allait gérer la nation avec un comportement de *papa*. La nation était son fief. L'État de droit n'apparaissait pas dans la première constitution du pays. Avec cette formule, l'Empereur pouvait se frayer un chemin à côté des lois dans le but d'arbitrer ou de décider selon son humeur. La souveraineté était émotionnelle.

L'intervention du concept de bon papa, du bon dieu, de papa Dambalah était inventée comme la solution providentielle de tous les problèmes du pays.

Les généraux signataires qui avaient nommé le général en chef, Jacques Dessalines, Gouverneur du pays nouveau en 1804, allaient, un an après en 1805, le désigner (au nom de l'Etre Suprême) Empereur et Chef Suprême de l'armée, le Vengeur et le Libérateur des Citoyens. Le 16 octobre 1806, les mêmes généraux allaient signer le fameux document *Résistance à l'oppression.* Et le 17 octobre de la même année, soit le lendemain, l'empereur était assassiné.

La constitution n'avait-elle pas engendré un véritable conflit ?

La constitution impériale de 1805 n'avait-elle pas été élaborée par des hommes éduqués par le maître occidental ?

Haïti était-elle souveraine ?

Il était impossible aux dirigeants de dire toute la vérité car il fallait détourner les cultivateurs et les petits soldats de la connaissance de leur mission. Le général en chef de l'Armée Indigène et le Haut-Etat Major (formé d'anciens et de nouveaux propriétaires) avaient misé toutes leurs énergies sur une haine des cultivateurs, une phobie des plus pauvres pour les rendre responsables de leur incapacité de gestion et de l'incurie qui sévissait sur le territoire au lendemain de la publication de la Constitution de 1805. Cette situation exacerbait la société dominante parce qu'elle n'avait pas d'instrument économique et politique pour résoudre les problèmes les plus pressants du territoire. Apparemment, elle avait opté pour une préparation militaire (la construction de forts) contre le retour des Français.

Quant à la souveraineté alimentaire, Dessalines n'avait aucune pratique sérieuse de développement malgré son expérience comme chef de culture sur les plantations esclavagistes sous la gouvernance du général Toussaint Louverture. Aucun projet de société n'apparaissait à partir de leur vécu. Ou bien ces nouveaux leaders feignaient d'ignorer leur passé. Ou bien ils étaient encore sous l'influence d'un formidable lavage de cerveau ou bien ils étaient restés soumis à l'identité occidentale. De toute façon, il y avait un déni des valeurs par rapport à ce passé. La société économiquement et politiquement dominante avait explosé en 1804. Devenue la seule détentrice du pouvoir sur cette portion de l'île, elle s'était divisée en clans hostiles pour bloquer tout développement économique, pour empêcher toute stabilité politique avec pour ultime conséquence un véritable montage basé sur d'épouvantables mensonges. Il fallait calomnier les cultivateurs et les petits soldats dans le but d'exploiter leurs émotions et leur crainte du système.

Le Général en chef était pris au piège. Le conflit l'avait dépassé. A cause de son passé d'esclave, il avait été fouetté pour croire en son infériorité. Il était *Noir*. Militairement et politiquement, il était le chef omnipotent. Il était donc obéi. Son pouvoir était reconnu par tous les citoyens. Socialement, même si les femmes de différentes nuances partageaient sa couche, même si les enfants de ses maîtresses avaient les titres de princes et de princesses, il n'était *rien* pour certains groupes dominants économiquement et militairement. Le général Christophe, son second, se moquait de lui, de ses manières rustres, non *civilisées,* non influencées par les blancs. Il n'avait pas l'étoffe d'un Chef d'État pour ses ennemis, pour les comploteurs et pour ceux qui voulaient le remplacer.

Sous la gouvernance de Toussaint, il était *admiré* par les privilégiés du système pour ses talents de faire travailler les (anciens) esclaves. Il était apprécié pour tout exiger des cultivateurs au profit des *Anciens Libres* et des *Nouveaux Libres* propriétaires d'habitations ainsi que des prédateurs de l'occident qui n'avaient pas abandonné la colonie. Après l'arrestation du gouverneur et de son départ pour la France, il n'y avait plus de leader des *Nouveaux Libres* selon le jargon de l'occident chrétien gobé par les intellectuels de la société post coloniale. Pourtant, après une entente brève mais intéressée, Pétion, Christophe, Clerveaux trouvaient une *formule honorable* pour continuer la lutte. Ils l'avaient nommé général en chef d'une nouvelle armée pour manipuler les cultivateurs et les petits soldats. *L'Armée Indigène* avait pris naissance subitement, sans aucune explication. Cependant, pour combien de temps !

Le conflit, Anciens et Nouveaux libres, inventé par les colons chrétiens, n'avait pourtant pas disparu. Cette division de l'oligarchie représentée par les propriétaires d'habitation fut maintenue pour ruiner le quotidien des cultivateurs et des petits soldats en les ignorant dans la gestion du territoire. La souveraineté fut, au départ, ruinée. Dessalines n'était pas accepté dans ces petits clans même s'il possédait plusieurs habitations, même s'il était leur chef hiérarchique, même s'il avait le pouvoir absolu, même s'il était flatté pour de petites faveurs. Le conflit, mis en branle par l'occident chrétien, restait vivant puisque les principaux généraux conspiraient contre sa personne, contre son pouvoir absolu pour détruire toute souveraineté.

Il n'y avait que cette passion pour la liberté que les cultivateurs rebelles revendiquaient. Elle fut exploitée par les chefs militaires propriétaires d'habitations. La vérité sur cette union fut cachée au plus grand nombre. Le drapeau Bleu et Rouge n'avait jamais brillé comme un emblème unitaire. La division de ces militaires dirigeants, en clans parfois hostiles avait éclaté cette union du Noir et du Mulâtre car il n'y avait aucune conviction politique militant en faveur de cette fiction de l'épiderme pour un changement positif de société. Cette rupture avait apparu tout de suite après la surprenante publication de la première Proclamation de l'Indépendance du 29 novembre 1803 au Fort Liberté. Certains éléments s'étaient désolidarisés de cette fiction unitaire. Ils avaient sacrifié l'unité politique lors de la création du drapeau au lieu de la consolider par des projets s'ouvrant vers la croissance économique. Le besoin de liberté et d'un espace agricole n'était pas analysé en fonction de défendre cette union. Pourtant, la passion pour cette liberté avait triomphé grâce à la détermination des cultivateurs depuis 1791 mais l'espace agricole fut ignoré. Cette révolte contre l'injustice économique et sociale avait déjà bouleversé le système esclavagiste. Cette idée première fut combattue et trahie. Cette passion ne s'identifiait pas à la vérité de cette bouleversante union. En fait, Dessalines, Pétion, Christophe, Clerveaux avaient misé sur une autre passion non encadrée par la raison qui devait briser l'Armée dite Indigène : le trésor public, le pouvoir absolu.

Le message ignoble -Résistance à l'oppression-, signé par les généraux, un jour avant l'assassinat de l'Empereur, montrait clairement que la nation n'avait aucune identité historique et culturelle. Il n'y avait pas une homogénéité d'idées pour défendre cette indépendance. Il n'y avait aucune conviction politique pour le progrès économique. Cette union était un gros mensonge. La nation nouvelle fut transformée en un spectacle impressionnant : des esclaves, des Africains, des va-nu-pieds en guenille avaient chassé une armée de blancs français, la plus expérimentée du monde à l'époque, du territoire de la Caraïbe pour *créer la Première République Noire.* Ce spectacle mauvais, effrayant était continuellement répété d'année en année par d'autres acteurs de la société dominante pour manipuler les pauvres, les vulnérables. La peur n'avait pas changé de camp. Or, depuis la Constitution Impériale de 1805, le pays devait se désintégrer. La victoire sur l'armée esclavagiste française allait se perdre avec le pouvoir absolu et une sale corruption organisée par la société dominante.

La maltraitance connue et appliquée par l'occident chrétien depuis 1492 devait cesser. Déplacés de leur milieu, les Africains réduits en esclavage n'avaient plus de continuité culturelle et sociale puisque leur identité qui était vivante dans leur communauté n'existait plus. Ils étaient esclaves. Cette terrible cassure devait les ébranler pour des générations entières durant de multiples années. Ils devaient apprendre à penser leur liberté. 1804 n'avait pas essayé de panser cette profonde blessure.

La Constitution Impériale de 1805 suffisait-elle pour fonder un État de droit ?

Haïti devait s'inventer et se construire avec les hommes et les femmes qui avaient combattu durant des années jusqu'au départ de l'armée expéditionnaire esclavagiste française. L'explosion sociale avait produit 1804. Malgré cet événement extraordinaire, la Constitution Impériale de 1805 n'avait pas éliminé la méchanceté physique et sociale contre la force de travail. Elle vivait encore cette injustice économique et sociale. La charte fondamentale avait, plutôt, mis fin au rêve des cultivateurs rebelles. Pourtant cette constitution fut écrite par des êtres humains, autrefois opprimés, qui avaient vécu soumis et fouettés. Devenus chefs, ils avaient appris depuis leur nomination par l'administration coloniale les manières et les habitudes de leurs maîtres. Ils avaient bien compris qu'entre eux et ceux qui besognaient encore sur les plantations, il y avait un monde de différence. Ils avaient oublié qu'ils avaient connu les chaînes, l'humiliation et le fouet, qu'ils ne dormaient plus dans les taudis comme les travailleurs des champs. Ils vivaient dans le déni de leur passé sur les plantations.

Il était même possible de se demander s'ils aimaient leurs maîtres ou s'ils les haïssaient comme ceux qui défrichaient la terre pour planter la canne à sucre, comme ceux qui recevaient tous les jours des traitements de misère. Pourtant le plus souvent, ils étaient utilisés comme *prêtres, des semeurs d'épouvante,* comme des commandeurs par les colons de l'occident chrétien. Ils étaient acceptés dans l'armée coloniale après leur volte-face. Ils exigeaient des cultivateurs de se soumettre, de souffrir et de se plaindre sans se faire entendre. Ce fut probablement à travers ce genre d'occupations qu'ils enseignaient aux travailleurs agricoles de se taire, de se détester, de dénigrer leurs voisins et même de les dénoncer pour recevoir des faveurs. L'importance de ces soldats bien dressés par les anciens propriétaires et les nouveaux propriétaires était de modeler et de contrôler la main d'œuvre selon les besoins économiques de la France esclavagiste. Les cultivateurs retenus sur les habitations, ces gens-là, n'avaient pas de besoin. Du soir au matin, ils devaient vivre comme des pantins que le système esclavagiste gérait à volonté.

Quelle Souveraineté ?

Le nouveau rapport de force n'avait pas légalisé la souveraineté de ce pays nouveau : Haïti. Cette victoire n'avait pas attiré l'attention du chef de l'église chrétienne. Aucune publication du pape n'avait accordé aux tombeurs des forces esclavagistes occidentales une reconnaissance, un droit de souveraineté. Aucun traité signé par les occidentaux n'avait reconnu leur indépendance. En 1805, la Constitution Impériale fut écrite au nom de l'Être Suprême : une sorte de soumission (aveugle) à l'église chrétienne catholique. Les chefs militaires et politiques, en imposant l'indépendance de la nation sur l'échiquier mondial, montraient aux sociétés esclavagistes leur acceptation de cette couverture spirituelle. Malheureusement le pape n'avait rien dit par rapport à cet exploit, ni à la défaite de la France chrétienne. Il était resté muet.

Cependant, le serviteur des serviteurs de Dieu avait reconnu le droit de l'Espagne de conquérir l'île Kiskeya et de réduire les habitants en esclavage. *Hispaniola* fut archivée par l'église chrétienne comme possession espagnole après la capitulation du dernier des caciques. Le droit de vivre libre et indépendant devait avoir l'approbation de la société européenne internationale chrétienne. L'armée expéditionnaire avait capitulé. Le général Donatien Rochambeau avait perdu la bataille. Haïti ne devait pas se battre pour sa reconnaissance. Le nouveau rapport de force l'exigeait.

Après cette déconfiture inquiétante, émouvante et réelle, la France allait se taire pour l'équilibre politique de l'occident chrétien. La souveraineté haïtienne fut compromise. En fait, la France n'allait pas se terrer et pleurer. Elle allait se ressaisir pour détruire l'indépendance de son ancienne possession. Elle allait partir à l'offensive pour le contrôle des denrées avec l'appui des dirigeants attachés aux valeurs occidentales. Les agents commerciaux de la France et des États Unis d'Amérique du Nord dominaient encore le mouvement des produits importés et des denrées exportables. En fait, ces pays esclavagistes négociaient sans reconnaître l'indépendance d'Haïti.

Quels étaient les enjeux de ces rapports commerciaux ?

Négociaient-ils avec un pays indépendant ou avec une *simple colonie* ?

Cette ferme volonté d'exercer le contrôle de la nouvelle nation avait apparemment bouleversé le monde esclavagiste car elle devait définir une certaine vision pour l'épanouissement de tous les êtres humains vivant sur le territoire. Malheureusement, cette tardive constitution n'était pas écrite pour défendre les droits non-négociables des hommes et des femmes besognant sur le territoire car ils ne devaient pas se passionner de la chose publique en se soumettant aux lois. Ils devaient être loyaux aux chefs, au bon papa et surtout à l'humeur de l'Empereur.

La société dominante avait chanté les prouesses des va-nu-pieds à partir de l'accord de mai 1803 et surtout après la guerre. Elle avait acclamé leur participation active et même indispensable jusqu'à la victoire de Vertières. Elle avait transmis cette gloire tout au cours de l'histoire. Les livres d'histoire avait honoré leurs exploits depuis la proclamation de l'indépendance. Le spectacle était bien mémorisé dans les chansons, dans les poèmes et surtout dans les discours politiques des dirigeants. Cet acte méprisable était répété sur toutes les lèvres. Pourtant les va-nu-pieds étaient restés pauvres, sales et misérables sans instruction, sans logement décent et sans hôpitaux.

La société économiquement et politiquement dominante était déjà propriétaire des anciennes habitations coloniales. Elle n'avait pas inclus dans ce tableau sensationnel son refus de créer des conditions de vie humaines pour ces héros après l'indépendance. En fait, elle les avait ridiculisés. Elle les avait humiliés. Elle les avait étouffés sitôt qu'elle avait imposé son pouvoir absolu et qu'elle s'était appropriée du trésor public. Dans cette nouvelle réalité, elle se montrait égoïste et cruelle car elle n'avait aucun programme pour aider ces va-nu-pieds (ces incultes, ces sauvages, ces Africains) à se chausser, à s'habiller, à se loger, à se faire soigner, à s'instruire, à posséder un petit espace agricole et de mener une vie décente.

Les dirigeants militaires (propriétaires d'habitations, fonctionnaires de l'Etat, négociants importateurs et exportateurs) avaient distribué à ces braves combattants quelques piastres et du tafia comme remerciement. Les leaders n'avaient pas d'alternative à cette exploitation et à ce mépris des anciens esclaves. Ils avaient côtoyé le maître. Ils parlaient la langue du maître. Ils étaient civilisés. Ils étaient de fiers occidentaux sans avoir vécus en Europe. Ils avaient appris dans l'humiliation et à coups de fouet les mœurs du *blanc.* Ils avaient adopté le christianisme esclavagiste au lieu de se débarrasser de ses fantasmes. Ils étaient au pouvoir. Ils avaient remplacé le *blanc, le maître.* Ils s'enrichissaient.

L'État militaire ne devait-il pas faciliter un débat ouvert pour l'intérêt général ?

L'État militaire pouvait-il inventer une nation avec un programme de développement économique et social durable ?

L'aspiration à un autre ordre, à une autre façon d'aborder les problèmes des êtres humains sur le territoire était nécessaire. Des années de lutte avaient abouti à détruire un ordre injuste, immoral, violent et inhumain. Les cultivateurs rebelles avaient apparemment cru que la justice allait être organisée au nom de tous ceux qui avaient vécu dans l'esclavage et qui avaient lutté pour libérer le territoire dans le but de créer une sorte d'humanisme. Les êtres humains devaient être unis dans le but d'aimer la patrie commune au lieu de les diviser suivant le jargon désagréable inventé par l'occident chrétien. Les hommes et les femmes étaient des sujets politiques. Ils avaient donc une fonction politique. Ils étaient dans l'obligation de vivre en société et de partager les problèmes politiques de la société.

L'état d'esprit combattif des hommes et des femmes s'était effondré après la publication de la Constitution Impériale de 1805. La société dominante des militaires-propriétaires d'habitations et des militaires-négociants n'avait aucun souci de soutenir une vie citoyenne. Elle avait fait le choix d'aller vers la *civilisation occidentale*, car elle refusait d'admettre que l'être humain, ancien esclave, devait être le moteur et le constructeur de son quotidien. Elle était bien dans le modèle qui l'avait opprimée. Ce rejet d'une prise en charge idéologique de la souveraineté pour assurer le bonheur des citoyens paraissait voulu. Pour exhiber son pouvoir absolu, l'élite économique et politique comptait beaucoup sur l'apparence de son uniforme et sur sa force militaire. Elle épatait et diminuait volontairement les petits soldats et les cultivateurs. Pour elle, ce défi extraordinaire devait dresser sa supériorité dont l'arrogance essayait d'égaler celle des colons-prédateurs de l'occident chrétien qu'elle s'efforçait d'imiter de façon grossière. En fait, elle représentait une sorte de citoyenneté qu'elle croyait honorable.

En 1805, la société dominante allait livrer le territoire en spectacle. Cette situation, d'année en année, restait impérissable et même stupide: cette victoire lors de la bataille de Vertières fut réalisée *humainement* par des esclaves (ils étaient noirs donc des esclaves en permanence) malgré le décret d'abolition de l'esclavage en février 1794 par la Convention Nationale Française. Il n'y avait plus d'esclaves sur le territoire officiellement. La défaite de l'armée expéditionnaire française était une prouesse (jamais vue) orchestrée par des *esclaves d'origine africaine* pour chasser des *blancs supérieurs*. La barbarie de ces hommes d'origine africaine avait mis en fuite le général Rochambeau et son armée. Cette victoire avait *secoué* l'institution esclavagiste. Pourtant, ce fut en 1848 que la France publiait officiellement un deuxième décret d'abolition des esclaves. Napoléon Bonaparte avait décrété nulle, en 1802, la première abolition des esclaves que les révoltés de Saint Domingue avaient arrachée du pouvoir esclavagiste français en août 1793. La société dominante l'avait remplacé dans le but d'admettre l'infériorité des noirs. Cette deuxième proclamation avait été proposée par un *blanc*. Les insurgés étaient *noirs*, ils devaient rester esclaves. Il leur faudrait du temps pour devenir des êtres humains.

En 1805, il n'y avait plus d'esclaves dans la nouvelle nation cependant le régime foncier mis en pratique par les colons-prédateurs de l'occident chrétien était maintenu, le concept de travail d'oppression de la force de travail n'avait pas changé, le mouvement de la monnaie était sous le contrôle des anciens et des nouveaux colons. Les cultivateurs étaient encore humiliés et vulnérables.

Avec la publication de la Constitution Impériale de 1805 approuvée par les signataires de la Déclaration d'Indépendance, l'union des Mulâtres et des Noirs qui avait abouti à la victoire de Vertières s'était désintégrée rapidement. Elle n'avait jamais existé comme avait écrit le professeur Marcel Gilbert. Le drapeau bleu et rouge qui avait flotté lors de toutes les batailles jusqu'à la victoire de Vertières était présenté le Ier janvier 1804 aux Gonaïves comme l'emblème national. Il fut attaqué par la Constitution de 1805 provoquant ainsi une hostilité entre les dirigeants militaires qui allait se transposer sur une question épidermique. Une *logique* de diversion s'installait pour diviser la société dominante en petits clans désordonnés et dangereux dans le but de nier au pays un drapeau et tout développement économique durable.

Le spectacle horrifiant qui s'exhibait avait plusieurs actes. Un mépris violent contre les êtres humains qui besognaient sur les habitations se déroulait avec arrogance pour imposer une désastreuse ségrégation triste et superflue.

Ces chefs omnipotents et cruels n'avaient aucune intention d'inventer une nouvelle nation face au monde esclavagiste agressif. Ils ne visaient que leurs intérêts personnels. Les grandes questions qui affectaient les citoyens n'étaient nullement effleurés. La Constitution Impériale de 1805 les ignorait : la liberté, la production agricole pour rechercher cette souveraineté alimentaire, la formation des citoyens à travers l'instruction pour camper cette victoire avec des hommes et des femmes préparés, l'éducation d'agents de santé pour aider les citoyens à combattre les maladies, la protection des enfants pour assurer l'avenir du pays. En inventant la nation, un traitement rationnel du risque était indispensable pour défendre l'indépendance dans le but de résoudre les problèmes de l'eau, de la nourriture, du logement, de l'hygiène, de l'éducation.

Notre liberté ? Nous n'avons jamais connu la liberté...(La nation) n'a jamais fait que passer du joug du gouvernement au joug révolutionnaire, de la peur des autorités à celle du peuple souverain... Où sont les écoles pour le peuple ? ...Où sont les hôpitaux ? Où sont les pénitenciers modernes ? (106)

Les dirigeants avaient une parfaite occasion de s'identifier aux besoins de tous les citoyens au lieu de se lancer dans la corruption, la violence, le sexe, l'argent facile. Le moment était d'ouvrir un dialogue franc pour éduquer au lieu d'opprimer les plus pauvres. Le moment n'était pas à l'improvisation. Avec les règlements agraires déjà établis par la colonie puis par le gouverneur Toussaint Louverture, il était nécessaire pour ces chefs militaires de se présenter comme le groupe dominant que la métropole avait choisi pour continuer le fait français, pour pratiquer l'idéologie coloniale et pour maintenir l'économie de dépendance. Et comme ils avaient eu le privilège de remplacer certains propriétaires d'habitations d'origine européenne, ils avaient droit au statut de groupe économiquement dominant. Ils étaient aussi des militaires. Ils étaient encore plus puissants. Ils n'avaient pas à rendre de compte à l'ancienne métropole. Cependant, ils avaient gardé leur mentalité de dépendants, de domestiques. Les services administratifs et l'appareil judiciaire étaient déjà contrôlés par ces hauts gradés de l'ancienne armée coloniale.

En éliminant les leaders du mouvement des cultivateurs rebelles, *ces chefs de bandes*, ils n'avaient pas pu unifier la population durant la lutte contre l'armée expéditionnaire française. L'exclusion des cultivateurs n'avait pas changé. Dans la réalité, la force de travail fut conditionnée par d'autres principes repoussants établis par les nouveaux dirigeants après 1804. Le comportement des soumis restait collé à leur émotion puisqu'il n'y avait aucune vision de société sauf la continuité de l'ordre colonial. Face à une situation concrète de dépendants, les soumis lui trouvaient une solution plutôt affective car l'idéologie coloniale ne les avait jamais exposés dans un travail rationnel sur la plantation ou dans la domesticité. Ils s'accrochaient au bruit du fouet, à leurs blessures, à l'humiliation, à leurs sentiments d'esclave où n'existait aucun savoir, sauf leur dure expérience d'esclave. (Jean Jacques Dessalines était un exemple de cette situation: à chaque occasion, il montrait son dos marqué par le fouet). Ils n'avaient qu'une sorte d'imagination pour survivre: leur mentalité de devenir chefs pour ne plus être esclaves.

Ils avaient désormais le pouvoir. Ils avaient le droit de voler, de piller, de réprimer, de fouetter et d'assassiner en toute impunité.

L'identification des factions antagonistes n'était pas difficile. Les clans politiques ne se formaient pas à partir d'une vision économique et politique de société. Ils s'organisaient pour défendre un ensemble de questions basé sur l'épiderme tout en manipulant les plus pauvres. Et encore! Cette situation semblait avoir la possibilité de résoudre certains problèmes. Malheureusement, à partir de ces concepts, les hommes politiques et les historiens même les hommes de lettre les avaient désignés comme des classes sociales comme si la teinte épidermique avait un contenu idéologique ou économique. (Le pays est encore là : les petits rouges contre les petits noirs et vice versa). La présence d'une organisation politique, basée sur des questions économiques pour un développement durable était absente car elle était en parfait déséquilibre avec la société du contre-pouvoir (l'opposition permanente) basé sur un concept *déchirant* anti couleur. Cependant, à chaque démonstration de la faillite économique, ces mêmes voix (du pouvoir et du contre-pouvoir) rampaient devant l'épiderme des métropoles esclavagistes pour une rapide solution d'assistance économique, politique et surtout militaire.

Cet édifice se reposait d'abord sur la coloration de la peau des chefs militaires et politiques. Ils contrôlaient l'économie de dépendance, le commerce défavorable, l'agriculture pauvre et ruineuse, la déchéance du quotidien, la mendicité arrogante. Les subalternes et les travailleurs agricoles suivaient aussi d'après leur particulière coloration de leur peau.

Ces hauts gradés militaires n'étaient pas anticolonialistes; ils avaient déjà juré leur loyauté à la France en combattant avec une extrême violence ce qu'ils appelaient les *bandes de révoltés, les indépendants, les Africains, les Congos.* D'ailleurs, ils n'étaient pas antiesclavagistes; ils gardaient sur les plantations qu'ils avaient *acquises* (reçues en cadeau) un système de travail presqu'identique à celui établi par les esclavagistes français: le caporalisme agraire. Ils avaient le pouvoir politique et militaire. Ils se servaient du fouet pour faire fonctionner leur plantation à leur profit personnel et à l'avantage de la France ou des États-Unis d'Amérique du Nord. Il fallait aux cultivateurs le fouet du commandeur pour être soumis au système basé sur l'exclusion de la main d'œuvre. Il fallait aux pauvres le mépris de la société dominante. La production des denrées d'exportation se basait sur la force avec le seul souci d'enrichir les propriétaires et de garder les ouvriers agricoles dans une totale pauvreté.

Pourtant les dirigeants militaires incarnaient avec des mots ronflants le changement, la *révolution* donc un autre genre de société pour la satisfaction des intérêts personnels des hauts gradés. Ils garantissaient leur propre abondance. Ils représentaient *le peuple de l'armée.*

Pourtant leur présence devait *assurer le bonheur de la population* qui avait vécu les différents tourments de l'époque coloniale.

Avec quel système économique allaient-ils assurer le bonheur du peuple de l'armée?

Les chefs militaires, avec à leur tête le général Dessalines, représentaient une petite élite, une minorité qui voulait, en fait, être considérée comme la seule institution capable de gérer et de protéger cette partie de l'île, comme la seule organisation qui avait la volonté de défendre la liberté politique et juridique du peuple de l'armée. En fait, ils étaient les seuls responsables de la souveraineté de l'État. Ils étaient l'État. Malgré tout, après 1804, les aspirations de la population étaient bloquées. Elle restait, en fait, misérable, sale, enfermée, déchue et surtout isolée. Son bonheur n'était nullement assuré. Ces chefs militaires tout puissants avaient refusé d'analyser la dépendance économique, la question agraire, la production locale, les denrées d'exportation et le développement économique durable.

Ils bloquaient toute analyse du régime foncier colonial pour opérer un changement nécessaire dans le but d'épanouir les citoyens. Ils agissaient ouvertement pour maintenir la force de travail dans une sorte d'apathie contrôlée par la force sans vouloir adresser ses revendications. Cette indifférence était voulue dans le but d'exclure les cultivateurs et de les humilier. Ils n'admettaient aucune organisation politique capable de parler et d'agir au nom des cultivateurs car ils voulaient continuer à les exploiter comme au temps de la colonie. Cependant, la victoire était aussi l'affaire des cultivateurs et des petits soldats. Ces va-nu-pieds méritaient d'être écoutés non pas comme des misérables mais comme des citoyens intégrés à la nouvelle nation.

Quelle était donc l'objectif économique de ce transfert de pouvoir politique, de cette dite souveraineté ?

Souvenez-vous tout au fond de votre mémoire
Qu'il fut un temps où nous avions espoir
Rappelez-vous tout au fond de votre cœur
Qu'il fut un temps où il était plein de chaleur...

Nathalie Dévot

Chapitre 6

La hantise

Les dirigeants n'avaient même pas profité de la formation reçue de la société occidentale pour se situer par rapport à tout projet de croissance économique. Cette question n'était nullement adressée pour comprendre le besoin de la souveraineté alimentaire. Les chefs devaient confronter la dépendance économique imposée. Ce concept n'était pas analysé dans le but de construire une nouvelle nation. Pourtant cette classe dominante avait participé à la gestion de la partie française de l'île depuis 1795.

La France esclavagiste l'avait félicitée pour avoir repris l'agriculture et le commerce. Elle avait reçu l'éloge du premier des Blancs pour avoir rétabli la paix. Après son alliance avec les insurgés de 1791, elle était à la hauteur de l'événement. Sa stratégie de lutte avait triomphé pour mater les Français. Elle avait gagné de grandes batailles en s'unissant aux rebelles cultivateurs. Elle possédait, comme les hommes et les femmes de 1791, l'intelligence et le courage.

Après la guerre, cette classe dominante avait la possibilité d'orienter le pays vers le développement avec un autre concept de société.

Elle se croyait tellement puissante qu'elle n'admettait aucun dialogue avec tous les citoyens. Elle avait basculé dans la malfaisance. Elle allait exercer une grande violence pour garder ses privilèges et son pouvoir.

La nouvelle nation devait s'effondrer. Les individus qui avaient lutté pour être libres ne pouvaient pas comprendre la bêtise et le délire de ces leaders. Cette dérive fut tout simplement institutionnalisée.

Après la grande victoire militaire sur l'armée expéditionnaire française, après la capitulation des forces esclavagistes françaises, Haïti avait pris naissance en 1804. Le territoire de la Caraïbe contrôlé par la métropole française se transformait en un État indépendant avec des chefs non européens. Le drapeau national Bleu et Rouge flottait pour la première fois sur la partie ouest de l'île comme un symbole de souveraineté.

À la lecture de la Déclaration d'Indépendance par l'actif *Secrétaire* du Général en chef- l'Adjudant Général Boisrond, dit Boisrond Tonnerre- le premier gouvernement se promettait de *prendre les mesures qui devaient tendre au bonheur du pays. Il fallait assurer à jamais un gouvernement stable dans le but de permettre à tous les citoyens de vivre mieux*. Cependant, il n'y avait aucune constitution en vigueur pour donner une nouvelle direction au pays. Il n'y avait aucune feuille de route en janvier 1804 pour marquer une rupture totale avec les institutions de la métropole esclavagiste. Certes, il y avait la violence, le commencement de la revanche, de la vengeance. Certes, il y avait aussi le plaisir d'être libre, de vivre dans la débauche, sans règles, sans aucun concept de travail pour l'épanouissement de la population indépendante.

Quelles étaient ces mesures qui devaient tendre au bonheur du pays?

La population n'avait-elle pas un grand espoir?

Comment les dirigeants militaires allaient-ils exercer l'indépendance du pays?

Cette Déclaration n'invitait pas la population au dialogue pour saisir l'importance du concept de la liberté et de l'état souverain. Le mot État n'était pas encore connu en janvier 1804. Le territoire et la population étaient encore sous la tutelle des concepts d'injustice et d'oppression appliqués avant 1804 par l'administration coloniale. La façon de vivre sur le nouveau territoire indépendant dépendait encore d'une métropole économique et politique. Toute vie politique à l'intérieur d'une nation sans souveraineté, sans prise en charge par les dirigeants est un spectacle assourdissant sans issue positive.

Ce même premier jour, quand les cérémonies somptueuses avaient pris fin, les généraux qui avaient dirigé la guerre de l'indépendance donnaient au Général en chef, Jean Jacques Dessalines, un pouvoir absolu. Ils avaient identifié le Général en chef à la nation. Ils l'avaient proclamé *gouverneur général à vie avec le droit de faire la guerre, la paix, de nommer son successeur.* La liberté et la citoyenneté de l'homme social sur ce territoire devaient dépendre de l'expérience militaire du chef tout puissant et de son humeur, particulièrement de son passé d'esclave puisque les débats n'étaient pas encouragés pour formuler au fur et à mesure des lois appropriées à une nation indépendante.

L'homme social qui était fouetté sauvagement pour travailler sur la plantation esclavagiste n'avait aucun droit civil durant l'esclavage. Il n'avait aucune liberté civile. Il n'avait pas droit à la parole. Il n'avait pas droit à l'éducation. Son humanité n'avait jamais été acceptée durant ces années d'esclavage.

Les occidentaux avaient assimilé la faiblesse de l'esclave à une affaire divine. Avec le fouet, avec l'usage de la terreur, ils avaient détruit son identité. Ils l'avaient opprimé pour l'empêcher de penser à son moi. Ils avaient remplacé sa culture par des gestes et par des signes pour l'abêtir.

Les chrétiens avaient emprunté une route qu'ils devaient contrôler pour transporter l'Africain avec des chaînes aux pieds. Ce capturé n'avait pas choisi cette route. Il était esclave. Dès son arrivée sur l'île de la Caraïbe, son humanité fut vendue à un être humain, un maître dit *blanc.* Il était déposé par la force sur une plantation pour vivre son *infériorité*. Même à sa naissance sur la plantation, il lui était enseigné que sa survie dépendait du maître *blanc*, propriétaire de la terre et des moyens de production.

En prenant les armes pour combattre les forces esclavagistes, qu'allait défendre l'homme social qui avait été réduit en esclavage ?

Il ne pouvait pas défendre le concept de travail qui l'abrutissait et pour lequel il était fouetté. Il n'allait pas défendre une plantation sur laquelle il menait une vie méprisable. Il n'avait aucun concept d'appartenance sur cette terre. Le colon européen avait modelé à son profit son identité culturelle sur cette plantation esclavagiste. Même son histoire était piégée sur la plantation. Enchaîné et humilié, il n'avait aucune notion de droit.

Pourtant, il avait probablement un objectif, à moins d'aller en guerre sans avoir choisi un autre quotidien sur le territoire.

Au lendemain de la Proclamation de l'Indépendance, malgré cette lutte féroce à laquelle il avait participée, les droits fondamentaux de l'homme social, ce nouveau citoyen, n'étaient pas encore garantis. Il devait avoir certainement des droits et non des devoirs seulement. Il n'était plus enchaîné certes. Son droit de lutter contre l'armée esclavagiste avait été accepté. Mais son droit de participation et de décision concernant la chose publique était bloqué. L'homme social (les cultivateurs et les petits soldats) étaient encore réprimés et méprisés en 1804. Pourtant ils avaient versé leur sang sur le champ de bataille.

À quoi devait s'attendre l'homme social libre sur le territoire ?

Quel était donc le sens du mot liberté pour les dirigeants, pour les petits soldats et pour les cultivateurs ?

Les chefs militaires étaient-ils détenteurs d'un pouvoir au service de la nation ?

L'homme social n'avait-il pas fait autant de sacrifice?

Les dirigeants étaient-ils en conflit de continuité concernant la révolte de 1791 ?

Au lendemain de cette célébration, il n'y avait aucun débat pour assurer ce changement et pour rassurer la population. Les généraux avaient décidé d'agir au nom du peuple de l'armée. Ils avaient choisi un système de gouvernement déjà en pratique durant la colonie. L'espoir de tout divorce avec le système esclavagiste s'effritait. La victoire fut détournée au profit du maintien du système économique et politique basé sur des inégalités, sur la discrimination, sur le profit et sur l'exploitation. Le soumis, dans la majorité, sur la plantation et en dehors de la plantation, restait soumis. Sa réalité quotidienne était contrôlée par les besoins de ces nouveaux dirigeants, ces nouveaux maîtres. Le pouvoir absolu et l'accumulation irrégulière de la monnaie étaient contre le bonheur de la population.

Pour eux, ces esclaves d'hier et d'aujourd'hui, il n'y aura ni dispensaires, ni écoles, ni logement, ni nourriture. Ils devront continuer à faire leur besoin en plein air et de boire l'eau des mares comme des bêtes.... C'est un monde à part à qui l'on réserve des « lois » particulières dites code rural, police rurale, marchés ruraux, pères-savanes, bien rural.... et quelques miettes qu'ils assurent à la République. Ces mots de Jean Fouchard avaient bien décrit la réalité.

En janvier1804, la *foule* qui applaudissait lors de ce glorieux moment, sans trop comprendre le concept d'un État indépendant, n'avait aucune idée d'un concept de citoyenneté qui engageait sa liberté. Elle n'avait jamais vécu dans une situation de liberté individuelle durant la période coloniale. Elle n'avait jamais été respectée comme un être humain. Elle vivait encore son infériorité. Elle avait gardé sa mentalité d'esclave. Elle vivait une dépendance malsonnante. Un débat était indispensable.

En fait, elle n'avait pas intégré ce besoin de changement dans sa vie quotidienne. Elle avait laissé la solution de ce besoin de changement aux dirigeants militaires. Malheureusement la volonté et le courage politique étaient absents pour confronter ce besoin de changement. Il fallait se mettre à l'œuvre pour former une nouvelle génération citoyenne et académiquement compétente pour gérer les affaires de la nation.

Cette citoyenneté indispensable à la stabilité n'était pas encore admise dans les cercles du nouveau pouvoir politique. Il n'y avait pas de lois pour imposer un nouveau concept de travail et de respect. Cette cohue disparate n'avait jamais été informée d'aucun système de gouvernement pour un développement durable. Elle ne faisait aucune différence entre le gouvernement des nouveaux dirigeants, responsables arrogants d'un État souverain et l'ancienne administration coloniale responsable d'une institution esclavagiste *souveraine.* Les lois n'avaient pas mentionné les droits des cultivateurs.

Elle n'était pas informée par les nouveaux dirigeants pour comprendre ce moment historique extraordinaire. Elle était *volontairement* méprisée par ce petit groupe de braves militaires qui avait dirigé la guerre pour prendre le pouvoir et qui avait déclaré cette partie de l'île souveraine avec la Déclaration d'Indépendance. En fait, ils n'avaient pas organisé ce territoire pour construire une nation, pour *inventer* un peuple solidaire (tous les citoyens) avec un concept juridique et politique.

Il était peut-être difficile de sortir de ce système économique basé sur le profit et de cette dépendance économique et politique sans un dialogue pour tracer ensemble un nouveau comportement économique, social et politique. Le nouvel État haïtien était entouré en janvier 1804 d'un monde économique et politique dominé par des nations esclavagistes, militairement puissantes. Une population informée et convaincue de ses intérêts, devait prendre en main ses destinées surtout quand elle avait gagné de grandes batailles pour chasser ses oppresseurs.

Haïti n'était-elle pas debout pour se lancer dans cette arène hostile et surtout compétitive ?

La population dirigée par des généraux soumis aux valeurs occidentales avait-elle la possibilité de se faire une place dans ce monde oppressif et cruel?

Malheureusement le système d'inégalité imposé par les prédateurs de l'occident chrétien s'était renforcé surtout par l'absence *volontaire* de changement dans les rapports sociaux connus et pratiqués durant la colonie. Si la *propriété* (appartenant aux colons d'origine européenne) était apparemment contestée, (*anathème au nom Français*), elle n'avait pas totalement disparu; si le nombre *de prédateurs étrangers* (les propriétaires de plantation d'origine européenne) avait fortement diminué (*avec le massacre des blancs* ou *leur départ forcé*), les lois coloniales existaient encore et il n'y avait aucune amélioration dans le *traitement* des ouvriers agricoles (*devenus officiellement libres après la victoire militaire et à partir de la Déclaration d'Indépendance*) par les chefs du pays souverain. Au contraire, ces cultivateurs libres étaient séquestrés sauvagement par les dirigeants de l'armée dite indigène ou d'Haïti. Ils étaient les heureux propriétaires des anciennes habitations coloniales. La Constitution de 1805 était claire.

Quelle était donc la fonction historique de cette Déclaration en janvier 1804 ?

Le vol et la contestation des titres de propriété étaient-ils un subterfuge politique pour provoquer le dérapage de cette politique de lynchage qui n'avait pas son origine en Afrique ?

La propriété privée n'existait pas sur le continent africain quand ces travailleurs avaient été capturés, enchaînés et transportés sur un autre continent sans leur consentement.

En 1804, l'espace économique à l'intérieur de ce cadre politique dans lequel travaillaient les cultivateurs ne fut pas redéfini par le pouvoir. La guerre menée contre l'administration coloniale n'était pas menée par des êtres humains qui refusaient de vivre sans règlements, en dehors de tout principe de société. Pourtant, d'après le serment du Bwa Kayiman, la lutte avait été conduite contre l'injustice, contre la discrimination, contre l'exclusion, contre la corruption, contre le mépris, contre les inégalités sociales et économiques imposées par le système colonial.

Des lois nouvelles devaient être écrites afin d'éliminer graduellement les concepts dégradants utilisés par les prédateurs avec l'appui de l'armée esclavagiste. Les *citoyens* du nouveau pays devaient s'adapter au fur et à mesure à une redéfinition de l'homme social (le citoyen) dans le but de mettre sur pied un État de droit et de le gérer efficacement pour le bien-être de la population.

Pourtant, au lendemain de cette imposante victoire, rien n'avait changé dans le comportement des chefs et dans les faits sauf la présence d'un drapeau (toujours contesté) qui flottait au mât des édifices publics et non dans le cœur des citoyens.

Les nouveaux citoyens méprisés devraient-ils inventer un autre grand soulèvement comme celui de 1791 ?

À la naissance du pays indépendant en 1804, les dirigeants n'avaient pas l'expérience d'un concept de citoyenneté. Ou bien, ils feignaient de l'ignorer par malice ou par ruse. De toute façon, aucun discours politique n'en parlait. Si les dirigeants étaient conscients de sa portée, le fait de ne pas l'introduire était une façon de mépriser la population. La Constitution de 1805, plus d'un an après l'indépendance, restait confuse quant à ce concept et à son application. Il n'était pas intégré dans le processus de création de la nation. Il ne représentait pas une issue indispensable dans le but d'un changement ou d'un développement économique durable. Ce concept politique et juridique était certainement mis à côté ou il était volontairement ignoré car les grands potentats, pour satisfaire le concept du soumis et du dépendant, allaient continuer à rejeter l'autre ou les autres.

Pour sortir de cette dépendance économique et de cette mentalité de soumis, le concept de citoyenneté était indispensable. Il devait être placé au centre des *réflexions* de la première équipe dirigeante. L'égalité face aux lois pour la protection de tous les enfants de la nouvelle nation n'était nullement envisagée. Une école par département militaire d'après l'article 17 de la Constitution de 1805 alimentait une discrimination sociale parmi les *citoyens,* et précipitait la nouvelle nation au départ vers sa décadence. Les dirigeants ne s'adressaient pas aux besoins primaires du pays. Ils n'avaient pas opté pour la création d'école dans toutes les communes afin de transmettre l'intelligence aux générations nouvelles dans le but d'inventer le rôle économique, social et politique du nouveau citoyen.

La commune n'était-elle pas la réalité fondamentale de l'État, la source de toute planification pour le progrès social?

L'enseignement académique et la vie sociale étaient manipulés par la langue que le colon utilisait. Certains individus, accrochés à la culture du *blanc*, la culture occidentale, l'imposaient pour exclure les autres et surtout pour les épater. En fait, il fallait à chaque citoyen une identité, une présence directe pour une participation active dans le but d'agir sur les ressources naturelles pour le bien-être de la communauté.

En 1804, la relation sociale à l'intérieur de la communauté existait à peine. Un rapport de force négatif s'exerçait dans tous les espaces, dans tous les couloirs économiques et politiques. Il s'opposait à toute idée d'avancement social vers le propre et vers le beau. Il n'y avait aucune détermination politique, aucune vision sociale pour permettre au citoyen de camper un comportement humain dans sa commune respective. Les règlements appliqués par l'administration esclavagiste ne le permettaient pas. Ces règlements étaient encore mis en pratique sévèrement dans les rapports entre les classes sociales. Les dirigeants, fiers de leurs apparats, n'avaient pas créé de lois pour donner à l'individu libre de cette nation si rudement touché par son passé esclavagiste l'accès au concept de citoyenneté. Les chefs n'étaient pas motivés; en fait, ils n'en voulaient pas. Il fallait la convoitise du trésor public, le mépris et le rejet de la majorité bousculée, l'hostilité entre les chefs, la guerre entre les factions rivales, la démagogie liée à l'uniforme telle qu'elle était conçue par les autorités esclavagistes dans le but de mater et de bloquer toute valeur citoyenne. La mémoire de l'esclavage, les crimes contre l'humanité étaient étouffés depuis la Proclamation du 28 avril 1804.

Comme les colons, les dirigeants militaires considéraient les cultivateurs et les petits soldats qui avaient participé à la lutte contre l'ordre colonial comme des ennemis de la *nouvelle société dominante,* responsable des affaires du pays. Ces chefs étaient économiquement, politiquement et socialement *au-dessus* de ces travailleurs affreusement méprisés durant toutes ces années d'esclavage. Coincés par une situation économique de sauve qui peut, de saute d'humeur, il ne restait à ces travailleurs que leur *droit* de survie. Les chefs le comprenaient bien. Car, pour obtenir leur *loyauté*, ils leur jetaient des miettes. Ils avaient grand besoin de leur présence pour asseoir leur mentalité de chef avec un pouvoir absolu. Des gens misérables les entouraient. Il fallait bien imiter le colon, le *blanc*. Malheureusement ils se présentaient comme leur unique modèle. Les soldats et les cultivateurs qui ne voulaient pas les suivre ou se mettre à leur service personnel étaient menacés, poursuivis, terrorisés, maltraités et même assassinés. Les dirigeants qui étaient des anciens *dominés* avaient la connaissance des souffrances de la force de travail. Ils avaient donc l'obligation de gouverner par les besoins de tous les citoyens.

Construire une nouvelle société, bâtir une nouvelle nation et même la redéfinir par rapport à la société coloniale n'étaient pas facile dans cette ambiance de violence et de menace constantes planifiées par les pays esclavagistes. Cette tâche imposait beaucoup de détermination et de sacrifice. Elle n'était pas impossible si la volonté et le bon sens s'y mettaient. Les dirigeants militaires et politiques ne semblaient pas vouloir créer un nouvel homme social responsable qui serait contraire à leurs intérêts économiques lesquels étaient étroitement liés aux intérêts économiques et politiques des puissances esclavagistes. L'exportation des denrées était leur seul souci dans les mêmes conditions qu'avant l'indépendance du pays. Il fallait *permettre à la nation de survivre.* Il fallait continuer à acheter des armes dans les pays *esclavagistes pour se défendre* contre les *forces esclavagistes.* Il fallait protéger et continuer l'importation des produits étrangers comme la farine pour nourrir l'élite dominante. La production locale des produits du terroir était négligée et nullement organisée. Les produits locaux étaient surtout livrés au bord des routes poussiéreuses pour la consommation des plus vulnérables. Il fallait aux dirigeants aussi des hommes misérables mais obéissants pour satisfaire pleinement les finances des militaires exportateurs et l'appétit de ces métropoles esclavagistes.

Pourtant, les cultivateurs rebelles furent des combattants audacieux qui avaient lutté pour leur totale participation dans la nouvelle société. Ils s'étaient révoltés pour bloquer l'humiliation, pour changer leur situation économique, pour devenir des citoyens déterminés à œuvrer dans le pays dans le but d'ouvrir d'autres chantiers. Il leur fallait une vraie liberté. À leur retour sur la plantation comme main d'œuvre opprimée, leur quotidien ne fut pas amélioré. Ils devaient vivre dans les mêmes conditions de déchéance connues durant l'époque coloniale. Ils étaient donc en colère puisque leur vie était encore gérée par le fouet, par la violence et par les humiliations après leur participation à cette glorieuse victoire.

L'homme social nouveau n'émergeait pas. L'appartenance à la nation devait être indispensable pour travailler à sa stabilité économique et pour l'aimer.

Ils avaient dû prendre conscience de leur condition d'humiliés et de pauvres. Ils avaient donc compris leur état, leur déchéance et leur statut. Malheureusement, ils furent guidés par l'attitude arrogante et négative des chefs militaires qui ne voulaient pas changer le mode de vie que les colons et l'administration esclavagiste leur avaient dessiné pour *service rendu,* pour leur docilité et pour leur loyauté aux valeurs occidentales et chrétiennes. Les dirigeants militaires étaient donc fiers de leur étroite collaboration avec l'ancienne métropole esclavagiste. Ils étaient obsédés par lesdites *valeurs occidentales* : l'autorité, l'exploitation, la violence, la discrimination, l'apparat, l'arrogance, la corruption, la main mise sur les ressources de cette partie de l'île avec la complicité des mêmes agents étrangers.

Face à ces fameux dirigeants militaires, les soldats et les cultivateurs étaient, en fait, ignorés après la victoire de Vertières car ils allaient, avec la Constitution de 1805, reprendre le travail-esclave organisé sur la plantation suivant les lois coloniales. Cependant, leurs *bras robustes* étaient encore utiles aux acquis de cette victoire. Ils étaient exclus des privilèges de cette *bamboche coloniale.* En fait, ils étaient manipulés.

Les fameuses paroles prononcées par le chef (l'Empereur Dessalines) -*Et les pauvres noirs, ils n'auront rien*- avaient une dimension nébuleuse (politicienne) basée sur la teinte épidermique et non sur les rapports de production car aucune action n'avait été prise par l'Empereur, lui-même et par les dirigeants militaires et politiques pour créer des lois dans le but de changer le régime foncier colonial afin d'aider et de transformer le quotidien misérable *de ces pauvres noirs*. Cette phrase fut répétée et exploitée par les hommes éclairés, par les charlatans, par les prophètes, par les rois et par les arrivistes dans le but d'apaiser la colère des exclus, des exploités, des pauvres et de les confondre pour mieux les manipuler dans les manifestations de violence, de casse, de tuerie. En fait, ils ne faisaient qu'étrangler la petite nation. Ils ne faisaient que maintenir les pauvres dans la pauvreté.

Le concept de liberté que les cultivateurs défendaient était simple. Ils ne voulaient plus être esclaves. Ils ne voulaient plus être fouettés. Ils ne voulaient plus être contraints de vivre sous la domination d'un maître omnipotent. Ils ne voulaient plus être humiliés. Ils ne voulaient plus subir l'injustice sociale. Ils ne voulaient plus être des dépendants. Ils ne voulaient plus être forcés de pratiquer une religion qui était contre leurs aspirations d'homme social. Ils ne voulaient plus obéir à un Dieu qui ne défendait pas les intérêts de l'homme social. Le lopin de terre qu'ils réclamaient signifiait tout simplement qu'ils voulaient être maîtres de leur quotidien, de pourvoir à leur famille, d'assurer leur alimentation, de vivre à leur façon selon leurs besoins, d'assurer l'éducation de leurs enfants et d'être des citoyens responsables et respectueux des lois.

Au lendemain de la Déclaration de la Proclamation de l'Indépendance, même après la publication de la Constitution de 1805, Haïti ne fut pas repensée. L'espace social de la force de travail ne fut pas redéfini. En fait, l'insurrection de 1791 fut oubliée par les dirigeants militaires et politiques. Les cultivateurs rebelles et les petits soldats avaient connu une vraie solidarité durant la guerre. Les dirigeants militaires avaient créé un état militaire pour le bon fonctionnement des plantations en vue d'un commerce profitable.

Les dirigeants avaient voulu inventer une nation dans le but d'étouffer tout sentiment d'appartenance à ce territoire. La force de travail devait appartenir à la plantation et non à la nation. Un débat sur le système économique, sur le concept de travail, sur les ressources, sur le régime foncier et sur la question agricole n'était pas encouragé parmi les citoyens. En fait, ils pratiquaient une économie de la pénurie pour lancer leurs idées de mendicité (la politique du kwi tendu). Haïti était fragile parce qu'elle avait suivi l'économie coloniale. Les dirigeants militaires ne voulaient pas s'en sortir puisqu'ils s'enrichissaient pour dépenser leurs avoirs dans d'autres pays comme avait dit Inginac.

Aucun citoyen ne pouvait pratiquer le respect du drapeau d'abord bleu et rouge ou ensuite le drapeau noir et rouge. Une sorte de grondement sans fondement se faisait entendre pour l'un ou l'autre dans l'absence de tout bon sens. Il n'y avait aucune acceptation du drapeau bleu et rouge ou du drapeau noir et rouge comme le symbole de la dignité citoyenne, le symbole de la souveraineté. Le drapeau représentait une ignoble question épidermique. Le concept juridique et politique de la nation ne fut jamais analysé en fonction de la nature des citoyens et de leurs besoins. Ce concept fut étudié par rapport à une question militaire : le *retour des forces esclavagistes*. Les dirigeants ne voulaient pas ou ne pouvaient pas développer leur *intelligence* face à d'autres réalités.

La question de l'identité historique ne fut jamais posée. L'identité des citoyens fut solutionnée suivant la fiction de l'épiderme inventée par les *maîtres blancs. Tous les Haïtiens sont connus sous le nom générique de noirs* pour qualifier dans la constitution un aspect juridique et politique. Les occidentaux avaient introduit la couleur de la peau pour insister sur leur supériorité en tant qu'êtres humains même s'ils ne l'écrivaient pas dans leur charte fondamentale, ils en parlaient dans leur discours. Leur pratique quotidienne le montrait clairement. Le dénigrement de toute ethnie non chrétienne allait continuer. L'usage de la force était maintenu pour imposer leur civilisation *occidentale.*

En choisissant Haïti, le nom Taino, pour remplacer Saint Domingue, le général Dessalines et son État-Major avaient rompu avec la souveraineté de la France sur le territoire. Pourtant, les dirigeants militaires n'avaient pas cherché leur appartenance avec la civilisation taino encore moins avec les valeurs africaines. Ils étaient plus français que les Français eux-mêmes. Dans la réalité géopolitique, ils n'allaient jamais dénoncer et protester contre le maintien d'Hispaniola pour toute l'île. Ils devaient exiger que l'ile fût appelée Kiskeya pour rompre avec l'arrogance des imposteurs espagnols.

Dans quel but refusaient-ils de regarder la réalité ?

Était-ce une sorte de moquerie concernant l'identité des citoyens ?

Puisque la tradition coloniale continuait, l'ancien rebelle allait vivre sa propre *société* d'après son expérience passée sans aucun processus légitime et formel de changement économique et social même au niveau de la production nationale. Il allait gérer, seul, sa langue *locale* pour communiquer, pour survivre, pour s'épanouir comme il le pouvait. Cette langue parlée qui cimentait son *identité culturelle,* créée et organisée durant ses années d'esclavage, dans la violence, dans le sacrifice, dans la pauvreté, dans la lutte, devrait être l'expression des valeurs de la rupture, du changement, du nouveau quotidien de la population.

L'homme social pauvre et méprisé n'avait qu'une stratégie: celle de rêver, de subsister et de persister dans un milieu hostile, oppressif. Sa prétendue liberté sur la plantation coloniale contrôlée par les militaires, cette société dominante, devait s'adapter aux contradictions de l'ordre économique colonial. Il allait survivre difficilement avec la tradition coloniale ou bien se faire réprimer brutalement par les nouveaux chefs militaires, propriétaires de plantation, par les nouveaux barons de l'administration publique, par les négociants et par leurs agents.

Les cultivateurs et les soldats (ces va-nu-pieds), les aspirants citoyens pouvaient-ils aimer cette nation?

La société dominante avec l'amour des valeurs occidentales pouvait-elle aimer cette nouvelle nation?

Le sacrifice durant ces années de lutte n'était pas pensé dans le sens du développement durable pour tous les citoyens et dans le sens du respect de toutes les classes sociales (les possédants, les pauvres).

Le pays nouveau ne devait-il pas visionner le changement avec l'active participation de toutes les composantes de la société post coloniale?

Les cultivateurs rebelles avaient offensé *la société dominante en acculant la France esclavagiste à abolir l'esclavage.* Ils devaient se soumettre aux valeurs de l'occident. Ils devaient subir de façon permanente le mépris et l'humiliation.

Les dirigeants de 1804 ne les avaient pas pardonnés car ils étaient attirés par l'apparence d'un pouvoir toujours censuré par les prédateurs de l'occident chrétien. Cette société dominante au pouvoir- les intellectuels non européens, les clans économiquement privilégiés et les chefs militaires de cette nouvelle nation, défenseurs solides de la tradition coloniale, donc occidentale- était incapable de se mettre à la disposition du savoir pour s'adapter aux exigences de l'indépendance. Ils n'avaient pas pris de décisions pour le *bonheur de la population.*

Ils croyaient fermement que c'était une utopie d'y penser.

Pourtant cette *citoyenneté* qui avait pris naissance en 1791 n'était ni un mythe, ni un miracle, ni un hasard.

Références

1-M.F. Lindley- The Acquisition and Government Backward Territory in International Law : A Treatise on the Law and Practice Relating to Colonial Expansion London, Longman, Green, 1926. P.160-165.

2-Claude C. Pierre- Une Europe avide…

3-Michel René Hilliard D'Auberteuil- Considérations sur l'état présent de la colonie française de Saint-Domingue. Paris, 1776. P4

4-Arnold C. Talleyrand- Toussaint Louverture : Manoeuvre ou Piège. 2001. P.11

5-D'Auberteuil déjà cité. P.4

6-Roper Hugh Trevor- The Rise of the Christian Europe. London, Thames and Hudson. 1965. P.11

7-Deer Noel- The History of Sugar. Chapman and Hall. London 1949-1950. Vol. 2. P.318

8-Henock Trouillot. La guerre de l'independance d'Haïti, P-Au-P. 1971

9-Gérard Laurent- Toussaint et sa Correspondance. Impreso en Espana. 1953. P.3

10-Winston Chan Babbs- French Refugee from Saint Domingue to the Southern United States. 1791-1810. Bell and Howell. P. 26

11-Thomas Madiou- Histoire d'Haïti . Tome 1. P. 94

12-Babbs. P. 23

13-Rose Amélia Plumelle-Uribe- l'Esclavage et la Traite Négrière dans les Antilles. Article paru sous la direction de Michel Hector dans la Révolution Française et Haïti. Tome 1. P. 18

14-Journal de la Traite du Vaisseau la Licorne de Bordeau. Dans Caribbean Studies. Vol. 19 #3 et 4. P. 97

15-Robert Louis Stein- The French Sugar Business in the Eighteenth Century. Louisiana State University Press. 1988. P. 1-3

16-Madiou. Tome 1. P. 119

17-Madiou. Tome 1. P. 122

18-Madiou. Tome 1. P. 122

19-Laurent. P. 65-66

20-Caroline E. Fisk- The Making of Haïti. University of Tennessee Press. P. 180

21-Madiou. Tome 1. P. 162

22-Pierre Pluchon. Toussaint Louverture, de l'Esclavage au Pouvoir. Fayard. P. 44

23-Madiou. Tome 1. P. 211

24-Olympe de Gouges, de son vrai nom, Marie Gouze, une héroïne révolutionnaire, adversaire résolue du système esclavagiste. Son message d'égalité entre Blancs et Noirs fut jugé sulfureux. Elle fut guillotinée sous la Terreur.

25-Pluchon. P. 38

26-Madiou. Tome 1. P. 189

27-Madiou. Tome 1. P. 248

28-Madiou. Tome 1. P. 189-190

29-Fisk. P. 167

30-Madiou. Tome 1 P 251

31-Madiou. Tome 3. P.179

32-Madiou. Tome 1. Voir Annexe

33-Laurent. P. 54

34-Madiou. Tome 1. P. 250

35-Herbert Aphteker. American Negro Slave. N.Y.C. P. 368-371

36-Robin Blackburn. The American Crucible. P. 394

37-Madiou. Tome 2. P. 450

38-Charles de Secondat, baron de Montesquieu. L'Esprit des Lois, livre XV, chapitre VII

39-Derek Walcott. The Sea is History- Traduction de Claire Malrony.

40-Bernard Chavance. Dans Revue d'Economie Politique

41-Etienne Charlier. Aperçu sur la formation historique de la nation haïtienne. Les Editions Dami. 2009. P.131-132

42-Madiou. Tome 2. P. 424

43-Charlier. P. 372

44-Charlier. P. 364

45-Julia Gaffield. Haitian Connection in the Atlantic World. Copie de la Lettre de Toussaint

46-Madiou. Tome 1 P. 250

47-Marcel Gilbert. La Patrie Haïtienne de Boyer Bazelais a l'Unite Historique Haïtienne.

48-Saint Paul aux Corinthiens

49-Robert Wald Sussman. The Myth of Race. Havard University Press. Cambridge Massachussets. P. 302-307. Voir aussi. Jane Elliot. A Collar In My Pocket. Columbia. SC. … P.236-237. There being one race on the face of the earth : The Human Race, we are all members : Il n'y a qu'une seule race sur la terre : la Race Humaine dont nous sommes tous membres.

50-Charlier. P. 373

51-Charlier. P.372

52-Madiou. Tome 1 P. 250.

53-Madiou. Tome 3. P. 153.

54-Cheik Anta Diop. Pre Colonial Black Africa. Lawrence Hills. Books. Chicago P.18-20

55-Madiou. Tome 3. P. 152

56-Madiou. Tome 1. P. VIII

57-Arnold C. Talleyrand. Si le Sucre Pouvait Parler. PAP. P. 176. Evêque Juan de Fonseca

58-Edmond Paul. Les Causes de Nos Malheurs. Kingston P.36

59-Moreau de Saint Mery. Description de la Partie Française de Saint Domingue. Vol. 1

60-Talleyrand. Toussaint : Manœuvre ou Piege . PAP. Napoléon Bonaparte. Lettre du 5 mars 1800

61-Talleyrand. La Défaite de la Classe Inferieure . PAP. Borgela constitution de 1801.

62-Constantin Mayard. Notre constitution (1938) Discours a l'Ambassade d'Haïti (Paris, France).

63-Laurent Dubois. P. 30-32

64-Madiou. T. 1. P. 420

65-Sussman. P, 307.

66-Madiou. T.2. P. 113. Loi de 1801

67-Madiou. T. 1 P. 413, 419

68-Georges W. Bush. President of the United States of America. : State of the Union Address, January 29 2002

69-Montesquieu. Livre XV.

70-Madiou. Tome 3. P. 125-126

71-Montesquieu. Livre XV

72-Arnold C. Talleyrand. L'Invention de Clans Privilegies. Dictus Publishing. P.190-191

73-Claude C. Pierre.- Débris d'Epopée. PAP.

74-Gattfield. Lettre de Dessalines à Jefferson du 23 juin 1803

75-Madiou. Tome 3. P. 207-208. .Lettre de Gérin à Dessalines

76-Pierre Buteau. Toussaint Louverture- Particularités et Limites d'un Porte-Parole. Société Haïtienne d'Histoire et de Géographie- 78ème année. #215. Avril-Septembre 2003.

77-Mentor Laurent. Erreurs et Verites dans l'Histoire d'Haïti. 1945. P. 269

78-Jean Fouchard. Les Marrons de la Liberté. P. 437

79-Madiou. T.2. P. 109. Loi du 28 février 1806.

80-Madiou. %TG.3. P.233-237. Voir aussi Georges Corvington. Port-Au-Prince Au Cours des Ans.- 1804-1888

81-Madiou. T.3. P. 227 Voir aussi Alain Turnier. Les Etats Unis et le Marché Haïtien. Washington 1955.

82-C.L.R. James. The Black Jacobins. Vintage Books. P. 487

83-Madiou. Tome 3. P. 179-183. Proclamation du 28 avril 1804

84-Madiou. Tome 3. P. 390-394. Resistance `a l'oppression. (Quimbe Dessalines)

85-Madiou. Tome 3. P. 154

86-Madiou. Tome 3. P. 143

87-Madiou. T. 3. Annexe : Constitution de 1805

88-Talleyrand. Toussaint… P. Lettre de Bonaparte (nègre dans l'armée)

89-Proclamation de Bonaparte aux Habitants de Saint Domingue (2 mai 1800)

90-Paulette Poujol Oriol. Reflexions sur la Constitution de 1801. Revue de la Societe Haïtienne d'Histoire et de Geographie. 78eme annee #215. Avril-Septembre 2003

91-Madiou. Tome 3. Annexe : Constitution de 1805

92-Madiou. T. 3. P. 220 Voir aussi Turnier.

93-Madiou. Tome 3. P. 185

94-Madiou. Tome 3. P.186-187

95-Madiou. Tome 2. P.109-113

96-Madiou. Tome 3. P. 188

97-Madiou. Tome 3. P. 178-179

98-Christiane Taubira.- La loi Taubira du 10 mai 2001 reconnaissant l'esclavage comme un crime contre l'humanité.

99-Jean Desquiron. Haïti A La Une. 1915-1921. Edmond Laforêt- Poème

100-Laurent. P. 65-66

101-Gérard Barthelmy. Speficite, Ideolotie et Role des Noirs Libres dans la Periode de l'Independance dans : La Revolution Française et Haïti T. 1. P. 182-183.

102-Patrick MBeko, Honore NG Banda, N Zambo.. Stratégie du Chaos et du Mensonge. P. 629. - Pour faire gober ce mensonge, ils ont camouflé les vraies origines de ce conflit, faussé la vraie nature des agressions et maquillé la vraie nature des agresseurs et celle de leurs alliés…

103-Madiou. Tome 3. P. 351-352

104-Nicolas de Condorcet. Réflexions sur l'esclavage des Nègres : Un peuple ignorant est toujours esclave.

105-Madiou. Tome 3. P. 269

106-Georges W. Bush déjà cite

107-Desquiron. Article de Charles Moravia : La Foi Haïtienne ou la Mauvaise Foi haïtienne

Made in the USA
Las Vegas, NV
14 April 2023

70551829R10154